1일
1단어
1분으로 끝내는
심리공부

1일 1단어 1분으로 끝내는 심리공부

1Word

허용회 지음

글담출판

머리말

"심리학을 배운다는 것은

인간을 배우고,

더 나아가 세상의 이치를 배운다는 말과

그다지 다르지 않습니다."

"아내 50%, 업무 25%, 졸리다 10%, 점심 뭐 먹지 7%, 퇴근 후 뭐하지 4%, 어제 먹다 남긴 치킨 2%, 고민거리 1%, 인생계획 0.5%, 눕고 싶다 0.2%, … 퇴근하고 공부해야지 0.001%."

2023년 2월 6일자 저의 '뇌 구조'입니다. 한때 저마다 '뇌 구조'를 그리고 서로 비교해 보는 놀이가 유행했고, 저 역시 고등학교 때 친구들과 이 놀이를 한창 즐겼던 기억이 납니다. 그때 저는 제 '뇌 구조'를 그리는 일보다 특징을 떠올리며 주변 친구들의 '뇌 구조'를 그릴 때 유독 신이 나고 재미있었습니다. 예를 들어 학교에 와서 수업은 안 듣고 잠만 자는 A군의 '뇌 구조'는 '제일 뒤에 앉기 35%, 엎드리기 20%, 쉬는 시간에만 일어나기 25%, … 수업 듣기 0.5%'로 결정됐고, 먹는 것을 좋아하던 B군의 '뇌 구조'는 '오늘 점심 메뉴 뭐야 50%, 오늘 저녁밥은 뭘까 30%, 매점 가서 뭐 먹지 15% …, 다이어트 0.1%'로 정했지요. 그렇다면 여러분의 '뇌 구조'는 어떤가요? 지금 무슨 생각을 하고 있나요? 어떤 기분이나 감정이 들며, 현재 가지고 있는 욕구나 바람은 무엇인가요?

일찍이 생물공학 분야에서는 인간 유전체 프로젝트Human Genome Project라 하는(예전에는 '게놈프로젝트'라고 많이 불렀는데, 요즘은 '지놈프로젝트'라고도 많이 부릅니다), 유전자 지도를 그리기 위한 큰 여정이 있었습니다. 약 32억 개에 이르는 유전자 서열을 해독하는 작업이었는데, 아직 초등학생이었음에도 이 소식을 들었을 때 드디어 인간이라는 생물에 관한 비밀이 밝혀지는 걸까 싶어서 두근거렸던 기억이 있습니다. 그리고 스물한 살, 대학에서 심리학을 전공으로 선택하면서 저는 그때와 같은 기분을 다시 경험했습니다. 심리학을 공부하고 연구하는 사람들은 인간의 '뇌 구조'를 밝혀내는 탐험가입니다. 성격심리학, 사회심리학, 생물심리학 등 기초심리학 분야에서는 '뇌 구조'의 밑그림을 담당하는 인간의 기질, 성격, 감정, 욕구, 동기, 태도 등 각 요소의 근원을 탐구합니다. 그리고 기질과 성격 사이, 감정과 태도 사이, 욕구와 성격 사이 등 서로 간의 관계를 밝혀내는 일도 합니다.

이렇게 기초심리학 분야에서 밝혀낸 밑그림을 바탕으로 임상심리학, 상담심리학, 학습심리학, 산업/조직심리학 등의 응용심리학 분야에서는 개개인의 '뇌 구조'를 더 구체적으로 탐구해 갑니다. 임상, 상담가는 내담자 개개인의 생각을 들여다보고, 그 안에 있는 (억눌린) 감정과 욕구를 해독하는 일을 합니다. 어떻게 하면 '뇌 구조'의 균형을 갖출 수 있을지 '심리치료' 등을 통해 더 나은 방법을 찾기도 하지요. 학습심리학의 전문가는 교육 현장에서 학생들의 '뇌 구조'를, 산업/조직심리학의 전문가는 사업가 및 근로자의 '뇌 구조'를 다룹니다.

심리학의 가치는 전문적인 영역에 한정되는 것은 아닙니다. 심리학은 여러분이 일상에서 만나는 많은 사람의 특징을 더 깊이 알도록 돕습니다. 예를 들어 심리학의 '빅 파이브(Big 5)' 성격 구조를 알고 나면 흔히 알려진 외향성/내향성 차원뿐만 아니라 개방성, 신경성, 친화성, 성실성 차원까지 고려해 더욱 입체적으로 타인을 바라볼 수 있게 됩니다. 또한 사회심리학을 배우다 보면 사회 각계의 똑똑한 사람들이 머리를 맞대어 내놓은 해결책이 사실은 평범한 사람 한 명이 내놓은 해결책보다도 못한, 매우 형편없는 사례가 수두룩하다는 점을 깨닫게 되기도 하지요.

'사람이 있는 곳에는 곧 심리학이 있다.' 제가 좋아하는 표현 중 하나입니다. 거시적인 사회 현상들도 결국 자세히 들여다보면, 수많은 인간의 생각과 욕구, 감정 등이 뒤섞여 만들어진 결과물입니다. 그래서 심리학을 배운다는 것은 곧 인간을 배우고, 나아가 인간 세상의 이치를 배운다는 말과 그다지 다르지 않습니다. 이 책이 모쪼록 사람들의 '뇌 구조'를 이해하고, 나아가 인간 세상의 이치를 깨닫는 데 도움이 되었으면 하는 바람입니다.

허용회

차 례

2장 심리건강

3장 심리실험

5장 심리효과

6장 심리학 역사

7장 심리학자

1장

기본 개념

- [x] 성격
- [ ] 감정
- [ ] 기억
- [ ] 공감
- [ ] 고정 관념
- [ ] 인지 부조화
- [ ] 페르소나
- [ ] 사랑
- [ ] 애착
- [ ] 귀인
- [ ] 확증 편향
- [ ] 메타 인지
- [ ] 콤플렉스
- [ ] 카타르시스
- [ ] 에고

1day

1Word

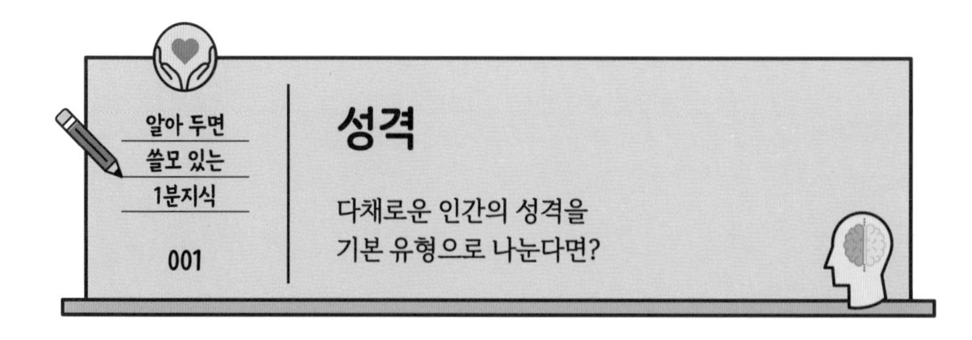

성격

다채로운 인간의 성격을 기본 유형으로 나눈다면?

"내 성격은 외향적이야", "어제 만난 그 사람은 성격이 좀 그렇더라", "○○○ 씨는 주변 사람들 사이에서 성격 좋은 사람으로 통해", "네 친구 성격은 어떠니?" 등 우리는 자기 자신이나 다른 사람을 설명하거나 이해하려 할 때 성격personality이라는 관점을 많이 활용합니다. 하지만 정작 '성격이란 무엇인가?'라는 질문에 분명하게 대답하기 어려운 것도 사실입니다. 개인마다 독특한 것 같으면서도 비슷한 점도 있고, 다른 한편으로는 변하는 것 같으면서도 변하지 않는 여러모로 알쏭달쏭한 개념이지요. 그렇다면 성격을 전문적으로 연구해 온 심리학자들은 과연 어떻게 생각하고 있을까요?

안타깝게도 성격의 정체에 대해서는 심리학자들조차 명확한 답을 내놓지는 못했습니다. 다만 오랜 연구를 통해 성격의 몇 가지 특징에 대해서는 어느 정도 합의에 이르렀습니다. 첫째, 성격은 환경에 맞서 반응하는 한 개인의 일관된 '패턴'이며, 둘째, 유전되지만 환경의 영향도 받을 수 있고, 셋째, 몇 개 이상의 기본 요소가 있다는 점입니다. 이 중에서도 성격을 연구하는 심리학자들은 세 번째, 즉 성격의 근간을 이루는 요소는 무엇이며, 과연 그 요소가 몇 개나 되는지 알아내기 위해 지금까지 노력해 왔습니다.

성격의 종류는 과연 몇 개나 될까요? 정직한, 용감한, 활동적인, 섬세한, 부드러운, 공격적인, 낙천적인, 너그러운, 상냥한, 근면한, 겸손한, 영리한, 고집스러운 등등 조금만 생각해 봐도 성격을 표현하는 방법이 정말 다양하다는 것을 알 수 있습니다.

하지만 심리학자들은 이 많은 '성격'들을 포괄하는 근본적인 성격의 요소가 있다고 믿었습니다. 이를 입증하기 위해 문학 작품에 등장하는 다양한 성격의 사람들을 조사하거나, 성격을 일종의 '유형'으로 나눠 여러 가지 방식으로 조합해 보는 등 성격의 근본 요소를 찾는 데 많은 노력을 기울였습니다. 이후 통계학을 배운 심리학자들은 성격과 관련된 방대한 데이터를 모았고, 여기에 요인 분석factor analysis이라고 하는 통계 기법의 힘을 빌려 결국 몇 가지 핵심 요소를 찾아내는 데 성공합니다. 그렇게 해서 심리학계에서 가장 유명한 성격 이론인 '빅 파이브Big 5'(성격의 5요인)가 탄생했습니다.

성격을 형성하는 다섯 가지 근본 요인

빅 파이브는 개방성openness to experience, 성실성conscientiousness, 외향성extraversion, 친화성agreeableness, 신경증neuroticism(또는 정서 안정성emotional stability)의 다섯 가지 요소로 이루어져 있습니다. 경험에 대한 개방성이 높은 사람들은 탐구심이 많고 상상하기를 즐깁니다. 성실성이 높은 사람들은 끈기가 강하며 체계적으로 생각하고 행동하죠. 외향성이 높은 사람들은 짐작하시는 것처럼 사교적이고 에너지가 넘치는 사람들입니다. 친화성이 높은 사람들은 다른 사람에게 친절하고 또 그들에게 아낌없는 신뢰를 보내는 사람들입니다. 마지막으로 신경증이 높은 사람들은 예민하고 모든 일에 불안해 합니다. 하지만 바로 그런 특성 덕분에 섬세하며 감수성이 풍부하다는 평을 듣기도 하지요.

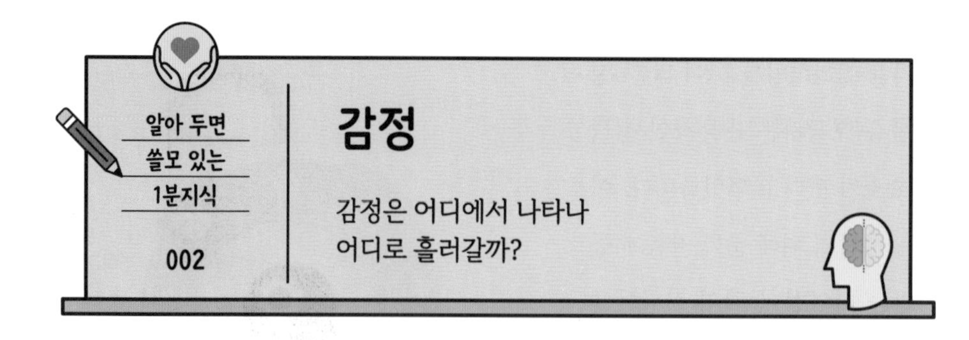

과거를 돌아봤을 때 가장 기억에 남는 일은 무엇인가요? 아마도 여러분 인생에 다시 없을 것만 같은 강렬한 기억들이 머릿속에 떠오르지 않을까 싶은데요, 재미있는 것은 사람들에게 이런 질문을 하면 대부분 감정emotion과 밀접하게 연결된 경험을 떠올린다는 점입니다. 기뻤던 일, 슬펐던 일, 놀라웠던 일, 무서웠던 일, 화가 났던 일, 역겨웠던 일 등이 가장 먼저 생각난다는 것이죠. 실제로 사람은 무척 '감정적'인 존재입니다. 수도 없이 웃고 울며 불안해 하기도 하고 누군가를 미워하기도 하죠. 때로는 감정에 사로잡혀 격렬하게 행동하거나 무기력해지기도 합니다. 이처럼 우리 삶에서 큰 부분을 차지하는 감정은 당연하게도 심리학자들의 많은 관심을 받았습니다.

먼저 심리학자들은 어떤 과정을 거쳐 감정이 반응으로 나타나는지 알아보려 했습니다. 흔히 우리는 기쁘니까 웃음이 나고 슬프니까 눈물이 난다고 생각합니다. '외부 자극-감정 유발-신체 각성' 순으로 감정이 표현된다고 믿고 있는 것인데요, 하지만 심리학의 제임스-랑게 이론James-Lange theory에 따르면 감정의 발생 순서는 반대입니다. 웃으니까 기쁘고 눈물을 흘리니 슬프다, 즉 '외부 자극-신체 각성-감정 유발'이 올바른 순서라는 것입니다.

이를 보여 주는 아주 유명한 실험도 있습니다. 바로 안면 피드백 가설facial feedback hypothesis과 관련한 실험입니다. 이 실험 결과에 따르면, 사람들이 그냥 만화책을 볼 때보다는 입에 볼펜을 물어 인위적으로 웃는 표정을 지었더니 내용을 더 재미있게 평가하는 경향을 보인다고 합니다. 이는 결국 '외부 자극(만화책)→신체 각성(표정)→감정 유발(재미)'의 순서로 감정 작용이 일어났다고 해석할 수 있습니다.

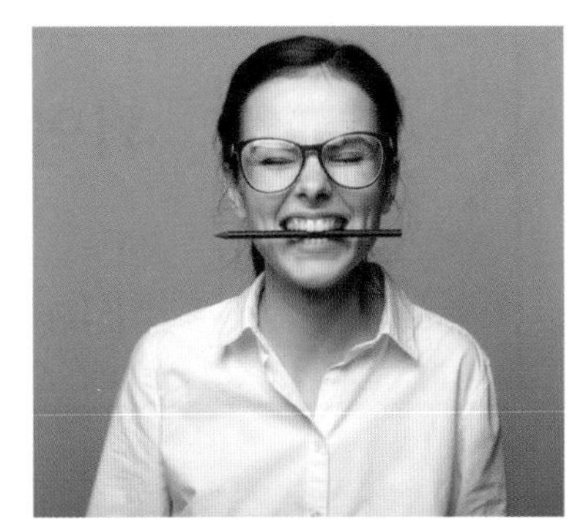
안면 피드백 가설(외부 자극 → 신체 각성 → 감정 유발)

그런데 여러분은 혹시 감정이 왜 생기는지 생각해 본 적 있나요? 감정은 세상을 더 생동감 있게 만들어 준다고 생각합니다. 감정을 표현하지 않고 교과서 읽듯 대사만 읽는 영화나 드라마가 있다면 아마 김빠진 콜라 같아서 보고 싶지 않을 것 같습니다. 기분 좋은 일이 있어도 아무도 웃지 않고, 반대로 슬픈 일이 있어도 아무도 눈물짓지 않는다면 무척 삭막할 것입니다.

심리학자들은 감정을 연구하면서 감정의 본질적인 기능이 무엇인지 밝히기 위해 많은 노력을 기울였습니다. 특히 진화 생물학의 관점에서 현생 인류에게 지금 우리가 느끼는 것과 같은 감정이 남아 있는 이유는 분명 그와 관련된 생존이나 번식의 이점이 있기 때문일 것이라고 생각했습니다. 이렇게 가정하면서 몇 가지 감정의 기능에 관한 예를 들기도 했는데요, 대표적으로 어린 아기들의 웃는 얼굴을 들 수 있습니다. 태어난 지 얼마 안 된 아기들은 외부 위협으로부터 극도로 취약합니다. 혼자서는 제대로 움직일 수 없기 때문에 누군가 입히고 씻기고 보호해야 하며 먹을 것도 대신 구해서 먹여 줘야 하죠. 하지만 아기들이라고 해서 살아남기 위한 그 나름의 '전략'이 없는 것은 아닙니다. 자신을 보호해 줄 존재인 부모와 강한 애착을 만들기 위해 나름의 '신호'를 보냅니다. 그것이 바로 웃는 얼굴입니다. 자신을 보며 해맑게 웃고 있는 아기의 얼굴을 보고 있노라면 부모는 즐겁고 행복한 기분이 샘솟고 아기를 더욱 아끼고 사랑하는 마음을 가질 수밖에 없겠지요.

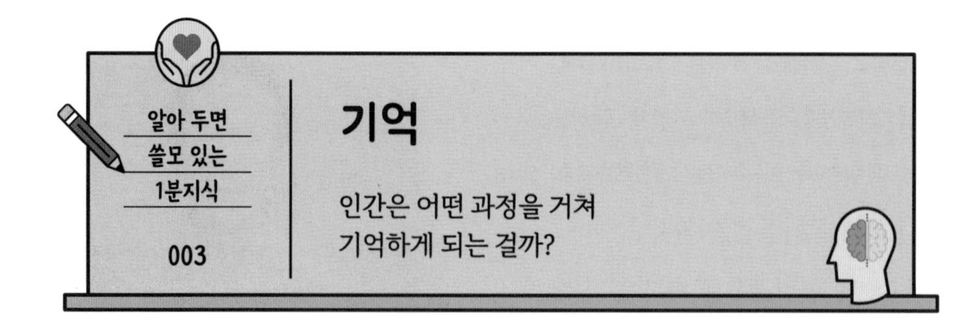

드라마나 영화, 또는 책을 보면 기억 상실증에 걸린 등장인물이 자주 등장합니다. 어린 시절 불의의 사고로 기억을 잃은 주인공. 새로운 가족을 만나 새로운 이름으로 불리며 다른 사람으로 평화롭게 살아가지만, 어느 날 왠지 낯설지 않은 장소에서 자신을 아는 듯한 사람을 만나면서 오래된 기억들이 조금씩 떠오르기 시작한다는 이야기, 어디선가 한 번쯤은 봤을 법한 시나리오가 아닐까 싶습니다.

만약 여러분이 일생 동안 살면서 쌓아온 온갖 소중한 기억들을 잃어버린다면 어떨까요? 모든 기억을 잃은 '나'는 여전히 '나'라고 말할 수 있을까요? 이처럼 기억은 나를 나답게 만들어 주는 소중한 나의 일부입니다. 내가 누구인지, 어떻게 살아왔는지, 그렇게 쌓아 온 나의 기억들이 다른 누구와도 다른 나만의 정체성identity을 만들어 주기 때문입니다.

이러한 기억의 중요성을 반영하듯 사람의 기억 방식은 놀라울 만큼 정교하게 구성되어 있습니다. 인지 심리학자들은 인간의 기억 체계가 컴퓨터의 기억 장치와 비슷한 구조로 작동한다는 사실을 밝혀냈습니다. 크게 보면 감각 기억sensory memory-작업 기억working memory-장기 기억long-term memory으로 구성됩니다(감각 기억과 작업 기억 또는 작업 기억을 가리켜 단기 기억short-term memory이라고도 합니다).

시각, 청각, 촉각, 미각, 후각 등 인간의 감각을 통해 정보가 들어오면 먼저 감각 기억에 저장됩니다. 감각 기억은 순간적으로 스쳐 지나간다고 해도 좋을 만큼 유지

시간이 짧아 의식적으로 주목하고 떠올리려 하지 않는 한 몇 초 이내에 사라져 버립니다. 감각 기억 단계의 정보 가운데 선택받은 일부는 작업 기억 단계에 머뭅니다. 우리가 의식적으로 정보를 인지하고 처리하는 과정입니다. 단 작업 기억에도 받아들일 수 있는 한계가 있습니다. '마법의 숫자 7'이라고도 하는데, 우리가 짧은 시간 동안 기억할 수 있는 정보의 양이 일곱 가지 내외라는 것입니다. 가장 대표적인 예가 바로 전화번호입니다. 유선전화 번호가 대부분 '○○○-○○○○'처럼 일곱 자리로 이루어져 있는 것이 바로 인간의 작업 기억 용량을 고려한 것입니다.

우리는 무엇을 기억하고 무엇을 잊는 걸까?

작업 기억에 들어온 정보는 시간이 지나면서 사라지기 시작합니다. 만약 작업 기억 속의 정보를 오래 보관하고 싶다면 별도로 노력해야 합니다. 어떤 노력이 필요하냐고요? 여러분이 공부하면서 늘 시도하고 있는 바로 그겁니다. 바로 '암기'라는 행위이지요. 작업 기억 내의 정보는 반복적 암기를 통해 장기 기억에 저장됩니다. 장기 기억에 저장된 정보는 웬만하면 사라지지 않습니다. 적절한 상황이나 단서가 주어진다면 언제든 손쉽게 꺼낼 수 있는 기억이기 때문입니다. 어른들 중에는 학창 시절 국사 시간에 배운 '태정태세문단세…', 화학 시간에 배운 '칼카나마알아철니…'를 수십 년이 지난 지금도 줄줄 외우는 사람이 무척 많습니다. 감각 기억, 작업 기억에 비해 장기 기억이 얼마나 오래 유지될 수 있는지를 보여 주는 상징적인 예입니다. 한 가지 더! 우리가 말로 풀어 설명할 수는 없어도 '몸에 배어서' 잊히지 않는, 예를 들면 자전거 타는 법 같은 암묵적 기억implicit memory 역시 장기 기억의 일종입니다.

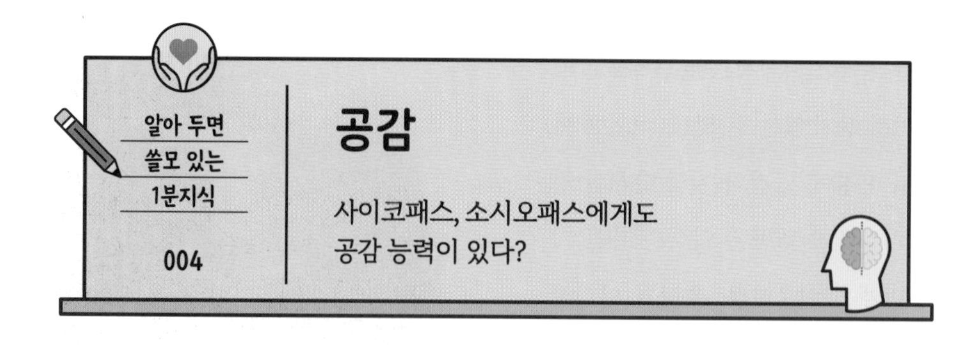

공감

사이코패스, 소시오패스에게도
공감 능력이 있다?

사회적 동물인 인간으로서 가장 중요한 특징 중 하나는 바로 공감empathy 능력의 발달입니다. 쉽게 말하면 공감은 마치 내가 상대방이 된 듯, 그의 시선으로 보고 그의 입장에서 생각하고 느끼고 표현할 수 있는 능력입니다. 흔히 공감의 신경 생리학적 기반으로 거울 뉴런mirroring neuron을 이야기합니다. 다른 사람의 행동이나 감정을 관찰할 때, 마치 내가 그러한 행동을 하거나 같은 감정을 느끼는 것인 양 그 사람과 같은 부위의 뉴런이 활성화됩니다. 이때 활성화되는 신경세포를 거울 뉴런이라 합니다.

공감 덕분에 인간은 서로 쉽게 교감하며 사회적 지지social support를 얻습니다. 보통 새로운 친구를 사귈 때 어떤 노력을 하나요? 상대방의 이야기에 맞장구를 치고 함께 울고 웃는 등 '공통점'을 찾으려 노력하게 되지 않던가요? 공감 능력은 바로 다른 사람과 나의 공통점을 만드는 가장 직관적이면서도 강력한 수단입니다. 그렇게 서로 친한 사이가 된 이후에도 공감 능력은 서로 배려하며 위로할 수 있는 원동력이 되어주지요. 공감의 중요성은 이뿐만이 아닙니다. 이해관계가 상충하는 집단들이 공존하는 현대 다원주의 사회에서도 여러 집단 사이에 공감하는 것은 건강하고 협력적인 사회를 조성하는 데 꼭 필요한 부분입니다.

보통 공감이라고 하면 다른 사람이 기쁠 때 나도 기쁜 감정을 느끼고, 다른 사람이 슬플 때 나도 덩달아 슬픈 기분이 드는 것이라고 생각하곤 합니다. 그런데 심리학자들의 연구 결과에 따르면, 사실 공감은 감정이 동반되지 않아도 일어납니다. 공감은 인지적cognitive 공감과 정서적 affective 공감으로 구분할 수 있습니다. 먼저 인지적 공감이란 상대방의 행동이나 감정의 원인을 의식적으로 이해하고 추론하는 과정을 말합니다. 예를 들어, 무서운 것을 잘 보지 못하는 A가 공포 영화를 보게 되었을 때 다음과 같이 추론하는 것이 인지적 공감입니다. 첫째, A는 무서운 감정을 잘 느낀다, 둘째, 공포 영화는 무섭다, 셋째, 그러므로 A는 공포 영화를 보고 무서움을 느낄 것이다.

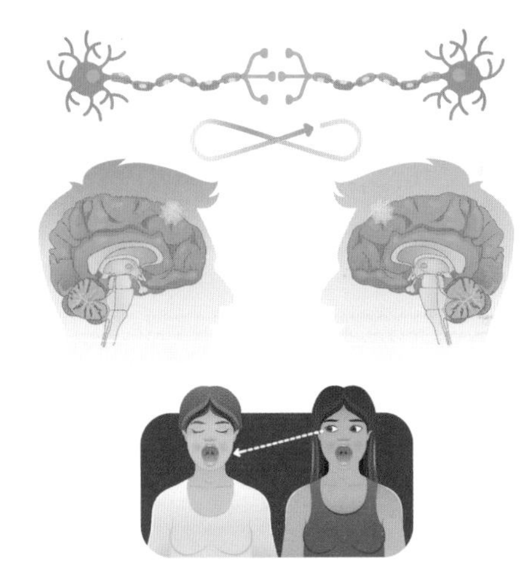

공감의 생리학적 기반인 거울 뉴런

반면 정서적 공감에서는 상대방의 행동이나 감정을 관찰한 후 내 마음속에서 어떤 정서적 변화가 일어나는지가 중요합니다. 상대방의 입장이나 처한 상황을 이해하고 예측(인지적 공감)하는 범위를 넘어서서, 마치 내 일인 것처럼 강렬한 정서적 체험과 몰입감을 경험하게 될 때 우리는 이를 정서적 공감이라고 부를 수 있습니다.

범죄 관련 영화나 드라마 등에서 '사이코패스psychopath', '소시오패스sociopath'가 등장하곤 합니다. 그리고 보통 이들을 정의하는 중요한 특징으로 '공감 능력의 결여'를 이야기합니다. 하지만 인지적 공감과 정서적 공감으로 나눠서 살펴보면 이들에게 공감 능력이 아예 없는 것은 아닙니다. 실제로 특정 상황이나 행동으로 말미암아 상대방이 어떤 기분을 느낄 것 같은지 물어보면 비교적 정확하게 알아맞히기도 합니다(물론 어느 정도 연습과 훈련을 해야 하는 경우도 있습니다). 그 대신 이들은 상대방과 같은 기분을 직접 느끼는 것을 어려워한다고 하지요. 즉 인지적 공감은 가능하지만, 정서적 공감을 해낼 수 없는 것이 사이코패스와 소시오패스의 특징에 가깝습니다.

고정 관념

고정 관념이 생존에 도움이 된다고?

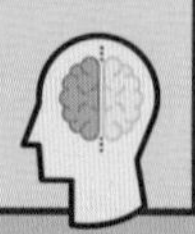

고정 관념stereotype은 글자 그대로 잘 변하지 않는, 생각이나 행동에 영향을 미치는 일반화된 인식이나 신념 등을 의미합니다. 비슷한 말로는 편견prejudice이 있습니다. 일상에서는 고정 관념과 편견을 명확히 구별하지 않고 쓰고 있습니다. 하지만 "남자는 ○○○해서 별로라니까", "여자는 ○○○해서 마음에 들지 않아", "○○ 단체 사람들은 예의가 없어" 등과 같이 편견은 고정 관념에 비해 가리키는 대상이 더 명확하고 부정적인 감정을 내포하고 있습니다. 참고로 관념이나 인식 수준에 머물던 편견이 공격성, 회피, 부당한 대우 등 대상을 향한 적대적 행동으로 표출될 때 이를 차별discrimination이라고 합니다.

흔히 고정 관념은 나쁜 것, 타파해야 할 대상이라고 생각합니다. 고정 관념 앞에 '낡은', '답답한' 등 부정적인 수식어가 붙기 일쑤이며 고정 관념을 버려야 창의적으로 생각할 수 있다거나, 고정 관념이나 편견을 허물어야 상대방으로 진정으로 배려하고 상대방과 화합할 수 있다는 등의 주장을 많이 하지요. 심리학자들 역시 고정 관념이나 편견의 문제점들을 인정하면서도 나름대로 연구하기 위해 방향을 모색했습니다. 심리학자들이 관심을 가진 부분은 다름 아닌 고정 관념의 기원에 관한 것이었습니다. '어째서, 왜 인간은 고정 관념을 갖는가?'라는 질문이었습니다.

그날 입을 옷이나 점심 메뉴를 정하는 것 같은 사소한 일에서부터 진로 선택이나 생업과 관련한 중요한 일까지, 우리는 일상에서 끊임없이 무언가에 주목하고 무언가를 판단하며 의사 결정을 합니다. 가능하면 더 합리적으로 선택하길 바라며 나름대로 진지하게 고민을 하게 되는데요. 무릇 합리적 결정을 내리기 위해서는 처한 상황에 대한 객관적인 인식, 각 선택에 따른 기회비용, 예상 위험, 기대 이익 등 검토, 의사 결정에 영향을 줄 수 있는 내부 또는 외부 요인 검토, 그 밖의 의사 결정 및 진행 상황에 영향을 줄 수 있는 변수 검토 등을 고려해야 할 것입니다. 솔직히 매번 최적의 결정을 내리겠다며 이처럼 복잡하고 피곤한 절차를 거치는 사람은 아마 없을 겁니다. 내 인생에 큰 영향을 줄 수도 있는 정말 중요한 의사 결정이라면 모를까, 작은 결정 하나에도 적지 않은 시간과 노력을 들여가며 끙끙거리는 일은 정말 '비효율적'이니까요.

한번 형성된 고정 관념은 넘어서기 어렵다.

심리학자들은 '인지적 구두쇠cognitive miser'라는 용어로 인간을 설명하곤 합니다. 주의attention, 정보 처리, 의사 결정 등의 노력에는 정신적인 에너지가 필요합니다. 그리고 정신적인 에너지에는 총량이 정해져 있어서 쓰다 보면 금방 고갈되고 말죠. 그런데 살다 보면 예기치 못한 생존의 위협이 닥칠지 모르기 때문에 인간은 그런 상황을 대비해서 정신적 에너지를 가급적 아끼고 보존하는 방향으로 진화해 왔다는 것이 진화 심리학자들의 설명입니다. 고정 관념의 효용성은 바로 여기에서 나옵니다. 학습이나 직간접 경험을 토대로 발전시킨 고정 관념은 때로 '상식'으로 통용되며 복잡한 인지적 노력의 부담을 줄이는 역할을 합니다. 물론 고정 관념이 틀릴 때도 많지만 어느 정도 맞을 때도 있기 때문에 특별히 중요한 일이 아니라면 고정 관념에 기대는 것이 더 '값싸고' '편리하며' '효율적'인 방법이라는 것이지요.

인지 부조화

왜 잘못을 인정하지 않고 변명할까?

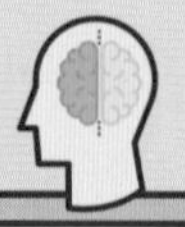

초등학교에 다닐 때의 일입니다. 당시 인기 있던 〈구슬동자〉라는 TV 만화에 푹 빠져 있던 저는 만화에 나오는 로봇 장난감이 너무나 갖고 싶었습니다. 뒷면에 달린 버튼을 누르면 몸체에 장착된 구슬이 발사되는 그런 장난감이었는데요. 몇 달 동안 모은 용돈을 털어 간신히 장난감을 샀습니다. 친구들이 가진 것과는 조금 다른, 오래전부터 점찍어 뒀던 희귀한 모델로 골랐죠. 그런데 막상 조립해 보니 표지 그림과 달리 별로 멋있지도 않았고 구슬도 제대로 발사되지 않았습니다. 한참을 실망에 빠져 있다가 어느새 저도 모르게 장난감의 장점을 찾기 시작했습니다. 그래도 전시해 두니 멋있다, 친구들 것보다 크고 멋있어서 친구들과 함께 가지고 놀 때 '대장' 역할을 할 수 있을 것 같다, 붉은색이라 뭔가 강렬한 느낌이 난다 등으로 애써 장점을 찾으며 장난감에 애착을 가지려 노력했던 기억이 있습니다.

이러한 제 경험은 사회 심리학자 레온 페스팅거Leon Festinger가 제안한 인지 부조화cognitive dissonance 현상의 대표적인 예입니다. 자신의 신념, 태도 등과 일치하지 않는 행위를 하거나 그러한 결과에 처했을 때 마음속에는 묘한 긴장감이나 불편감이 생기게 됩니다. 그런데 이 '부조화' 상태를 견디기 어려운 것이 인간의 본성이기 때문에 자신의 태도를 행위나 결과에 일치시키거나, 행위나 결과를 태도에 맞게 바꿈으로서 '부조화' 상태를 해소하기 위해 노력하게 되지요. 단 태도를 바꿀 것이냐 행위나 결과를 바꿀 것이냐를 선택할 때 대개는 태도를 바꿉니다. 이미 현실에서 벌어진 행

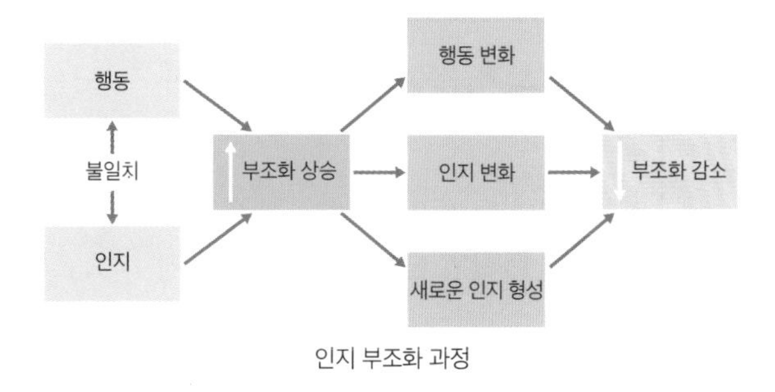

인지 부조화 과정

위나 결과를 되돌리기는 무척 어렵기 때문입니다.

제 경험에 대입해 본다면, 태도(내가 구입한 장난감은 가치 있다)와 결과(장난감의 멋이나 성능이 형편없다)가 일치하지 않아 인지 부조화 상태가 되었습니다. 결과적으로 좋지도 않은 장난감을 힘들게 돈을 모아서 구입한 셈이니 저는 사전 기대, 신념을 배반하는 행위를 자초한 것이기도 합니다. 그리고 그 행위나 결과를 합리화하기 위해 '가만히 두고 보면 멋있다'거나 '커서 좋다'는 등 그럴싸한 새로운 신념, 태도들을 찾기 시작했던 것입니다.

인지 부조화 이론cognitive dissonance theory은 심리학계뿐만 아니라 대중들에게도 널리 알려진 매우 유명한 심리학 이론입니다. 이는 인지 부조화 현상이 일상에서 무척 빈번하게 일어나며, 매우 큰 영향을 미치고 있음을 방증하는 것이기도 합니다. 사실 인지 부조화에 빠지고 자신의 행위나 그로 인해 발생한 결과를 합리화rationalization하는 것은 '자연스러운' 현상입니다. 살다 보면 생각한 대로 일이 진행되지 않는 경우도 비일비재하고, 의도하지 않았으나 엉뚱한 결과가 나오는 경우도 많습니다. 그중에는 우리의 착오, 실수로 말미암아 벌어진 결과들도 적지 않으니, 상처받지 않으려면 스스로 변명하고 합리화하게 되지요. 하지만 잘못된 선택을 했을 때 솔직히 인정하고 개선 방법을 찾을 줄 아는 용기가 있는 사람들만이 더욱 성숙해질 수 있습니다. 인지 부조화의 함정에 빠지지 않기 위해서는 끊임없는 자아 성찰이 필요합니다.

페르소나

당신의 가면 뒤에는
어떤 비밀이 숨어 있나요?

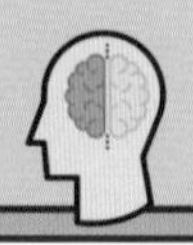

페르소나persona란 원래는 고대 그리스 연극에서 배우들이 쓰던 가면을 뜻하는 말로, 심리학에서는 본성을 감추고 있는 외부의 인격을 뜻합니다. 분석 심리학의 거장으로 잘 알려진 카를 구스타프 융Carl Gustav Jung이 페르소나라는 개념을 사용하면서 본격적으로 학계와 대중 사회에 쓰이기 시작했습니다. 영화나 드라마의 감독, 배우들의 인터뷰를 보면 '○○○ 감독의 페르소나인 배우 ○○○'라는 표현을 종종 찾아볼 수 있습니다. 감독이 시나리오를 집필하는 과정에서 알게 모르게 자신의 은밀한 생각과 욕망이 반영되지만, 그것이 '감독의 것'이 아닌 '배우의 것'인 듯 작품 속에 감춰지기 때문에, 융이 이야기했던 페르소나의 의미와 어느 정도 부합합니다.

사람은 누구나 가면을 쓰고 살아갑니다. 누구에게나 충동이 있고 분노도 있고 욕망도 있지만, 사회적 동물로서의 본능과 민족이나 국가 등 사회 공동체의 소속감은 그러한 욕망이 온전히 표출되는 것을 막습니다. 점잖고 온화한 이미지를 만들고 법과 질서를 지키며 다른 사람들의 행동을 보고 눈치껏 배우며 맞추고 살아갑니다. 가정 교육, 학교 교육 등을 거쳐 그 사회에 적응하는 과정을 사회화socialization라고 합니다. 이를 심리학적으로 표현하면 사회화란 본성을 감추고 페르소나(가면)를 만들기 위한 과정이기도 합니다.

가면을 쓴 모습을 한번 상상해 봅시다. 가면은 얼굴을 감추기 위한 것입니다. 하지만 가면을 쓴 사람의 얼굴 전부를 가리는 가면은 없습니다. 최대한 촘촘하게 만든

다 해도 가면이 가면으로서의 역할을 하려면 적어도 코와 입 등 숨 쉴 구멍은 있어야겠지요. 그래서 '본성 밖에 드러난 인격이 곧 페르소나(가면)'라는 비유는 매우 적절합니다. 왜냐하면 본성의 모든 부분을 감추는 '완벽한 페르소나'를 가진 사람은 아무도 없기 때문입니다. 역설적으로 페르소나라는 외피로 본성을 감추려 노력할수록 그 가면이 불안정하게 흔들리면서 그 뒤에 숨은 본성이 더 잘 보이게 되지요.

누구나 사회적 가면을 쓰고 살아간다.

학교에 다니고 회사에 다니는 현대인들은 대부분 얼굴 크기에 맞지 않는 가면을 쓰고 살아갑니다. 하고 싶은 것이 있어도 참고 갖고 싶은 것이 있어도 나중을 위해 뒤로 미루는 것이 익숙합니다. 더 나은 미래를 위해 밤늦게까지 공부하고 업무에 열중합니다. 늘 적응하고 견뎌야 하죠. 하지만 이러한 생활 방식이 반복되면 페르소나와 본성 간의 괴리가 점차 커지기 시작합니다. 내가 누구인지, 무엇을 하고 싶은지 알 수 없어 고민하는 사람들이 생겨나는 것입니다. 이를 분석 심리학적으로 그림자 shadow라고 표현할 수 있는데요. 과도하게 본성을 억압하면 자신의 정체성을 잃어버리고 긴장하고 스트레스가 쌓이는 등 부작용이 생길 수 있다는 뜻입니다. 그래서 심리학자들은 페르소나와 본성이 적절히 균형을 이루는 상태가 가장 바람직한 자신의 모습이라고 말합니다.

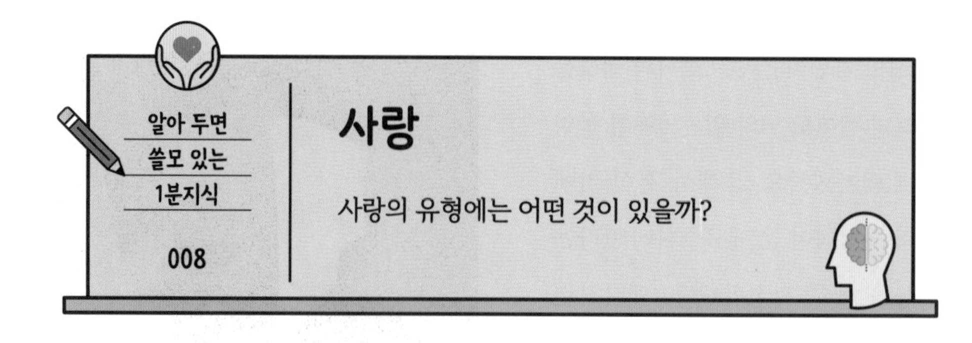

'사랑은 ○○○이다.' 여러분이라면 사랑의 정의를 어떻게 내리겠습니까? 흔하디흔한 것이 사랑이지만 그것을 한마디로 정의해야 한다면 누구나 고개를 갸우뚱하게 되는, 그런 미묘한 것이 바로 사랑이 아닐까 싶습니다. 보통 사랑은 위대하다고 말합니다. 사랑 때문에 울고 웃는 일은 다반사이며, '고작' 사랑 때문에 생각지도 못했던 '기적'이 일어나기도 하지요. 도대체 사랑이란 무엇일까요? 사랑의 그 복잡하고 미묘한 속성 때문에 이를 연구하는 심리학자들의 고뇌가 무척 컸는데요. 지금부터 심리학자들이 생각하는 사랑의 형태와 특징들을 살펴보겠습니다.

고전적이지만 가장 유명한 사랑에 관한 이론은 로버트 스턴버그Robert Sternberg가 제안한 사랑의 삼각형 이론triangular theory of love일 것입니다. 스턴버그는 이 이론에서 사랑을 구성하는 세 가지 요소, 즉 친밀감intimacy, 열정passion, 헌신commitment을 제안했습니다. 이 요소 간의 조합을 통해 사람들 사이의 사랑을 친밀감만 있는 사랑, 열정만 있는 사랑, 헌신만 있는 사랑, 낭만적인 사랑(친밀감+열정), 우애적 사랑(친밀감+헌신), 얼빠진(어리석은) 사랑(열정+헌신), 성숙한 사랑(친밀감+열정+헌신) 등 여러 유형으로 구분했습니다. 하지만 스턴버그는 사랑이 그리 단순하고 안정적인 것은 아니라고 말합니다. 성숙한 사랑이 아니라 하더라도 대부분의 사랑에는 친밀감, 열정, 헌신이 모두 담겨 있으며, 단지 각 요소의 크기와 강도에 따라 유형이 달라질 수 있다고 설명합니다. 그뿐만 아니라 사랑의 형태는 시간이 지남에 따라 지속해서 변화하는 것이어서 비록 처음에는 열정만 가득한 불같은 사랑이었다 해도 관계가 깊어지고 서로 배려하고 희생하는 부분이 늘어남에 따라 점차 성숙한 사랑의 형태가 될 수 있다고 말합니다.

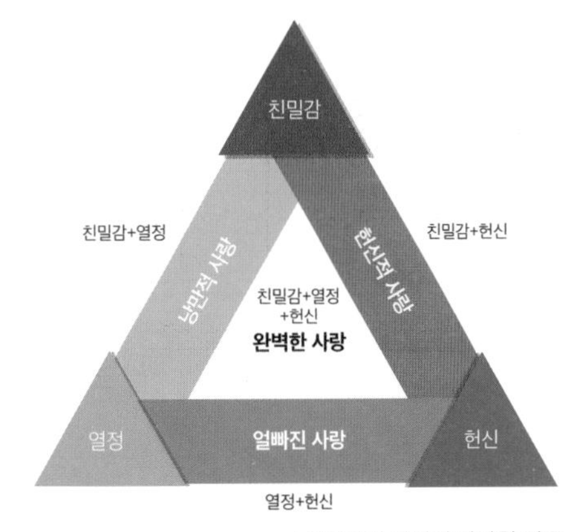

스턴버그의 사랑의 삼각형 이론

스턴버그와는 다른 관점에서 사랑을 설명하고자 했던 이도 있었습니다. 존 앨런 리John Alan Lee가 제안했던 사랑의 여섯 가지 유형이 대표적입니다. 리는 사랑을 에로스eros(열정적인 사랑), 루두스ludus(유희적인 사랑), 스토르게storge(친구 같은 사랑), 마니아mania(소유적인 또는 의존적인 사랑), 아가페agape(이타적인 사랑), 프래그마pragma(실용적인 사랑)로 구분했습니다. 스턴버그의 개념과 리의 개념을 살펴보면 서로 비슷한 점도 있고 다른 점도 있는데요. 그만큼 사랑은 심리학자들 사이에서도 아직 명확하게 의견이 모이지 않는 오묘한 개념이라는 사실을 방증하는 것일 수 있습니다.

그런데 사실 우리는 일상에서 사랑을 '사랑'이라고만 부르는 것은 아닙니다. 좁은 의미에서라면 남녀 간의 교감을 뜻하는 의미로 쓰이지만, 사실 넓게 보면 친구 간의 우정, 자식에 대한 부모님의 사랑, 연예인 등 유명인을 향한 '팬심', 더 나아가 전 인류를 향한 박애주의 등 여러 형태의 '사랑'이 우리 주변에 가득합니다. 그런 이유로 비록 '사랑'을 연구한다고 직접 말하지는 않지만, 사람 사이의 관계를 연구하는 수많은 심리학자가 곧 직간접적으로 사랑의 비밀을 파헤치기 위해 오늘도 열심히 '사랑 연구'에 매진하고 있다고 보아도 무방할 것 같습니다.

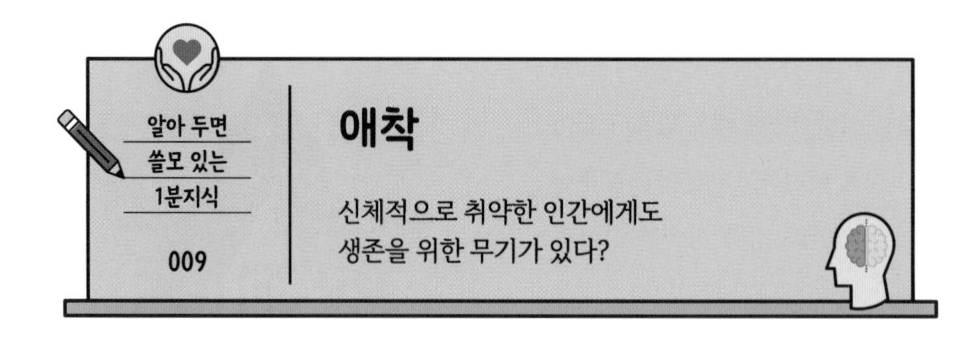

애착

신체적으로 취약한 인간에게도 생존을 위한 무기가 있다?

발달의 관점에서 볼 때 다른 동물들에는 없는 사람만의 단점이 있습니다. 성인이 되기까지 성장 속도가 더디며, 특히 영유아기에 살아남으려면 다른 누군가의 도움이 반드시 필요하다는 점입니다. 태어난 지 얼마 안 된 아기를 생각해 봅시다. 가시나 독, 날카로운 발톱이 없으니 어떤 외부 위협으로부터도 스스로 방어할 수 없는 취약한 존재입니다. 네 발로, 뒤이어 두 발로 직접 이동하는 데 몇 년이 걸립니다. 그마저도 활동 반경이 극히 제한적이어서 먹이를 구하러 나서는 것도 쉽지 않지요. 따라서 사람은 누구나 태어나자마자 생존을 위해 가장 중요한 한 가지를 학습해야만 합니다. 그것은 바로 애착attachment, 즉 다른 사람(보통 양육자)과 깊은 유대감을 형성하는 방법입니다.

애착에는 몇 가지 유형이 있습니다. 누구나 양육자 등 중요한 다른 사람과의 애착을 형성하려 하지만 유전적, 환경적 이유 등에 따라 개인마다 애착이 다르게 나타납니다. 태어난 지 얼마 되지 않은 아이의 애착 유형을 판별하기 위한 대표 실험으로 발달 심리학자 메리 에인스워스Mary Dinsmore Ainsworth의 낯선 상황 절차strange situation proceure가 있습니다. 장난감이 있는 실험실에 양육자와 아기를 초대하고, 양육자가 방을 나가거나(분리), 낯선 사람이 들어오거나, 양육자가 다시 방에 들어오는(재결합) 등의 절차가 진행되는 동안 아기가 어떻게 반응하는지 확인하는 것입니다.

에인스워스는 여러 아기들을 대상으로 낯선 상황 절차를 진행하는 연구를 수행했으며, 연구 결과를 정리해서 크게 네 가지 애착 유형으로 나누었습니다. 첫째, 안정형secure 애착입니다. 장난감을 잘 갖고 놀다가 양육자와 분리되면 당황하고 불안을 느끼지만 양육자가 다시 돌아오면 다시 안정감을 느끼며 낯선 사람과도 잘 지내는 유형입니다. 둘째, 불안정-회피 anxious-avoidant 애착입니다. 이 유형의 아기들은 양육자와 분리되거나 재결합되는 상황에 별다른 반응을 보이지 않습니다. 양육자를 피하고 무시하며 자기가 하던 놀이에 몰두합니다. 셋째, 불안정-저항(양가)anxious-resistant(ambivalent) 애착입니다. 양육자와 분리되는 것을 몹시 두려워하며, 재결합되면 양육자를 향해 과한 의존과 분노, 저항 등을 표현합니다. 끝으로 혼돈형 disoriented 애착이 있는데요. 이는 앞서 세 가지 유형에 해당하지 않는 경우입니다. 회피 반응을 보이다가도 저항(양가) 반응을 보이기도 하고 특이한 동작을 하는 등 혼란스러운 모습을 보입니다.

에인스워스의 낯선 상황 절차 실험

영유아기의 애착은 양육자와의 관계에서 태어나자마자 형성되기 시작합니다. 인생 최초로 만나는 나 이외의 다른 사람과 관계를 맺고 상호 작용하면서 신뢰를 주고받는 과정을 직접 경험하면서 배우게 되지요. 인생 초창기에 형성된 애착은 성장 과정과 성인이 된 이후에도 지속적으로 영향을 주기 때문에 중요합니다. 따라서 심리학자들은 영유아기에 형성된 애착이 이후 학교에서 친구들과의 관계, 직장에서 동료들과의 관계, 연애나 결혼 관계, 그 밖에 사람들과의 관계 등에 어떤 영향을 미치는지, 즉 '청소년기 애착', '성인 애착'에 대해서도 중요하게 다루고 있습니다.

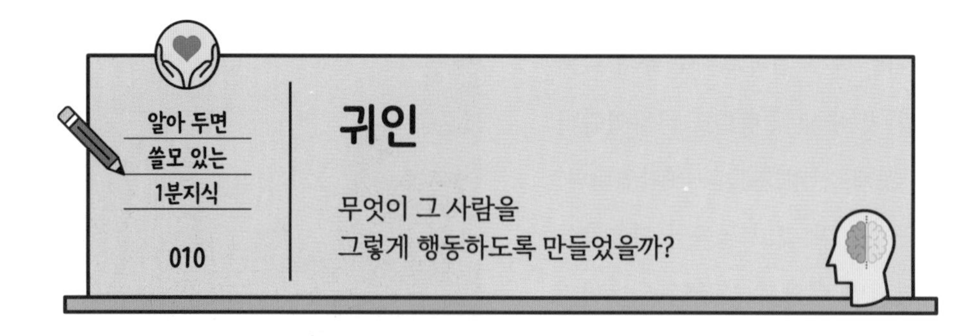

귀인

무엇이 그 사람을
그렇게 행동하도록 만들었을까?

오늘 여러분의 친구 A가 학교에 지각을 했다고 가정해 보겠습니다. 친구 A가 지각하는 모습을 본 B가 이렇게 말합니다. "쟤는 천성이 게을러서 그런 것 같아." C는 이렇게 말합니다. "아냐, 오늘따라 유독 차가 막히던데, 쟤 버스 타고 다니잖아." 다른 친구 D는 이렇게 말하죠. "내 생각에는 말야, 그냥 A가 운이 나빴던 것 아닐까?"

귀인 이론attribution theory은 사회 심리학자들의 오랜 관심거리였습니다. 여기에서 말하는 '귀인'이란 결과가 되는 사건의 원인을 어디에서 찾는지를 뜻하는 심리학 용어입니다. 예를 들어 배가 아픈 이유를, "찬 아이스크림을 먹어서 그래"라고 말하면 '아이스크림'에 귀인을 한 것이고, "어제 이불 안 덮고 자서 그래"라고 말하면 '이불을 안 덮은 행위'에 귀인을 한 것이죠. 사회 심리학자들이 귀인 이론에 관심을 가졌던 이유는 귀인 결과에 따라 사람들의 행동이 달라지기 때문이었습니다. 즉 귀인이 곧 동기motivation와 비슷한 역할을 한다고 보았던 것입니다. 사람들의 행동 원인을 이해하는 것이 심리학의 기본 목표인 만큼, 사람들의 귀인 습관을 이해하는 것이 인간의 본질을 파헤치는 중요한 열쇠가 될 것이라 생각했죠.

심리학자들은 사람들의 귀인 사례들을 체계적으로 수집하고 관찰하며 귀인을 몇 가지 차원으로 구분할 수 있다는 점을 발견했습니다. '이번에 본 중간고사의 성적이 좋지 않았다'는 예시로 귀인의 세부 차원들을 설명해 보겠습니다. 첫째, 내부·외부의 차원입니다. 만약 성적 부진의 원인을 개인의 노력, 능력, 컨디션 등으로 돌린다면 이는 내부 귀인internal attribution이라 할 수 있습니다. 반면 시험의 난이도, 학업에 집중할 수 없었던 집안 분위기 등에서 원인을 찾는다면 이는 외부 귀인external attribution이 됩니다. 둘째, 안정·불안정 차원입니다. 안정 귀인stable attribution의 경우 지능이나 타고난 기질 등 시간이 흐르거나 상황이 바뀌어도 잘 변하지 않는 요소에서 원인을 찾는 것을 말합니다. 반대로 목적의식, 노력의 정도, 갑자기 생긴 집안 문제 등 상대적으로 잘 변화될 수 있는 요소에서 원인을 찾으면 이는 불안정 귀인unstable attribution이 됩니다. 그 밖에도 통제 가능성을 기준으로 귀인 양식을 나누거나, 사건의 발생 빈도나 일관성 등을 기준으로 귀인 양식을 나누기도 합니다.

	내부	외부
안정	**능력**	**과제의 난이도**
불안정	**노력**	**행운**

귀인 이론

귀인을 연구하던 심리학자들의 연구 결과에 따르면, 사람들이 체계적으로 범하는 실수, 즉 귀인 오류attribution error가 있습니다. 참고로 여기에서 말하는 '오류'란 원인을 정확히 알아맞혔는가, 즉 귀인의 정확성과 관련된 것은 아닙니다. 그보다는 '합리적 의사 결정'이라면 상황적 요인, 개인적 요인, 내부적 요인, 외부적 요인, 통제 가능한 요인, 통제 불가능한 요인 등 여러 가지 요소들을 종합적으로 고려해야 하지만 편의성 등의 이유로 그렇게 하지 못하고 단순하고 편향적인 귀인 습관에 의존하는 것이 바로 귀인 오류입니다. 대표적인 예로 근본 귀인 오류fundamental attribution error가 있습니다. 이는 상대방 행위의 원인을 추론할 때 상대방이 처했을 상황 요소들을 고려하지 않고 그의 성격이나 기질 등 내부적인 특성만을 보고 쉽게 판단해 버리는 것이지요.

확증 편향

'답정너'가 되는 이유는 무엇일까?

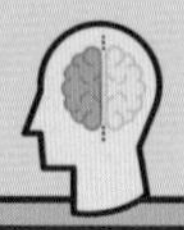

언제부터인가 '답정너'라는 신조어가 유행하기 시작했습니다. "답은 정해져 있어. 너는 대답만 하면 돼"의 줄임말이라 하는데요. 주로 반대되는 상대방의 의견은 듣지 않으며, 사전에 자신이 정한 결론이나 의견으로만 대화를 이끌어 나가는 사람을 가리키는 표현으로 주로 사용됩니다. '답정너'라는 표현이 빠르게 유행하고 금세 친숙해진 것은 그만큼 일상에서 '답정너'를 보고 겪을 일이 많다는 방증이 아닐까 싶습니다. 여러분은 생각해 보신 적 있나요? '답정너'의 심리는 무엇일까요? 그 전에 '답정너'처럼 행동하는 사람들은 왜 그렇게 된 걸까요?

'답정너' 현상을 이해하기 위해서는 심리학 용어 확증 편향confirmation bias에 주목해 볼 필요가 있습니다. 확증 편향이란 자신의 초기 견해에 맞는 정보만 선택적으로 받아들이고 이를 지속적으로 강화하는 현상을 의미합니다. '듣고 싶은 것만 듣고 보고 싶은 것만 듣는 성향'으로도 표현할 수 있을 것 같은데요. 초기에는 단순한 가설, 짧은 생각에 머물던 것이 확증 편향의 과정을 거쳐 강화되다 보면 개인의 동기나 행동을 지배하는 굳건한 신념, 가치관으로 발전하기도 합니다.

어떤 사안이나 대상에 대해 사실 누구라도 처음부터 '답정너'가 되지는 못할 겁니다. 그에 대한 가치관, 신념 등이 형성되려면 먼저 그 사안에 대해 충분히 알고 있어야만 할 테니까요. 감정적인 또는 합리적인 판단에 따라 첫인상이 생긴 다음 어떤 계기 때문에 자신의 초기 판단을 지지하는 견해들만 수용하는 과정을 거친 끝에 비로

듣고 싶은 것만 듣고 보고 싶은 것만 보는 확증 편향

소 '답정너'가 탄생할 것입니다. 따라서 '답정너'의 편향성을 무너뜨리기 위해서는 또는 우리 자신이 '답정너'가 되지 않기 위해서는 지금 현재의 대화보다는 더 과거의 근원적인 부분에 주목할 필요가 있습니다. '이 사람은 왜 답정너인 거야? 답답하네'라고 한탄하기 전에, '애초에 이 사람은 왜 답정너가 된 걸까?', '처음에는 무슨 생각을 했고 그것이 어떤 과정을 거쳐 이 사람 내면의 신념으로 남게 되었을까?'라고 묻는 과정을 거쳐야 한다는 것입니다.

사실 사람이라면 누구나 확증 편향에 빠질 수 있습니다. 특히 자신이 소중하게 생각하는 것, 중요하게 생각하는 것에 대해 누군가 부정적인 태도를 보인다면 누구라도 자신의 입장을 보호하고 싶을 것입니다. 하지만 서로가 확증 편향에 빠져 '답정너'가 되고 만다면 사회 전반에 온갖 크고 작은 갈등이 생기고 사회 구성원들 사이에 불신도 깊어지겠지요. 그래서 심리학자들은 확증 편향에 빠지지 않기 위한 비판적 사고critical thinking의 중요성을 강조합니다. 그리고 이러한 사고를 키우기 위한 교육과 훈련 등 노력이 뒷받침된다면 확증 편향에 빠지는 위험성을 줄일 수 있다고 설명합니다.

메타 인지

'너 자신을 알라'는 말에 숨겨져 있는 의미는?

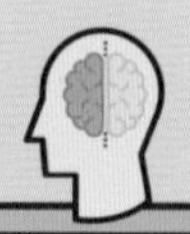

'나는 내가 안다(모른다)는 것을 안다', '나는 내가 모르는 것을 알기 위해 어떻게 해야 하는지 안다', '나는 내가 어떤 생각을 하는지, 어떤 기억을 하는지, 어떻게 집중하고 있는지를 안다.' 심리학자 존 플라벨John Flavell이 제안한 메타 인지metacognition란 자신의 인지적 활동에 대한 인식, 판단 능력을 일컫는 말입니다. 메타 인지는 학습의 원리, 전략 등을 연구하는 교육 분야에서 큰 관심을 끌었습니다. 왜냐하면 메타 인지 능력이 우수한 경우 학습 효율이나 성과가 더 우수할 것으로 기대되었고 실제로도 그런 경향이 있다는 사실이 여러 연구를 통해 확인되었기 때문입니다.

메타 인지가 일어나는 과정은 쉽게 '모니터링'과 '조절'로 구분할 수 있습니다. 중간고사를 앞두고 여러분이 시험공부 계획을 세운다고 가정해 보죠. 먼저 모니터링 과정에서는 다음과 같은 사항을 고려해야 합니다. 첫째, '나'의 특성을 알아야 합니다. 이는 곧 내가 이해, 암기, 추론, 반복, 집중력 등 어느 부분에 강점이 있는지, 약점이 있는지를 이해해야 한다는 뜻입니다. 어떤 방식으로 공부해야 흥미를 느끼고 몰입하게 되는지 알고 있다면 더 좋겠죠. 둘째, 과업을 분석해야 합니다. 시험 범위나 시험 과목 등 기본적인 사항은 물론 평소 내가 잘하는 과목은 무엇인지, 보완해야 하는 과목은 무엇인지 판단할 수 있어야 합니다. 그래야 시험 기간까지 남은 시간과 자원resource을 효율적으로 분배할 수 있을 테니까요.

다음으로 '조절' 단계에서는 '모니터링' 단계에서 선택한 전략을 유지하거나 수정하고 변경합니다. 시험공부 계획을 세우고 실제 공부를 하다 보면 마음먹은 대로 공부가 되지 않는 경우도 있을 겁니다. 다른 급한 일들이 생겨서 공부 시간이 부족해졌다거나 유독 집중이 안 되는 날이었다거나 등의 일이 있을 수 있습니다. 단순히 생각이 바뀔 수도 있을 겁니다. 수학이 중요하다고 생각해서 많은 시간을 투자하고 있었는데, 막상 공부하다 보니 국어 시험을 잘 볼 수 있을까 하는 불안감이 생기고, 국어에 더 시간을 투자해야겠다고 전략을 수정한다면 이는 메타 인지의 '조절' 단계에 해당합니다.

아는 것과 모르는 것을 정확히 판단하는 능력이 중요하다.

모니터링과 조절은 끊임없이 반복됩니다. 조절한 전략은 다시 모니터링의 과정을 거치면서 최적의 판단이 되고, 새로 수정한 전략이 실행되는 과정에서 예기치 않은 변수가 생기면 다시 조절하는 과정을 거치게 되죠. 그렇다면 메타 인지 능력을 잘 발휘하려면 어떻게 해야 할까요?

심리학자들은 판단이나 의사 결정을 하기 전에 머릿속에 일어나는 인지적 과정들을 또렷하게 인지하고, 합리적·이성적으로 판단하는 훈련을 해야 한다고 말합니다. 빈 종이나 다이어리 등에 생각이나 계획의 흐름을 명확하게 기록하고 점검하는 습관을 들이는 것도 좋습니다. 사람의 작업 기억 용량에는 한계가 있기 때문에 머리로만 세우는 계획은 그만큼 구체적이지 않고, 또 시간이 지나면서 흐지부지될 위험이 있기 때문입니다.

콤플렉스

콤플렉스의 의미와 유래는 무엇일까?

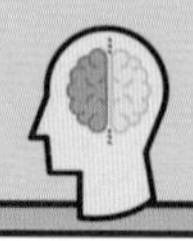

상상의 동물인 용의 몸에는 비늘이 붙어 있는데, 그중 '역린逆鱗'이 하나 있다고 합니다. 그 역린을 건드리면 용이 크게 화를 내면서 건드린 사람에게 큰 화를 입힌다고 전해집니다. 이로부터 우리는 상대방의 약점 등을 '역린'에 비유하면서 이를 조심해야 한다고 말합니다. 그리고 완전히 들어맞는 것은 아닙니다만, 분석 심리학자 융이 중요하게 다뤘던 콤플렉스complex라는 개념에는 '역린'의 의미나 교훈과 어느 정도 유사한 점이 있습니다.

일상에서 콤플렉스는 보통 '열등감'과 비슷한 의미로 사용됩니다. 사람에게는 누구나 "A는 키가 작은 게 콤플렉스야", "B는 낮은 학교 성적에 대해 콤플렉스가 있어" 등으로 말하는 약점이 있습니다. 그 약점을 내심 불쾌하게 여기는 경우를 흔히 '콤플렉스'라고 합니다. 심리학의 역사에서 아마 가장 유명한 콤플렉스 가운데 하나가 바로 오이디푸스 콤플렉스Oedipus complex일 것입니다.

오이디푸스 콤플렉스는 정신 분석학의 창시자 지그문트 프로이트Sigmund Freud가 제안한 것으로, 그가 설명하는 심리 성적psychosexual 발달 단계에서 매우 중요한 부분을 차지합니다. 이름 그대로 그리스 신화에 나오는 테베의 왕 오이디푸스의 이야기와 관련된 것입니다. 오이디푸스는 운명에 저항하려 노력하지만 결국 자신의 친아버지를 죽이고 친어머니와 결혼해서 아이를 낳는 등 패륜을 저질러 비극적인 최후를 맞는 인물입니다. 프로이트는 남자아이의 성장 과정을 설명하면서 태어나서 처음 만나는 이성인 어머니를 본능적으로 사랑하고 소유하고 싶은 욕망을 갖게 된다고 했습니다. 그래서 어머니의 배우자인 아버지를 경쟁 상대로 생각하고 무의식적으로 증오하게 되며, 이것이 곧 오이디푸스 콤플렉스입니다. 반대로 여자아이의 성장 과정에서는 아버지를 소유하고 싶어서 어머니를 경쟁 상대로 여기는 엘렉트라 콤플렉스Electra complex가 나타나는 것으로 알려져 있습니다.

자신의 가치를 제대로 바라보지 못하게 만드는 콤플렉스

비록 현대 심리학에서는 오이디푸스 콤플렉스, 엘렉트라 콤플렉스가 과학적으로 검증하기 어려운 이야기이기 때문에 다소 외면을 받는 것이 현실입니다. 하지만 당대에나 지금에나 위대한 심리학자로 평가받는 융이나 프로이트 모두 콤플렉스라는 개념을 자신들의 이론을 구성하는 중요 개념으로 삼았습니다. 이는 그만큼 인간의 마음을 탐구하고 이해하는 데 콤플렉스라는 요소가 중요한 위치를 차지하고 있었음을 방증한다고 볼 수 있습니다.

콤플렉스의 본래 의미는 열등감에만 한정되지 않습니다. 사실 콤플렉스는 개인의 생각이나 행동 등에 (강력한) 영향력을 미치는 마음속의 어떤 '힘'을 가리키는 말입니다. 약점이든 어떤 계기로 인해 나에게 중요한 의미를 갖게 된 것이든 또는 다른 어떤 이유에서든 나를 감정적인 사람으로 만들고 열정적으로 움직이게 만드는 것이라면 무엇이든 콤플렉스가 될 수 있습니다. 그래서 열등감이 아닌 특정 대상을 향한 애정이 담긴 집착, 흥분 등도 충분히 콤플렉스로 발전할 수 있지요.

카타르시스

마음껏 울고 나면 정말 후련해질까?

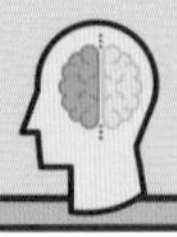

"울고 싶으면 마음껏 울어. 차라리 마음껏 우는 게 속 시원해." 친구와의 관계가 좋지 않아서, 목표로 삼았던 일이 잘 풀리지 않아서, 소중한 대상을 잃어서 울적할 때, 주변 사람들로부터 한 번쯤 들어봤을 위로의 말입니다. 만약 그 말을 듣고 참고 있던 울음이 터졌고 울음을 그친 후에 무언가 '후련한 기분'을 느꼈다면, 여러분은 정신 분석에서 이야기하는 카타르시스catharsis를 경험한 것입니다.

카타르시스는 마음에 쌓인 분노, 우울, 불안, 긴장 등을 표출하고 해소하는 마음의 과정을 뜻하는 말입니다. 원래는 문학 작품을 논할 때 자주 등장하는 표현입니다. 비극 속 등장인물의 감정을 독자가 대리로 경험하면서 자신의 마음속 부정적인 감정들을 마주하고, 이를 의식적으로 다루면서 결국 마음이 정화되는 과정을 의미했습니다.

카타르시스는 정신 분석학의 창시자 프로이트에게도 마음의 본질을 이해하는 데 중요한 요소였습니다. 프로이트는 카타르시스 요법을 통해 환자(내담자)가 가진 불쾌한 기억이나 감정을 찾아 해소하려고 노력했는데요. 그는 환자가 마주하고 싶어 하지 않고 숨기고 싶어 하는 내면의 욕망, 상처 등 어두운 부분을 찾아 인식시킴으로써 극적인 치유와 정화의 효과가 있을 것이라고 생각했습니다. 이처럼 프로이트는 카타르시스라는 현상이 사람들이 가진 마음의 고통을 치유하는 데 도움이 될 수 있다는 가능성을 보여 주었습니다.

하지만 안타깝게도 실험을 통한 검증과 객관화를 중요하게 생각하는 현대 심리학에서 카타르시스의 입지는 그리 공고하지 않습니다. 카타르시스의 핵심 내용, 즉 슬플 때 울거나 슬픈 드라마를 보는 행위, 화가 날 때 폭력성이 강한 콘텐츠를 감상하거나 직접 화를 표출하는 행위 등이 정말 슬픔과 분노 해소에 도움이 되는지를 입증할 수 있는 증거를 발견하지 못했기 때문입니다. 카타르시스를 재현하거나 검증하려는 여러 연구가 있었지만 긍정적인 결과를 얻은 연구도 있었던 반면, 별다른 효과가 없었거나 오히려 반대 효과가 나타났다고 보고한 연구도 있었습니다. 울고 싶은 사람에게 슬픈 드라마를 보거나 하는 방법으로 더 울게 했더니 오히려 더 심하게 울적해지는 경우도 있었다는 것입니다.

마음에 쌓인 감정을 해소하는 과정인 카타르시스

오늘날 심리학자들은 카타르시스를 더 잘 이해하기 위해서는 여러 상황을 고려해야 한다고 지적합니다. 분노, 불안, 슬픔 등을 표출하면, 첫째, 신체적으로 각성하고 흥분하며 다시 자기 자신이 이를 지각하고 해석하면서 강화reinforcement될 가능성도 있습니다. '어? 내가 지금 눈물을 흘리고 있는 것을 보니 슬픈 게 맞구나', '내가 쌀쌀맞게 행동하는 것을 보니 난 지금 화가 난 거구나'라고 스스로 해석할 수 있습니다. 그러면 도리어 애매했던 상황이 확실해지는 '부작용'이 나타날 수도 있다는 것이지요. 그 밖에도 주변 사람들이 부정적 감정을 표출하는 나 자신을 목격하면, 내 평판이 나빠지고 다른 사람의 도움을 받지 못하게 되는 등 사회적 지지에도 악영향을 미칠 가능성도 있습니다. 일단 자신의 감정을 표출하고 나면 당장은 후련할 수도 있지만, 장기적으로는 나에게 좋지 않은 영향을 줄 수도 있음을 기억해야 합니다.

에고

'에고가 강하다'는 말은 무슨 뜻일까?

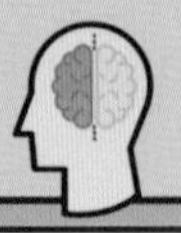

여러분은 혹시 '○○○는 에고ego(자아)가 강한(센) 것 같아', '에고가 약한 사람들은 ○○○해' 같은 말을 들어본 적이 있나요? 언제부터인가 '에고'라는 단어가 사람의 성격, 특성을 가리키는 말로 종종 쓰이고 있습니다. 이때 '에고'는 자기중심성, 즉 이기적인 성향이라는 뜻을 내포하고 있지요. 주변 분위기나 다른 사람들의 사정은 생각하지 않고 자기 이익과 입장만 강하게 주장하는 사람들을 '에고가 강하다'라고 표현하곤 합니다.

이 표현을 처음 들었을 때 심리학을 공부한 사람으로서 무척 반가우면서도 신기했습니다. 심리학에서 갖는 의미나 역사 등을 생각해 볼 때 '에고'라는 단어가 이렇게 대중적으로 쓰일 줄은 몰랐거든요. 비록 쓰이는 의미가 조금 다르기는 하지만요. 사실 '에고'라는 말은 정신 분석학, 정확히는 프로이트의 이론에 등장하는 용어로, 프로이트가 성격의 근원을 설명하기 위해 제안한 개념 가운데 하나입니다. 안타까운 것은 상징적, 역사적 의미를 제외하면 '에고'라는 말을 현대 심리학에서 더 이상 주류로 취급하지 않는다는 점입니다. 심리학 역사를 배울 때 잠깐 훑어보고 지나가는 이 '에고'라는 말이 생명력을 얻어 성격을 표현하는 말로 일상에서 쓰이고 있다는 점이 그래서 무척 신기하게 느껴졌습니다.

에고는 사실 혼자가 아니고 삼형제의 일원입니다. 프로이트는 인간의 성격이 이드id(원초아)-에고-슈퍼에고superego(초자아) 세 요소의 복합적인 상호 작용으로 만들어진다고 설명했습니다. 그의 설명에 따르면 먼저 이드는 인간의 성욕, 공격성 등 본능적인 욕구를 상징하는 무의식의 자아입니다. 이드는 맹목적이고 거침이 없습니다. 목적에 관한 그럴싸한 명분도 논리도 없습니다. 그저 먹고 싶은 것, 갖고 싶은 것, 하고 싶은 것에 지극히 솔직하며, 이를 위해서만 움직이는 자아입니다.

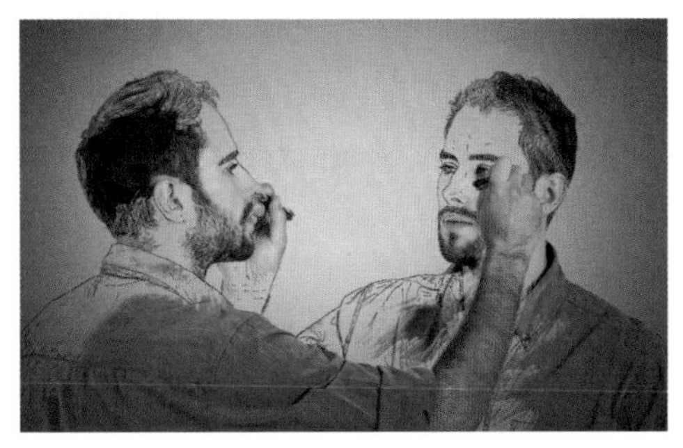

이드와 슈퍼에고의 중재자 에고

그러나 여러분도 짐작하시겠지만, 사회적 동물인 인간은 다른 사람들과 조화롭게 살아가기 위해 자신의 욕구를 절제해야 하고, 그러한 욕구를 사회적으로 용인되는 방식으로 세련되게 표현할 줄도 알아야 합니다. 따라서 이드를 대리하고 통제하기 위해 등장하는 것이 바로 에고와 슈퍼에고입니다. 슈퍼에고는 사회의 도덕, 가치관, 관습, 규범 등에 따라 행동할 수 있게 하는 자아입니다. 양심, 이상적 자아 등으로 설명하기도 하는데, 사회적으로 일탈하지 않도록 이드를 통제하고 '남들이 바라는 모습'을 갖추기 위해 움직입니다.

그런데 사실 이드나 슈퍼에고 중 어느 한쪽이 일방적으로 승리하는 상황은 그다지 바람직하지 않습니다. 슈퍼에고가 너무 강해도 스스로를 완벽에 가깝도록 지나치게 몰아세우고, 사소한 잘못에도 죄책감을 느끼게 하며, 만성적인 욕구 불만에 시달리게 하는 등 부작용이 있습니다. 그래서 어느 한쪽이 너무 강해지지 않도록 중재하는 존재, 즉 에고가 필요합니다.

나와 성격이 똑같은 사람이 5억 명이나 존재한다고?
_MBTI 성격유형검사의 한계

MBTI란 마이어스-브릭스 유형 지표The Myers-Briggs Type Indicator의 약자로, 분석 심리학자 융의 성격 유형 이론을 기반으로 만들어진 자기 보고식 성격 유형 검사입니다. 외향extraversion-내향introversion, 감각sensing-직관intuition, 사고thinking-감정feeling, 판단judging-인식perceiving의 네 차원으로 구성되어 있으며 차원마다 어느 유형에 속하는지를 판정하는 검사지요.

그런데 요즘 들어 MBTI의 인기가 대단하다는 것을 실감합니다. "저는 '인프피INFP'입니다!", "저는 '엔티제ENTJ'여서 리더 활동을 많이 해봤습니다." 어느새 학교에서, 회사에서 자기소개를 할 때 MBTI 성격 유형은 꼭 빠지지 않고 밝혀야 하는 주제가 된 것 같습니다. 최근에는 MBTI가 어느 회사의 채용 공고에 자격 요건으로 등장한 사례가 있어 화제가 되었습니다. 입사 지원 전에 반드시 자신의 MBTI 검사 결과지를 제출해야 하며, 내향 유형의 지원자는 합격자에서 제외하겠다는 등 꽤나 진지하게 MBTI 유형을 받아들이고 있어서 큰 논란이 되었습니다.

사실 오래전부터 심리학자들은 MBTI 검사의 한계점을 지적해 왔습니다. 특히 성격 연구 도구로서의 가치가 낮아 안타깝게도 학계에서는 MBTI 검사가 외면받고 있는 것이 현실이지요. 먼저 MBTI 검사가 결과를 내는 방식을 지적할 수밖에 없는

데요. MBTI는 유형론에 속하는 검사여서 100점이든 51점이든 한쪽으로 점수가 약간이라도 기울기만 하면 결국 같은 유형에 속하게 되죠. 하지만 현실적으로 사람들의 성격은 정규 분포의 형태를 띠고 있습니다(가운데가 높고 양쪽 끝으로 갈수록 경사가 완만해지는 대칭 형태의 단봉형 그래프). 정규 분포에 따라 약 70퍼센트에 해당하는 사람들의 성격은 확실히 어느 한쪽으로 쏠리지 않고 '두루뭉술'합니다. 외향-내향 차원에서 E와 I의 특성을 모두 가진 사람들이 대부분이라고나 할까요. 나머지 감각-직관, 사고-감정, 판단-인식 차원도 마찬가지입니다.

성격을 16가지로 분류하는 게 가능할까?

MBTI에는 네 개의 차원이 있으며 이를 조합하면 열여섯 가지로 유형을 분류할 수 있습니다. 하지만 수많은 사람의 성격적 다양성을 설명하기에는 이 유형이 너무 적지요. 2022년 12월을 기준으로 세계 인구가 약 80억 명입니다. 이를 단순히 열여섯 가지 유형으로 나눠 보면, 나와 성격 유형이 같은 사람만 해도 세계에 약 5억 명이나 된다는 결론이 나옵니다. 그런데 국적도, 성별도, 출신도, 직업도 그 밖의 사회 문화적 배경이 다른 사람들을 모두 같은 성격으로 간주하는 것이 가능한 일일까요? 각각이 가진 다양한 개성들을 무시해도 괜찮은 걸까요?

MBTI를 대하는 심리학자들의 마음은 아마도 복잡하지 않을까 싶습니다. 여러 단점들이 명백하기 때문에 그냥 무시해 버리고 싶기도 하겠지만 MBTI 특유의 재미와 인기, 그로 인해 사람들이 심리학에 갖게 되는 관심도 만만치 않으니 말이지요.

이것도 가스라이팅? 저것도 가스라이팅? 무엇이 가스라이팅일까?

_가스라이팅의 심리학적 의미

가스라이팅gaslighting(effect)이란 교묘한 말과 행동으로 상대방이 스스로를 의심하게 만들고 판단력을 흐리게 해서 다른 사람에게 의존하도록 만드는 행위를 가리킵니다. 가스라이팅이라는 용어는 1938년의 연극 〈가스등Gas Light〉에서 유래한 것으로 알려져 있습니다. 가스라이팅은 보통 심리학 용어라고 인식하고 있지만 실제로 심리학자들이 학술적으로 정의한 개념은 아닙니다. 다만 그 내용과 특성들이 심리학에서 다루는 개념들, 이를테면 반사회적 인격 장애antisocial personality disorder, 마키아벨리즘Machiavellianism, 의존성 성격 장애dependent personality disorder 등과 일부 유사한 특징이 있는 것은 사실입니다.

반사회적 인격 장애나 마키아벨리적 성격을 가진 사람들에게는 자신의 목적을 이루기 위해서라면 윤리, 도덕을 무시할 정도로 수단과 방법을 가리지 않는다는 특징이 있습니다. 다른 사람을 속이거나 조종해서 자신의 이익을 좇는 모습을 보이죠. 이는 소시오패스의 특징으로 잘 알려져 있습니다. 특히 마키아벨리적 성격이 강할수록 자신의 평판이나 사회적 이미지 등이 실추되는 것을 막기 위해 상대방에게 직접적으로 자기 의견을 강요하는 대신, 은밀하게 상대를 종속적으로 만들어 이득을 취하는 것으로 알려져 있습니다. 이러한 행위는 '심리적 지배'에 해당하는데, 가스라이팅에서 설명하는 가해자의 특성과 많이 유사해 보이죠.

영화 〈가스등〉 포스터

그렇다면 가스라이팅의 피해자들이 보여주는 모습은 어떨까요? 일부 심리학자들은 의존성 성격 장애가 있는 사람들의 특성과 유사한 점이 있다고 지적하기도 합니다. 의존성 성격 장애가 있는 사람들은 먹는 것, 입는 것 등 사소한 의사 결정을 할 때조차도 자신의 선택이나 판단을 믿지 못하고 불안해합니다. 또한 다른 사람의 보호를 받고 싶어 하는 욕구가 강해서 자신 대신 결정해 주고 책임져 줄 존재를 갈구하는 것으로 알려져 있습니다. 무엇이든 직접 결정하기를 어려워하다 보니 자연스럽게 다른 사람에게 의존하는 정도가 심해지고, 상대의 기분을 맞춰 주기 위해 과도한 요구에도 순종적으로 행동하게 됩니다. 그런데 만약 상대방이 나의 과도한 의존성을 견디다 못해 떠나간다면(떠나려 한다면) 어떻게 반응할까요? 이들은 혼자가 되는 상황을 극도로 두려워합니다. 그래서 역설적으로 원래 의존하고 있던 사람을 깔끔히 포기해 버리고, 자신을 또다시 지원하고 보호해 줄 다른 사람을 빠르게 찾아 나서는 면이 있습니다.

가스라이팅이라는 용어가 크게 유행한 나머지 가해자-피해자 관계이면 무조건 '가스라이팅'이라고 단정하는 경우도 많아졌습니다. 하지만 가스라이팅 관계라고 명확히 정의하기 위해서는 가해자의 특성과 피해자의 특성이 앞에서 설명한 것처럼 명확하게 드러나야 하고, 그러한 특성과 관계가 서로 맞물려야 있어야 한다는 어려운 조건이 있음을 감안해야 합니다.

2장

심리건강

- [x] 스트레스
- [ ] 우울
- [ ] 불안
- [ ] 공포
- [ ] 강박증
- [ ] 자존감
- [ ] 열등감
- [ ] 자기 효능감
- [ ] 행복
- [ ] 방어 기제
- [ ] 회복탄력성
- [ ] 통제감
- [ ] 외상 후 스트레스 장애
- [ ] 낙관성
- [ ] 시간관

1day

1Word

스트레스

가장 효과적인 스트레스 대처법은?

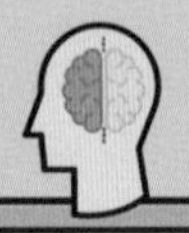

스트레스stress에는 어떤 것들이 있을까요? 학업 스트레스, 직무 스트레스, 양육 스트레스, 취업 스트레스, 건강 스트레스, 다른 사람과의 관계 때문에 쌓이는 스트레스 등 어디에든 '스트레스'만 붙이면 말이 될 만큼 스트레스의 종류는 무척 다양합니다. 또 그만큼 우리가 살아가면서 어떤 종류의 스트레스든 마주칠 수밖에 없습니다. 또한 스트레스에 노출되는 빈도가 늘어날수록, 그것이 그때그때 제대로 해소되지 않을수록 만성적인 불안이나 우울, 피로는 물론 소화 불량이나 두통 등 스트레스 때문에 발생하는 온갖 정신적, 신체적 질환을 겪게 됩니다.

스트레스를 푸는 방법에는 어떤 것들이 있을까요? 운동이나 여행, 영화 감상 등 취미 활동, 맛있는 것 먹기, 가까운 사람들과 어울리기, 늦게까지 잠자기, 명상하기, 산책하기, 신나는 음악 듣기, 쇼핑하기 등 기분 전환을 할 수 있는 여러 가지 활동이 스트레스 해소 방법으로 언급되곤 합니다. 심리학자들은 사람들이 스트레스를 해소하기 위해 시도하는 이처럼 다양한 '전략'들에 주목했습니다. 이를 스트레스 대처stress coping라고도 하는데요, 심리학자들은 여러 연구를 통해 스트레스 대처 방법을 분류하는 기준들을 제시했습니다.

먼저 스트레스 대처의 방향, 즉 무엇을 해결하기 위해 움직이느냐에 따라 문제 중심 대처problem-focused coping와 정서 중심 대처emotion-focused coping로 구분됩니다. 문제 중심 대처는 스트레스원stressor(근본 원인)을 찾아 직접 제거하려는 노력을 의미합니다. 가령 학업 성적이 낮아 스트레스를 받는 학생이 다음 학기에는 성적을 올리기 위해 열심히 공부를 하고자 한다면 이는 문제 중심 대처를 선택한 것입니다.

스트레스를 어떻게 관리할까?

정서 중심 대처는 스트레스원으로 인해 겪고 있는 불안, 우울, 불편감, 괴로움, 슬픔 등 부정적 정서를 완화하는 데 집중하는 전략입니다. 마찬가지로 학업 성적이 낮아 스트레스를 받는 학생이 휴일에 맛집 탐방을 하거나 친구들과 놀면서 스트레스를 해소하고자 한다면 이는 정서 중심 대처를 선택한 것입니다.

스트레스에 얼마나 능동적으로 대처하느냐에 따라 적극적 대처, 소극적 대처로 구분하기도 합니다. 적극적 대처에는 앞서 살펴본 문제 중심 대처와 사회적 지지 추구 대처 방법이 있으며, 소극적 대처에는 앞에서 다룬 정서 중심 대처와 소망적 사고 대처 방법이 있습니다. 사회적 지지 추구 대처 방법은 주변 사람이나 부모, 선생님 등 신뢰할 수 있는 어른 또는 그 분야의 전문가에게 직접 조언과 도움을 요청해서 협력적으로 스트레스원을 제거하려고 노력하는 것입니다. 소망적 사고 대처 방법은 물리적 거리 두기, 무시, 망각 등 스트레스원을 회피하거나, 저절로 알아서 스트레스원이 사라지기를 소망하며 기다리는 것입니다.

한편 심리학자들은 여러 스트레스 대처 방법들 가운데 무엇이 더 효과적인지에도 관심을 가졌습니다. 그리고 이와 관련된 많은 연구에서는 여러 스트레스 대처 방법 중 적극적 대처의 효과가 입증되었습니다. 대체로 적극적 대처 전략을 선택한 사람들이 소극적 대처를 선택한 사람들보다 스트레스로부터 더 빠르게 벗어났고 더욱 잘 적응하는 모습을 보였던 것입니다.

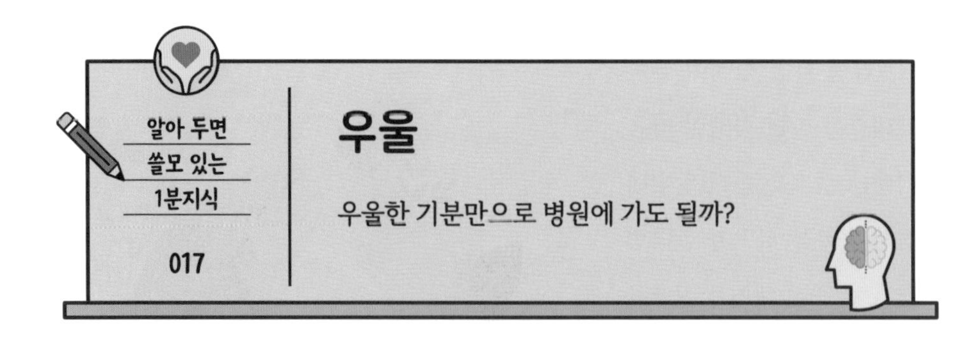

우울

우울한 기분만으로 병원에 가도 될까?

우울증, 즉 우울 장애depressive disorder는 지속적인 우울감, 무기력감 등을 주된 특징으로 하는 정신 질환입니다. 우울 장애의 증상으로는 우울한 느낌, 피로감, 불면, 공허함, 자극에 대한 둔감, 불안, 공포, 죽음이나 자살에 대한 생각, 집중력 저하 등 다양하게 보고되고 있습니다. 그리고 이렇게 증상이 다양한 만큼 우울 장애를 일으키는 원인도 여러 관점에 따라 나뉩니다. 신경계의 기능 저하와 연관지어 설명하는 생물학적 관점, 자기 자신과 미래에 대한 부정적인 사고가 자동적으로 반복되는 상황에 주목하는 인지적 관점, 상실, 가난, 억압과 사회적 지지, 자원의 부족 등을 중요하게 다루는 심리 사회적 관점 등 우울 장애를 어떻게 바라보느냐에 따라, 약물을 처방받거나 심리 행동 치료를 받거나 환경을 바꾸는 등 그에 따른 여러 대처 방법을 연결할 수 있습니다.

우리가 '우울 장애'라고 명시적으로 분류하고 있기는 하지만 앞서 설명했듯 우울 장애의 원인과 증상은 다양합니다. 그래서 우울 장애에 뚜렷한 특징이 있다고 명확히 말하기 힘든 것도 사실입니다. 따라서 우리는 우울증 환자들을 더 너그럽게 이해해야 합니다. '덜 우울해 보인다', '부정적인 생각을 잘 안 내비친다', '자살이나 죽음을 생각하는 것 같지는 않다' 등의 단편적인 감상만으로 우울 장애가 있다, 없다라고 확실히 말할 수 없다는 것입니다.

다른 정신 질환들도 그렇지만 우울 장애를 가늠하는 중요한 기준 중 하나는 바로

우울증 치료에는 가족과 친구의 지지가 중요하다.

주관적 불편감입니다. 우울 장애는 특별한 것이 아닙니다. 흔히 '마음의 감기'라고 말하는 것처럼 우울한 기분과 부정적인 생각들은 건강한 사람이라도 언제든 경험할 수 있습니다. 문화에 따른 차이는 있지만 그럼에도 우울증의 유병률은 평생 5~7퍼센트에 이를 정도로 높은 편입니다. 따라서 우울한 기분이나 공허함, 무기력감, 막연한 불안, 부정적 사고 등이 지속적으로 느껴진다면 주저하지 말고 정신 의학 전문가, 심리 전문가 등의 도움을 받아야만 합니다. 처음에는 상대적으로 가볍게 찾아왔던 우울함을 적절히 다루지 못하고 방치하거나, 애써 무시하면 중증 우울 장애로 발전할 위험이 있으니 결코 간과해서는 안 되는 문제입니다.

우울 장애를 예방할 수 있는 뚜렷한 대책은 없습니다. 하지만 전문가들은 적절한 스트레스 관리와 사회적 지지가 중요하다고 이야기합니다. 실제로 말없이 손을 잡아 줄 수 있는 가족이나 친구, 동료가 있으면 우울한 기분을 개선하는 데 큰 도움이 됩니다. 가벼운 운동이나 명상 등 지친 심신에 활력을 불어넣을 수 있는 활동들도 우울증 예방에 효과가 있습니다. 하지만 무엇보다 우울증은 절대 혼자서는 물론 비전문가인 주변 지인들의 도움만으로는 치유하기 어렵다는 점을 인지하는 것이 중요합니다. 조금이라도 불편감을 느낀다면 가까운 정신 의학과 등 전문가를 찾아가는 것이 최우선이라는 점을 기억해야 합니다.

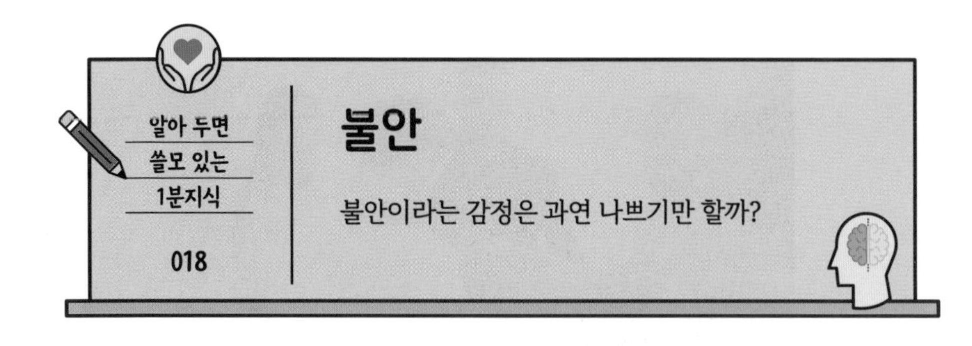

불안

불안이라는 감정은 과연 나쁘기만 할까?

누구에게나 걱정거리가 있습니다. 공부, 진로에 대한 걱정도 있고, 가족이나 친구, 연인 등 대인 관계에서 비롯되는 걱정도 있죠. 우리에게는 공감 능력이 있어서 걱정은 비단 나 자신에 대한 것만으로 한정되지 않습니다. 힘든 상황에 있는 다른 사람에 대한 걱정은 물론 국가, 인류, 지구의 미래에 대한 걱정까지 세상에는 걱정할 일이 정말 많기도 합니다.

걱정, 심리학에서는 흔히 불안anxiety이라고도 하는 이 감정의 본질은 무엇일까요? 사실 불안을 유발하는 원인은 무척 다양합니다. 먼저 이사, 진학, 이민 등 갑작스러운 생활 방식의 변화, 새로운 사람들과의 만남, 새로운 장소에서의 경험 등 불안함을 느끼는 일이 있습니다. 주변 환경이 크게 변하지 않았다 하더라도 일상에서 자주 마주치는 사람들과 느닷없는 다툼이나 갈등이 불안감을 유발하기도 하고, 서서히 다가오는 시험일이나 면접일 등 중요한 일을 앞두고 있을 때도 불안한 마음이 생깁니다. 정리하면 주변 상황의 크고 작은 변화 때문에 불안함을 느끼는 경우가 많다는 것인데, 이는 곧 불확실성uncertainty의 증가를 의미하는 것이기도 합니다. 미래가 확정되지 않고 여러 갈래로 가능성이 열려 있는 상태, 심지어 어떤 선택을 하느냐에 따라 부정적인 결과가 나타날 수 있다는 생각에 이르게 되면 불안감은 더욱 커질 수밖에 없습니다. 부정적인 미래에 대한 전망이 극단적으로 커지고(파국적 사고catastrophic thinking), 이 상태가 지속된다면 불안 장애anxiety disorder로 발전할 수도 있습니다.

그런데 불안에도 개인차가 있다는 점을 염두에 둘 필요가 있습니다. 같은 상황을 겪었음에도 어떤 사람은 크게 불안해하는 반면, 다른 사람은 불안하다는 생각을 별로 하지 않죠. 감정 조절에 능하거나 외향적이고 활동적이거나, 낙관적이어서 애써 불안한 감정을 달랠 줄 아는 등 여러 기질적인 이유로도 각 개인이 경험하는 불안의 빈도나 강도가 달라질 수 있다는 것입니다. 그래서 심리학자들은 불안의 개념을 설명할 때, 환경적인 원인과 기질적인 원인을 두루 고려해서 '상태 불안state anxiety', '특성 불안trait anxiety(또는 기질 불안, 특질 불안)'으로 이원화해서 접근하기도 합니다.

당신을 불안하게 만드는 원인은 무엇인가?

우리는 누구나 불안하지 않기를 바랍니다. 걱정할 일이 없었으면 좋겠고, 현재든 미래든 무사태평하기를 바라지요. 역설적으로 그런 이유 때문에 우리에게는 불안이라는 감정이 필요합니다. 사실 불안에도 긍정적인 기능이 있습니다. 바로 우리가 인생의 여러 중요한 문제들에 잘 대비할 수 있도록 각성시켜 주고 동기부여를 해 주거든요. '시험에서 좋은 성적을 받지 못하면 어쩌지?', '이대로 친구와 사이가 멀어져 버리면 어떻게 하지?' 등 불안한 마음이 있는 사람은 불안을 떨쳐 버리기 위해 주어진 문제에 직면하기로 결심(동기화)합니다. 더 열심히 공부하고 다투었던 친구와 갈등을 해결하기 위해 대화를 시도하는 등 적극적으로 해결 방법을 찾게 될 테지요.

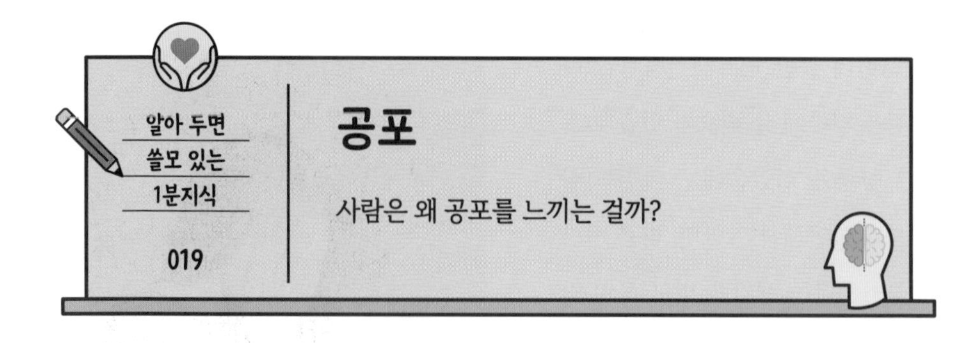

공포

사람은 왜 공포를 느끼는 걸까?

공포fear는 인간의 본능 가운데 하나입니다. 비록 공포를 느끼는 구체적 대상이나 세부 조건은 다를지라도 누구나 살면서 무서움을 느낀 적이 있죠. 공포는 본질적으로 '무지' 때문에 느끼게 된다고 합니다. 형체가 모호하며 정체가 불확실하고 의도나 맥락을 파악할 수 없으며, 따라서 나에게 위협이 될지도 모르겠다고 의식적 또는 무의식적으로 판단할 때, 우리는 그 대상에 대해 공포감을 경험하게 됩니다. 흔히 공포 드라마나 영화를 보면 귀신이나 괴물이 난데없이 기괴한 모습으로 나타납니다. 이는 공포라는 감정이 우리의 예상이나 익숙한 경험을 부정하는 데에서 출발한다는 점을 잘 알고 있는 드라마나 영화 제작자들의 노림수일 것입니다.

공포는 불안과 비슷한 점이 있습니다. 불확실한 상황에서 느끼는 정서라는 점도 그렇고, 긴장되고 심장 박동이 증가하며 땀이 흐르는 등 신체적으로 나타나는 반응도 비슷합니다. 하지만 공포는 그것을 유발하는 보다 구체화된 대상과 원인이 있다는 점에서 불안과 차이가 있습니다. 사실 우리가 불안감을 느끼기 시작할 때, 그 느낌이 왜 생긴 것인지 잘 알지 못하는 경우도 종종 있습니다. 이유는 알 수 없지만 왠지 막연히 불안한 느낌이 들 때가 있다는 것이죠. 하지만 상대적으로 공포는 그 대상이 명확한 편입니다. 높은 곳이 무섭다(고소 공포증), 사람들이 무섭다(사회 공포증), 좁고 답답한 공간이 무섭다(폐소 공포증) 등 원인이 특정되는 경우가 많고, 그 대상이 무엇이냐에 따라 종류도 무척 다양한 편입니다. 그런데 각종 공포증처럼 특수한 상황에서

사람은 잘 알지 못하는 것에 공포를 느낀다.

이해할 수 있는 공포도 있는 반면, 인간이라면 누구나 갖고 있을 근원적인 공포도 있습니다. 바로 죽음에 대한 공포입니다.

죽음에 대한 공포를 설명하는 대표적인 심리학 이론으로는 공포 관리 이론terror management theory을 들 수 있습니다. 공포 관리 이론에서는 죽음에 대한 공포를 다스리기 위해 사람들이 어떻게 대처하는지를 설명합니다. 먼저 자신이 죽은 이후에도 지속될 것 같은 '영원함'을 추구합니다. 예를 들어 자손을 남겨 자신에 대한 기억, 신념, 의지 등을 후대에 남기고자 하는 것, 유한성mortality을 초월한 영혼, 종교, 신, 사후 세계 등의 개념에 의존하는 것, '호랑이가 죽어서 가죽을 남기듯' 후대에까지 자신의 이름이 기억될 수 있도록 명예롭게 살고자 하는 것 등이 이에 해당합니다. 요약하면 '죽음이 결코 끝이 아니다'라는 믿음을 갖기를 바란다는 것이지요. 그뿐만 아니라 공포 관리 이론에서는 죽음의 공포를 인식한 사람은 자아 존중감self-esteem(자존감)을 유지하고 보호하려는 방향으로 동기화된다고 설명합니다. 자신이(인간이) 가치 있고 신체적 유한함을 초월하는 특별한 존재라는 믿음은 죽음에 대한 공포를 이겨낼 수 있는 용기를 줍니다. 그리고 혼자보다는 여럿이 함께 이겨낸다면 덜 무서울 것이라 믿기에, 친밀한 사람들과 함께 어울리며 위로하고 서로 지지하며 공포에 맞서기 위해 노력하게 됩니다.

알아 두면
쓸모 있는
1분지식

020

강박증

강박적인 반복 행동을 멈추기 어려운 이유는?

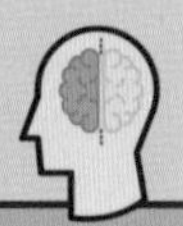

학창 시절 축구 경기를 보는 것이 제 취미 중 하나였습니다. 그런데 응원하는 팀도 정하고 재미있게 축구 경기를 보던 어느 날 문득 이런 생각이 들었습니다. '내가 경기를 보면 꼭 우리 팀이 지는 것 같아. 경기를 안 봐야 하나?' 저만의 징크스jinx였던 것인데, 실제로 응원하는 팀에 중요한 경기가 있는 날이면 이기길 바라는 간절한 마음에 결국 축구 시청을 포기한 적도 있습니다. 사실 제가 보든 안 보든 경기 결과와는 아무 상관이 없습니다. 차라리 직접 경기장에 가서 목청을 높여 응원한다면 선수들이 제 목소리를 듣고 조금이나마 힘을 얻었을지도 모르는데, 그저 TV 앞에서 어떤 행동을 하든 영향을 줄 리 없죠. 하지만 그럼에도 왠지 보지 않아야만 이길 것 같다는 생각을 마냥 무시하기 어려웠습니다.

강박 장애obsessive-compulsive disorder, 즉 강박증도 징크스와 사고방식이나 행동 방식 등이 유사하게 나타납니다. 강박 장애의 시작은 불안입니다. 무언가 부정적이고 원치 않는 결과가 일어날 것 같다는 막연한 불안감이 피어오르고, 이를 막기 위해서는 무슨 일이든 해야 할 것 같다는 초조함이 밀려오기 시작하죠. 심리학자들은 이러한 생각들을 '강박 사고'라고 표현합니다. 다음으로 강박 사고에 대처하기 위한 '강박 행위'가 뒤따릅니다. 그런데 사실 불안에 대처하기 위해 어떤 행동을 하는 것은 너무나 자연스럽고도 생산적인 일입니다. 성적이 나쁠까 봐 불안하니까 공부를 합니다. 횡단보도를 건널 때 사고가 날까 봐 두려우니까 초록불 신호에 맞춰 이동합니다. 강

정리형 강박 행위

박 사고를 경험할 때 대처 행동을 모색하는 것은 그래서 자연스럽습니다. 하지만 일반적인 대처 행동과 강박 행위는 큰 차이가 있습니다. 그것은 바로 강박 행위의 비생산성입니다.

강박 행위는 직접적인 해결책이 되지 못합니다. 그리고 지나친 행동 때문에 막대한 피로감을 주고 집중력이 저하되며 기력이 소모되기도 합니다. 강박증의 대표적인 하위 유형으로 알려진 확인형(자신이 한 일이 잘 처리되었는지 확인하고 또 확인하는 유형), 청결형(작은 외부 접촉만으로도 불쾌감을 느끼고 오랜 시간을 들여 손을 씻고 또 씻는 등의 유형), 정리형(자신의 시야에 닿는 물건들을 가지런하게, 대칭적으로 일일이 정리하는 등의 유형) 등 모두 그렇습니다. 그럼에도 대부분의 강박 장애 환자들은 강박 사고를 멈추는 것이 어렵다고 말합니다. 또한 강박 행위가 본질적인 해결책이 아님을 알면서도 하지 않으면 너무 불안해서 어쩔 수가 없다고 말합니다. 그래서 강박 증상을 완화하려면 약물 처방이나 심리 치료를 받는 등 전문가의 도움이 꼭 필요합니다. 심리 치료 중에서는 특히 인지 행동 치료가 효과적인 것으로 알려져 있습니다. 강박 사고를 명료화해서 논리적으로 반박하는 훈련, 강박 행위를 멈춰도 불안해 하던 일이 생기지 않는다는 것을 학습하는 체계적 둔감화systematic desensitization 등이 대표적입니다.

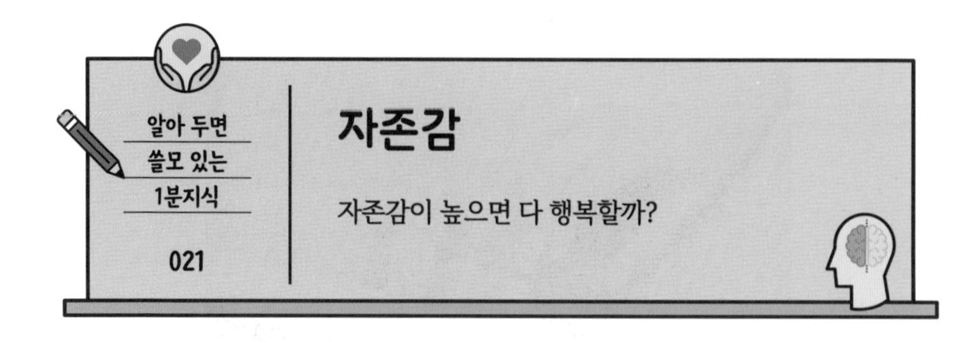

자존감

자존감이 높으면 다 행복할까?

자아 존중감, 줄여서 '자존감'이라는 말이 크게 유행하던 때가 있었습니다. '자존감 열풍'이라고도 부를 수 있는데, 자존감을 주제로 한 책들이 우후죽순처럼 쏟아졌고 일상에서는 '자존감에 상처를 입었다', '자존감이 높아졌다(낮아졌다)' 등 자존감이라는 단어가 자연스럽게 쓰였죠. 이러한 자존감 열풍의 여파 때문인지 지금도 종종 자존감이라는 말을 주변에서 듣게 됩니다. 심지어 어느 날 텔레비전에서 '자존감이 대체 뭐길래?'라며 자존감 열풍을 다룬 뉴스도 본 기억이 있습니다. 자존감을 다룬 책이 잘 팔리는 현상, 대학에서 아예 '자존감 높이는 법'을 주제로 수업이 개설된 사례, 그에 대한 심리학과 교수님의 인터뷰 등을 다뤘습니다.

심리학자들은 자존감을 어떤 개념으로 이해하고 있을까요? 자존감을 측정하는 심리 검사 중 가장 유명한 것은 아마도 사회학자 모리스 로젠버그Morris Rosenberg의 로젠버그 자존감 척도Rosenberg self-esteem scale, RSES가 아닐까 싶습니다. 수십 년 동안 자존감 연구에서는 빠지지 않고 등장했던 이 척도에는 스스로를 얼마나 가치 있는 사람으로 여기는가, 자신의 성품을 얼마나 좋게 평가하는가, 자신의 성공 가능성을 얼마나 긍정적으로 여기는가, 다른 사람들만큼 자기 자신이 존중받을 만한 사람이라고 생각하는가 등 자존감을 이루는 여러 관점이 담겨 있습니다. 이러한 질문들에 긍정적으로 답할 수 있다면 그만큼 자존감은 높다고 봐도 좋겠지요.

그런데 자존감에 관심이 있다면 한 가지는 반드시 기억해야 합니다. 바로 자존감의 변동성입니다. 사실 우리의 기대와는 달리 자존감이라는 것은 일상생활에서 긍정적인 또는 부정적인 사건에 따라 비교적 쉽게 변할 수 있습니다. 그래서 아무리 '지금의' 자존감이 높다 해도 다음 날에는 자존감이 떨어질 수도 있고, 반대로 오늘 자존감이 좀 낮다 해도 시간이 지나면서 높아질 수도 있다는 것입니다. 그래서 심리학자들은 고민했습니다. 자존감이 쉽게 변하는 것이라면, 자존감이 높다는 사람들의 행복감, 안정감도 결국 허상에 불과하지 않을까? 그렇게 자존감의 한계(?)를 보완하고자 등장한 개념이 바로 자존감 안정성stability of self-esteem입니다.

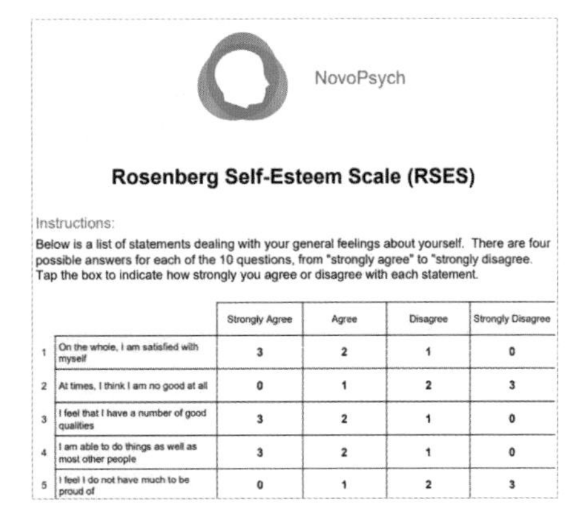

Rosenberg Self-Esteem Scale (RSES)

Instructions:

Below is a list of statements dealing with your general feelings about yourself. There are four possible answers for each of the 10 questions, from "strongly agree" to "strongly disagree. Tap the box to indicate how strongly you agree or disagree with each statement.

		Strongly Agree	Agree	Disagree	Strongly Disagree
1	On the whole, I am satisfied with myself	3	2	1	0
2	At times, I think I am no good at all	0	1	2	3
3	I feel that I have a number of good qualities	3	2	1	0
4	I am able to do things as well as most other people	3	2	1	0
5	I feel I do not have much to be proud of	0	1	2	3

로젠버그의 자존감 척도 질문지(일부)

자존감 안정성 이론에 따르면 우리의 가장 중요한 목표는 '자존감 높이기'가 아닙니다. 그보다는 '자존감 관리'가 되어야 합니다. 당장 자존감을 높이는 것보다 짧게는 일주일, 한 달에 걸쳐, 길게는 연 단위, 심지어 평생에 걸쳐 자존감이 안정적으로 유지될 수 있도록 관리해야 행복하게 살 수 있다고 전문가들은 말합니다. 당장 자존감의 높고 낮음에 일희일비할 필요 없으며, 그보다는 떨어진 자존감을 신속히 회복시킬 수 있도록 준비하거나, 자존감이 높아지더라도 언제든 낮아질 수 있음을 이해하는 겸손함 등이 필요하다는 것이죠. 한편 자존감 안정성을 유지하는 데 필요한 것은 바로 사회적 지지입니다. 자존감이 떨어질 때 위로해 주고 도와줄 수 있는 가족, 친구, 지인이 있어야 지속적으로 자존감을 유지할 수 있음을 기억해야 합니다.

알아 두면
쓸모 있는
1분지식

022

열등감

열등감을 가장 건강하게 해소하는 방법은?

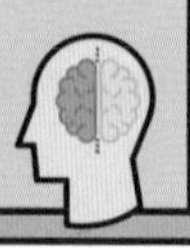

열등감inferiority은 다른 사람과 자신을 비교하는 과정에서 자신의 부족함을 인식할 때 느끼는 감정으로, 정신 분석학자 알프레드 아들러Alfred Adler가 제안한 개념입니다. 열등감은 꽤나 보편적인 감정입니다. 누구나 느낄 수 있으며 누구라도 느낄 수 있도록 환경이 조성되어 있기 때문입니다. 무엇보다 사회적 동물인 인간은 무리를 지어 살기 때문에 주변에는 자기 자신과 비교해 볼 수 있는 다른 사람들이 무척 많은 것이 사실입니다.

사회 심리학자 레온 페스팅거가 제안한 사회 비교 이론social comparison theory에 따르면, 사람은 의식적, 무의식적으로 끊임없이 자기 자신을 다른 사람과 비교하며 살아가는 존재입니다. 자신과 다른 사람을 비교함으로써 자신의 객관적인 위치나 평가 등을 확인하려는 욕구를 충족시킵니다. 또한 다른 사람들의 행동 양식이나 습관, 태도, 신념 등을 관찰하고 자신의 것과 비교함으로써 자신이 몰랐던 정보들을 보고 배우며, 결과적으로 자신의 생존과 적응 가능성을 높이는 데도 사회 비교의 과정이 요긴하게 활용됩니다.

한편 사회 비교 이론에서는 자기 자신과 비교 대상 간의 우열에 따라 상향upward, 동등, 하향downward 비교로 구분해서 접근합니다. 상향 비교는 자기 자신보다 뛰어난 사람과 비교하는 것입니다. 동등 비교는 자신과 비슷한 사람과 비교하는 것을, 하향 비교는 자기 자신보다 열등한 사람과 비교하는 것을 말하지요. 그리고 우리가 다루고 있는 열등감이란 상향 비교와 밀접한 연관이 있습니다. 실제로 열등감은 나보다 우월한 사람에 대해 느끼는 감정입니다. 나와 비슷한 수준의 사람이나 나보다 못해 보이는 사람에게 열등감을 느끼지는 않으니까요.

열등감은 타인과 자신을 상향 비교할 때 나타난다.

이때 주의해야 할 것은 상향 비교할 때 우열을 판단하는 기준의 근거가 반드시 객관적인 것은 아니라는 점입니다. 즉 실제로 다른 사람과 나 사이에 객관적으로 격차가 얼마나 나는지는 중요하지 않습니다. 그보다는 비교 주체인 나 자신이 상대보다 더 부족하다고 느낄 때 열등감이 생깁니다. 그래서 기저에 있는 주관적인 '오해'를 해소하면 열등감이 사라지기도 합니다. 사실 상대방의 우월함이 환상이었을 뿐 막상 별것 아니었다거나, 미처 몰랐던 나 자신의 숨은 강점을 발견하는 등의 계기 말이지요.

열등감은 양날의 검과도 같습니다. 열등감이 심한 나머지 이성적인 판단 능력이 흐려지고 자기혐오가 심해지며 동시에 상대방에 대한 맹목적인 분노, 질투 등을 만들어낼 수도 있습니다. 반면 상대방을 경쟁자, 도전 대상으로 삼아 경쟁심을 불태우며 이를 자기 발전의 원동력으로 삼을 수도 있죠.

아들러가 열등감 콤플렉스inferiority complex를 다루며 발견했던 인간의 발전 가능성도 바로 여기에 있습니다. 당장 느끼는 열등감은 고통스럽지만 그것을 마주하고 이겨낼 때, 나에게 열등감을 느끼게 한 사람과 동등한 위치에 서게 될 때 우리는 그것을 성장이라고 부를 수 있겠지요. 그러므로 열등감을 마냥 '나쁜 것', '없애야 할 것'으로 규정할 필요는 없습니다. 오히려 열등감이 있어야 자기 발전의 동기가 마련되는 것이니, 열등감은 곧 기회임을 인식할 줄 아는 지혜가 필요합니다.

자기 효능감

해낼 수 있다는 믿음은 어떻게 만들어질까?

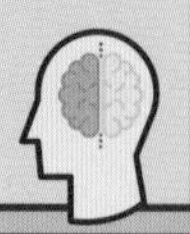

여러분은 혹시 '이 정도면 할 수 있겠는데?'라는 '근자감'을 가져본 적이 있나요? 근자감은 '근거 없는 자신감'을 줄여 이르는 말로, 뭔가 말로 설명할 수는 없지만 잘 해낼 수 있을 것만 같다는 생각이 들 때 종종 '근자감이 있다'라고 표현합니다. 그런데 사실 심리학에도 근자감과 비교해 볼 만한 개념이 한 가지 있습니다. 바로 심리학자 앨버트 반두라Albert Bandura가 제안한 자기 효능감self-efficacy입니다.

자기 효능감은 특정 과업을 잘 해낼 수 있을 것 같다는 내적인 신념을 나타내는 말입니다. 할 수 있을 것 같다는 느낌을 가리킨다는 측면에서 근자감과 유사하지요. 하지만 자기 효능감은 대개 근거가 '있는' 자신감이라는 점에서 근자감과는 차이가 있습니다. 즉 현상적으로는 근자감과 자기 효능감이 유사하지만 '근거'의 유무에 따라 세부적인 속성은 다르다는 것입니다.

그렇다면 자기 효능감을 만들어내는 '근거'는 무엇일까요? 이는 자기 효능감을 높이는 방법과도 연관이 있습니다. 대표적으로 성공을 직간접적으로 경험하는 것이 곧 자기 효능감을 높이는 열쇠라 할 수 있습니다. 비록 아주 작은 성공이라도 일단 경험해 보면 그 느낌을 기억하게 되고 이것이 곧 다음 성공을 만드는 자기 효능감으로 작용하게 됩니다. '떡도 먹어 본 사람이 먹는다'라는 속담이 있는데, 이 말에는 과업 수행에 미치는 성공 경험(떡 먹어본 경험)이 자기 효능감(이미 한 번 먹어 봤으니 두 번째도 가능할 거야!)을 만드는 과정이 함축되어 있습니다.

해낼 수 있으리라는 자신에 대한 믿음

그런데 자기 효능감은 직접적인 성공 경험이 있어야 만들어지는 것은 아닙니다. 반두라는 자기 효능감의 메커니즘을 설명하면서 대리 경험이나 다른 사람의 설득 등 간접적인 과정을 통해서도 자기 효능감이 만들어질 수 있다고 언급했습니다. 비록 자신이 직접 경험한 것은 아니지만, 다른 사람의 성공을 지켜보면서 '저 사람이 하는 것을 보니 나도 할 수 있겠는데?'처럼 충분히 생각할 수 있다는 것이죠. 그뿐만 아니라 성적이 좋지 않아 풀이 죽어 있을 때, 부모님이나 선생님의 조언, 격려를 받아서 해낼 수 있다고 믿게 될 때도 있습니다. 다른 사람의 설득 역시 자기 효능감 형성에 영향을 준다는 것을 보여 주는 예입니다.

자기 효능감이 높은 사람들은 더 도전적입니다. 조금만 더 하면 해낼 수 있다는 믿음이 있으니 쉽게 포기하지 않으며, 목표를 달성하기 위해 여러 가지를 시도하지요. 어쩌다 실패를 하더라도 자기 효능감이 낮은 사람들에 비해 부정적인 결과를 회피하는 일도 적고, 다시 일어나 재도전하려는 경향성도 높습니다. 그리고 실패 경험을 토대로 자신에게 부족한 점은 무엇이었는지 냉정하게 판단하고 개선책을 마련할 줄 아는 자세도 탁월하지요. 여러분은 지금 어떤 일을 준비하고 있나요? 여러분의 자기 효능감은 괜찮은가요?

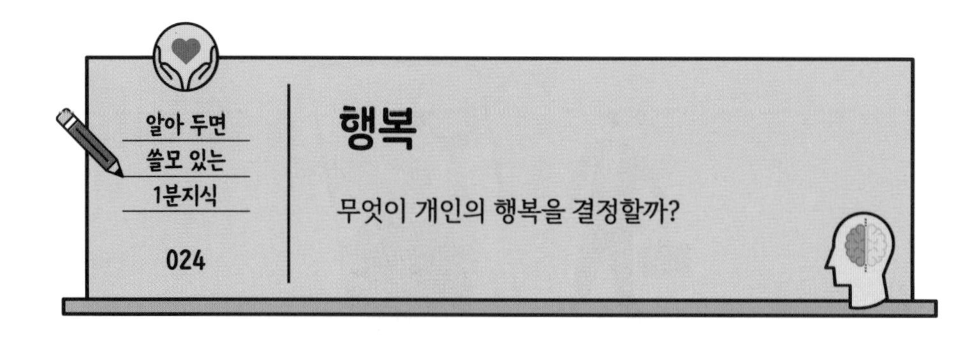

행복

무엇이 개인의 행복을 결정할까?

재물, 명예, 봉사 등 인생에서 추구할 만한 여러 가지 목표가 있지만, 가장 궁극적인 것 한 가지를 고르라고 하면 많은 사람들이 행복happiness을 이야기합니다. 이 같은 행복의 중요성과 의미를 방증하듯 행복에 관한 논의는 현대 심리학이 태동하기 전인 무려 소크라테스Socrates, 아리스토텔레스Aristoteles가 살던 시절에도 활발했습니다. '행복이란 무엇인가?', '행복에 이르는 비결은 무엇인가?' 끊임없이 질문하며 사람들은 행복한 삶을 염원했습니다. 심리학자들이 그동안 '행복'을 연구하면서 던졌던 질문들도 이와 크게 다르지 않았습니다.

행복을 판단하는 기준에는 여러 가지가 있습니다. 유명한 이분법 중 하나는 바로 행복주의eudaimonia와 쾌락주의hedonism입니다. 전자는 행복을 의미, 가치, 정신 수양, 인격의 성숙 등 정신적 활동에서 찾을 수 있다는 관점이고, 후자는 맛있는 것을 먹거나 새로운 곳을 여행하거나 신나는 활동을 하는 등 쾌락을 경험하는 것이 곧 행복이라는 관점입니다. 그 밖에도 심리학자들은 삶의 만족도life satisfaction나 주관적 안녕감subjective well-being 등의 개념을 토대로 행복을 정의하고 연구하기도 합니다. '현재의 삶에 얼마나 만족하는가', '다시 태어난다 해도 지금과 같은 삶을 살 것인가', '앞으로의 삶을 긍정적으로 전망하는가' 등의 질문을 던지며 사람들의 행복감을 이해하기 위해 노력해 왔습니다.

행복해지려면 실제로 어떤 것을 추구해야 할까요? 그동안 심리학자들은 행복에 관한 여러 연구를 통해 돈, 명예, 인간관계 등 외적 조건은 물론 유전적 배경, 개인의 성격, 가치관, 신념 등 내적 조건이 모두 행복의 수준에 영향을 미친다는 점을 발견했습니다.

행복은 어디에서 오는 걸까?

다만 행복에 영향을 미치는 방식이나 비중은 조건마다 달랐습니다. 먼저 돈을 살펴보면, 비록 많은 사람이 '부자가 되는 것이 곧 행복'이라 생각하는 것과는 달리 돈이 행복에 미치는 영향은 제한적이라는 사실을 발견했습니다. 얼마 동안은 소득이 증가함에 따라 행복 수준도 상승하지만 일정 수준을 넘어서면 아무리 돈이 많이 생기더라도 행복에 별다른 영향을 주지 못한다는 것이었죠. 한편 내적 조건에서는 유전적인 배경이나 성격 등이 행복에 큰 영향을 준다는 점이 밝혀졌습니다. 가령 성격이 외향적인 사람이 그렇지 않은 사람에 비해 더 행복하다는 연구 결과가 보고되기도 했습니다.

그런데 개인적으로는 돈이나 명예, 유전적 배경, 성격 등의 요소들은 쉽게 통제하거나 바꾸기 어렵다는 점이 아쉽습니다. 이 요소들 외에도 행복을 얻기 위해 구체적으로 노력할 수 있는 방법은 없는 걸까요? 행복을 연구하는 심리학자들은 대부분 사회적 관계의 중요성을 강조합니다. 믿고 마음을 터놓을 수 있는 가족, 친구 등 친밀한 사람들이 있고 이들과 어울리면서 사는 사람들이 행복하다는 점을 눈여겨보아야 한다고 말합니다. 특히 사회적 관계의 '빈도'가 중요하다고 보았습니다. 이는 곧 아무리 가까운 사람이더라도 자주 연락하고 자주 만나고 자주 어울려야 한다는 의미이지요.

방어 기제

가장 성숙하고 효과적인 방어 기제는?

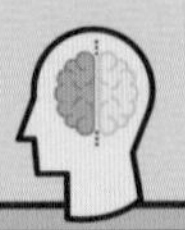

방어 기제defense mechanism는 내면의 불안, 스트레스, 쉽게 통제되지 않는 욕망 등을 다스리는 심리적 행위입니다. 비극적인 사고나 위협 등 외부 환경으로부터 자기 자신을 보호하기도 합니다. 방어 기제는 누구에게나 있는 자연스러운 반응입니다. 다만 자신도 모르게 일어나는 무의식적 현상이기 때문에 언제, 어떻게 방어 기제가 나타났는지 잘 알기 어렵습니다.

방어 기제가 심리학에서 중요한 의미를 갖게 된 것은 정신 분석학자 지그문트 프로이트와 그의 딸 안나 프로이트Anna Freud 덕분이었습니다. 지그문트 프로이트는 인간의 무의식을 연구하면서 사람들이 '어떤 방법'으로 자신의 은밀한 욕망이나 과거의 기억 등을 감추려 하는지에 관심을 가졌습니다. 그리고 안나는 아버지의 연구 성과들을 토대로 그 방법들, 즉 방어 기제의 종류와 메커니즘 등을 체계적으로 정리해서 더 발전적인 형태로 개념화하기에 이릅니다.

잘 알려진 방어 기제 몇 가지를 살펴보면 먼저 부정denial이 있습니다. 부정은 말 그대로 현실에 일어난 사건을 마치 일어나지 않은 일인 양 부정해 버리는 것입니다. 억압repression은 받아들이고 싶지 않은 감정이나 현실, 느낌 등을 무의식 깊은 곳으로 감춰 버리는 과정을 말합니다. 투사projection는 내면의 욕망이나 충동 등을 마치 다른 사람의 것인 듯 뒤집어씌우는 것입니다. 상대에게 분노를 표출한 뒤, 사실은 자기 자신이 화난 것이 아니라 상대방이 화난 것이라고 믿어 버리는 것이 투사의 예입니다.

합리화rationalization는 충동적인 욕망이나 부정적인 결과 등에 대해 그럴듯한 이유를 만드는 과정입니다. 공부를 열심히 하지 않았고 결과적으로 시험 성적이 좋지 않았지만, 그것을 자신의 부족한 노력 탓이 아니라 시험의 난이도나 시험 환경 탓을 하는 경우를 합리화라고 볼 수 있습니다. 그 밖에도 과거의 미숙했던 자신의 모습으로 돌아가 현재의 긴장을 회피하려는 퇴행regression, 현재의 욕망이나 감정 등과 반대로 행동함으로써 자신의 내면을 감추려는 반동 형성reaction formation 등이 있습니다.

방어 기제는 자신을 지키기 위한 심리적 행위

그런데 방어 기제에는 앞서 보았던 회피하고 부정하고 전가하는 등의 미성숙한 것만 있는 것은 아닙니다. 심리학자들은 이들과 대비되는 성숙한 방어 기제도 있으며, 성숙한 방어 기제를 활용하는 사람일수록 삶의 만족도가 높고 보다 잘 적응하는 방향으로 행동한다는 점을 강조합니다. 성숙한 방어 기제에도 여러 가지가 있는데, 가장 대표적인 것으로는 승화sublimation를 들 수 있습니다. 승화란 내면에서 끓어오르는 욕망이나 감정 등을 사회적으로 수용하고 권장할 수 있는 방식으로 변화시켜 표출하는 것입니다. 음악, 미술, 문학, 춤 등 예술 작품을 통해 자기 자신을 드러내는 경우가 가장 대표적이지요. 그 밖에도 유머humor를 적극적으로 활용하거나, 자신의 욕망이나 현실 등을 있는 그대로 받아들이는 수용acceptance 역시 성숙한 방어 기제입니다.

알아 두면
쓸모 있는
1분지식

026

회복 탄력성

힘든 시기를 잘 견뎌낸 사람들의
비결은 무엇일까?

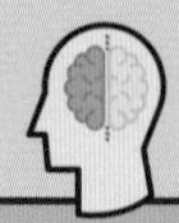

우리는 언제나 '더 나은' 방향으로 움직이려고 합니다. 학벌이나 직업 등 더 나은 사회 경제적 배경을 갖기 위해, 더 많은 친구를 사귀고 인기를 얻는 등 더 나은 대인 관계를 맺거나 인맥을 만들기 위해 다른 사람에게 도움을 베푸는 등 더 이타적인 사람이 되기 위해, 궁극적으로는 더 행복한 사람이 되기 위해 오늘도 열심히 노력합니다. 그렇게 성공을 꿈꾸는 것이 너무 당연하기에 실패하는 경험은 그만큼 부자연스럽고 반갑지 않은 일입니다. 무슨 일을 하든 기왕이면 잘 하려고 하지 일부러 실패하려는 사람은 없는 법이지요.

그런데 역설적으로 왠지 겪지 않아야 할 것 같은 실패 경험이 때로는 성공으로 가는 길을 열어 주기도 합니다. 뉴스나 신문 등을 보면 역경을 발판으로 삼아 끝끝내 원하는 것을 쟁취해내는 사람들의 성공 인터뷰를 종종 보게 되는데 심리학자들은 회복 탄력성resilience이라는 개념을 통해 그 원동력을 밝히려 했습니다.

심리학자 에미 워너Emmy Werner와 동료들은 미국 하와이의 카우아이섬에서 태어난 698명의 아이들을 약 40여 년 동안 추적 관찰하는 종단 연구를 수행했습니다. 유년기의 불행한 가정환경이나 경험, 그 밖의 여러 가지 조건들이 비행 등의 문제 행동과 어떤 연관이 있는지를 밝혀내고자 했습니다. 그리고 연구자들은 이 연구에서 뜻밖의 결과를 얻었습니다. 부모의 불화, 빈곤 등 어려운 환경에서 자란 아이들 가운데 삼 분의 일에 해당하는 아이들은 성장 과정에서 별다른 문제 행동을 보이지 않았고,

사회적 지지는 회복 탄력성에 큰 영향을 미친다.

유능하며 자신감도 넘치는 건강한 성인으로 성장했다는 사실입니다.

워너와 동료들은 이 아이들이 보인 회복 탄력성에 관심을 가지고 관찰해서 이들의 공통점을 발견했습니다. 바로 사회적 지지의 힘이었습니다. 회복 탄력성이 강했던 아이들의 곁에는 비록 피로 이어진 부모는 아닐지라도 친척이나 선생님, 이웃 등 마치 부모처럼 그들을 늘 지켜봐 주고 격려해 주고 크고 작은 도움을 주었던 어른이 적어도 한 명은 있었다는 사실이 밝혀졌습니다. 그 밖에도 심리학자들은 후속 연구를 통해 긍정적인 정서, 개방적인 태도, 정서 조절 능력, 통제감 등이 회복 탄력성에 긍정적인 영향을 준다는 점을 검증했습니다.

회복 탄력성이 우리에게 주는 교훈 한 가지는 불행 그 자체보다는 '불행 이후'가 더 중요할 수도 있다는 점입니다. 누구나 살다 보면 크고 작은 불행을 경험하게 됩니다. 그것이 유년기의 불우한 환경이든 학업에서의 실패든 대인 관계에서 겪은 상처든 사람마다 그 종류는 다를지언정 불행은 누구에게나 피할 수 없는 숙명과도 같습니다. 불행을 완벽히 피할 수 없기에 우리는 불행을 마주할 마음의 준비를 해야 합니다. 불행이 지나가고 나면 행복도 올 것이기 때문에, 그 힘든 시기를 견뎌낼 수 있도록 필요한 준비를 해야 합니다. 힘들 때 나를 지지해 줄 수 있는 소중한 사람들, 불행을 성장의 발판으로 바꿀 수 있는 긍정적인 마음가짐 말입니다.

알아 두면 쓸모 있는 1분지식

027

통제감

왜 복권 번호를 직접 골랐을 때 더 의미 있게 느껴질까?

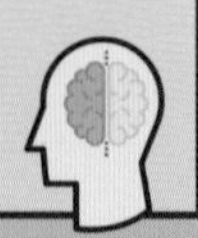

저는 비디오게임을 좋아하는 편입니다. 특히 영화 같은 분위기에 마치 주인공이 된 듯 몰입해서 성취감을 맛보는 것을 즐기는 편이지요. 때로는 영화나 드라마보다 게임이 더 낫다고 느낍니다. 영화나 드라마를 볼 때 저는 결국 방관자, 관찰자에 불과하지만 게임에서는 제가 직접 주인공의 행동을 통제하면서 원하는 결과를 만들어 낼 수 있기 때문입니다.

내가 직접 행동하는 느낌, 내 마음대로 의사 결정을 하며 현재와 미래를 가꿀 수 있다는 느낌, 즉 통제감perceived control은 인간의 행동을 이끌어 내는 가장 강력한 동기 중 하나입니다. 심리학자 에드워드 데시Edward L. Deci와 리처드 라이언Richard Ryan은 자기 결정 이론self-determination theory을 통해 바로 그 점을 강조했습니다. 인간의 지속적이며 강력한 내적 동기에는 자신이 직접 행위와 수단을 선택하고 자유롭게 목표를 추구할 수 있다는 느낌이 중요하다고 말이지요.

통제감을 추구하는 것은 인간의 본능적인 속성입니다. 이해되지 않는 일, 내 손에 잘 닿지 않는 일이 닥치면 인간은 자연적으로 불안과 공포를 느낍니다. 즉 통제감이 약할수록 개인이 경험하는 불안이나 공포의 정도는 강해지는 경향이 있습니다. 실제로 심리학자들은 불안, 우울 등을 경험하는 사람일수록 자신의 통제감을 약하게 인식하고 있다는 점을 밝혀내기도 했습니다. 또한 통제감은 인간의 성숙 정도나 발전과도 중요한 연관이 있습니다. 앞서 언급했듯 자기 결정 이론에서는 자율성

autonomy 확보를 내적 동기 형성의 중요한 요소로 여깁니다. 이를 학업과 연결 지어 보면 일방적 주입식으로 학생을 가르치는 것보다는 학생 스스로가 직접 학습이 필요한 상황임을 깨닫고 스스로 목표를 정하며 필요한 자원과 수단을 동원해서 스스로 학습 활동에 나설 때 더 지속적인 몰입과 학업 성취가 가능하다는 이야기입니다.

인간의 본능적인 속성인 통제감 추구

그런데 통제감을 추구하려는 욕구가 강한 나머지 인간은 종종 자신이 통제할 수 없는 영역임에도 마치 자신에게 통제력이 있는 것만 같은 착각에 빠지는 경우가 있습니다. 심리학자들은 이 현상을 통제력 착각 illusion of control이라고 합니다. 이와 관련해서는 '복권 실험'이 잘 알려져 있습니다.

먼저 실험자는 두 집단의 참여자에게 로또 복권을 한 장씩 선물합니다. 다만 한 집단에는 참여자가 직접 복권 숫자를 선택할 수 있도록 했고(통제감 높은 집단), 다른 한 집단에는 실험자가 숫자를 임의로 지정한 복권을 나눠 주었습니다(통제감 낮은 집단). 이후 다른 실험자가 복권을 자신에게 팔라고 요청했을 때 두 집단의 반응이 조금 달랐습니다. 통제감이 높은 집단의 사람들이 그렇지 않은 집단의 사람들에 비해 판매 가격을 훨씬 더 높게 불렀던 것입니다. 확률상으로는 두 가지 복권의 당첨 확률에는 차이가 없겠지만, 번호를 직접 고른 사람들은 복권에 자신의 통제력(노력)이 더 개입되었다고 판단하고, 복권의 당첨 가능성이 더 높다고 왜곡해서 지각한 나머지 더 높은 금액을 요구한 것입니다.

외상 후 스트레스 장애

제대 후에도 '군대 꿈'을 꾸는 이유는 무엇일까?

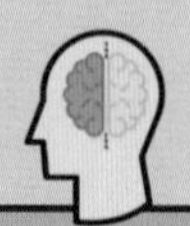

저는 2010년에 군에서 제대했습니다. 일반 병사로 입대해서 약 2년 동안 군 생활을 했는데, 시간이 꽤나 흐른 지금도 종종 '군대 꿈'을 꾸곤 합니다. 꿈의 내용은 다양합니다. 과거 실제로 있었던 일이 재현되기도 하고, 병역 기록이 삭제된다거나 재입대를 한다거나 제대를 손꼽아 기다리지만 시간이 흐르지 않는 등 마음속에 자리 잡은 두려움들이 꿈에 나타나는 일이 종종 있습니다. 사실 '군대 꿈'을 꾸는 사람들은 무척 많은 것으로 알려져 있습니다. 심지어 제대한 지 수십 년이 지난 후에도 어김없이 생생한 '군대 꿈' 때문에 식은땀을 흘린다고 하지요. 사실 이는 외상 후 스트레스 장애 post-traumatic stress disorder, 즉 PTSD의 일종입니다. 다만 경험자도 많고 일상생활에 큰 영향을 주지는 않으니 그 심각성을 잘 인지하지는 못하지만요.

PTSD는 외상 사건 때문에 촉발됩니다. 앞서 예로 들었던 군대 경험이 대표적이지요. 사실 PTSD의 심각성이 널리 알려지기 시작한 것은 바로 참전 용사들로부터 무수히 보고된 트라우마 경험들 때문이었습니다. 평소라면 절대 경험하지 못했을, 전쟁터라는 환경에서 비인간적이고 잔혹한 행위들을 직접, 눈앞에서 생생히 마주했던 사람일수록 더 심각한 PTSD에 시달렸다고 하지요. 그 밖에 생사가 걸린 현장에서 사투를 벌이는 소방관이나 의사, 간호사 등이 PTSD에 취약한 것으로 알려져 있습니다. 최근에는 소방관 등의 근무 환경을 개선하기 위해 전문 심리 상담사를 배치하고 외상 경험을 치료하려는 제도적 노력이 이뤄지고 있습니다.

PTSD는 누구에게나 일어날 수 있는 일반적인 질병입니다. 평소 아무리 정신력이 강하다고 장담하는 사람도 평소의 생활이나 인식 범위를 초월하는 압도적인 경험(천재지변, 불의의 사고, 학업 실패, 따돌림, 실연 등)을 하면 약하게는 신체적, 정신적 불편감에서부터 심각하게는 극도의 우울, 불안, 중독, 자해, 인격 붕괴 등에 이르기까지 다양한 PTSD 증상을 경험할 수 있습니다. 또한 PTSD는 주관적인 것이기도 해서 누군가에게는 별일 아닌 것 같은 경험이 다른 누군가에게는 PTSD를 유발하는 외상 사건으로 작용할 수 있습니다. 따라서 PTSD를 경험하는 이들에게 '정신력이 약하다', '의지가 약하다'라고 말하는 것은 바람직하지 않습니다. 그보다는 정신 건강 의학 전문가, 심리 치료 전문가에게 전문적으로 치료받게 해야 합니다.

전쟁을 겪은 이들이 많이 경험하는 외상 후 스트레스 장애

PTSD를 전문적으로 치료하기 위한 여러 방법들이 시도되고 있습니다. 약물 치료와 심리 치료(인지 행동 치료, 최면 요법 등)가 대표적입니다. 치료에 성공해서 PTSD를 극복하는 것은 물론 외상 사건을 경험하기 이전의 정상적인 생활로 돌아가 살아가고 있는 사람들도 있지요. 그런데 심리학자들은 PTSD 경험자들이 자신의 질병을 극복하는 데 그치지 않고 인생관이 바뀌고 심리적 안녕이 향상되며 인격적으로 성숙해지는 등의 변화를 목격하게 되었습니다. 이는 외상 후 성장post-traumatic growth으로, 심리학자들은 부정적으로만 인식되던 외상 사건이 긍정적인 변화의 원동력이 될 수 있다는 가능성에 주목하고 있습니다.

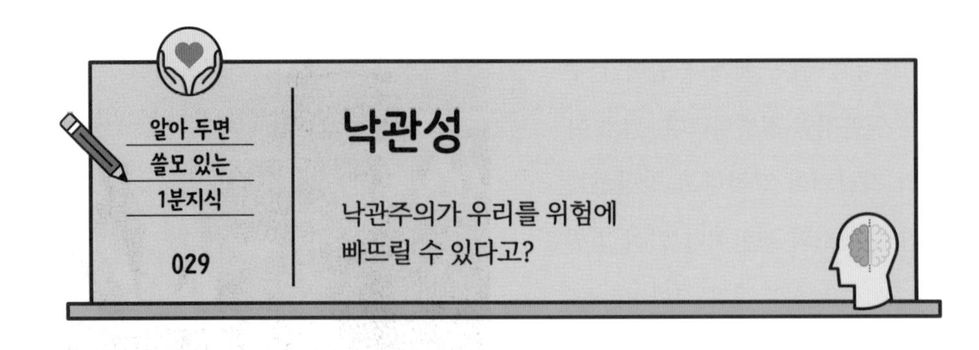

낙관성

낙관주의가 우리를 위험에 빠뜨릴 수 있다고?

낙관주의optimism는 현재나 미래를 긍정적으로 해석하고 전망하는 사고 경향성을 말합니다. 낙관주의는 성격 심리학 분야에서 특히 중요하게 다뤄 왔는데, 이는 낙관주의에 기질적dispositional인 특성이 있으며 개인차가 비교적 뚜렷하게 나타나기 때문입니다. 실제로 낙관주의자들 가운데에서도 낙관성의 구체적인 모습이나 강도 등에 차이가 있습니다. 심리학자들은 현실적인 제약이나 조건 등을 얼마나 고려하는가에 따라 비교적 온건한 낙관주의자와 맹목적인 낙관주의자로 더 세분화할 수 있다고 말합니다.

온건한 낙관주의자는 가능하면 일의 결과를 긍정적인 방향으로 전망하는 한편, 그러한 결과가 기대되는 현실적인 이유들을 나름대로 찾고자 합니다. 예를 들어 한 개인 투자자가 A회사의 주가를 긍정적으로 전망하면서 그 이유로 A회사에 대해 자세히 설명한 증권사의 분석 자료 등 그럴듯한 근거를 제시하거나, A회사의 제품을 분석하고 큰 틀에서는 전반적인 경제 흐름을 고려하는 등의 노력을 한다면 이는 비교적 온건한 낙관주의로 볼 수 있습니다. 반면 현실적인 부분을 고려하지 않고 그저 '오를 때가 됐다', '왠지 그냥 감이 좋다' 같은 이유로 A회사의 주가를 긍정적으로 전망하는 사람이 있다면, 그는 맹목적인 낙관주의자라고 볼 수 있을 것입니다.

보통 낙관주의를 이야기할 때는 비관주의pessimism를 같이 다루게 됩니다. 비관주의란 낙관주의의 반대, 즉 현재나 미래를 부정적으로 해석하고 전망하는 경향성입니다. 심리학자들은 낙관주의자와 비관주의자 간에는 세상을 바라보고 해석하고 설

물이 반이나 남은 걸까? 반밖에 안 남은 걸까?

명하는 방식에 차이가 있음을 지적합니다. 사건의 원인을 추정하는 귀인 방식의 차이를 그 예로 들 수 있습니다. 즉 긍정적인 결과가 나타났을 때 낙관주의자들은 그 결과를 과장해서 받아들이는 한편, '내가 잘해서 그런 것'이라고 생각하는 경향이 있습니다. 반면 비관주의자들은 긍정적 결과를 과소평가하며 '어쩌다 한번 잘된 것일 뿐', '운이 좋았던 것'이라고 생각하죠. 부정적인 결과에 대해서는 반대 방향의 귀인이 일어납니다. 낙관주의자들은 결과를 과소평가하며 '어쩌다 한번 잘못된 일일 뿐', '운이 나빴던 것'이라고 생각하는 반면, 비관주의자들은 결과를 과대평가하며 '내가 잘못한 것', '필연적으로 잘못될 수밖에 없었던 것' 등과 같이 생각합니다.

흔히 우리는 비관주의보다는 낙관주의를 더 좋은 것으로 여깁니다. 슬퍼하는 친구에게 '다 잘될 거야'라고 위로하는 것, 입시나 취업을 준비하면서 긍정적인 사람임을 어필하려는 것 등 '긍정의 힘'을 중요하게 생각하는 경우가 많지요. 실제로도 낙관주의적인 사람이 그렇지 않은 사람들에 비해 좀 더 유능하며 회복 탄력성도 더 우수하다는 연구 결과도 있습니다. 하지만 심리학자들은 맹목적인 낙관주의에 빠지지 않도록 주의해야 한다고 말합니다. 자신의 영향력을 과대평가한 나머지 예상할 수 있는 위험에도 충분히 대비하지 않거나, 일을 신중하게 진행하지 않아 실패하는 등 부정적인 결과를 초래할 가능성도 있기 때문입니다.

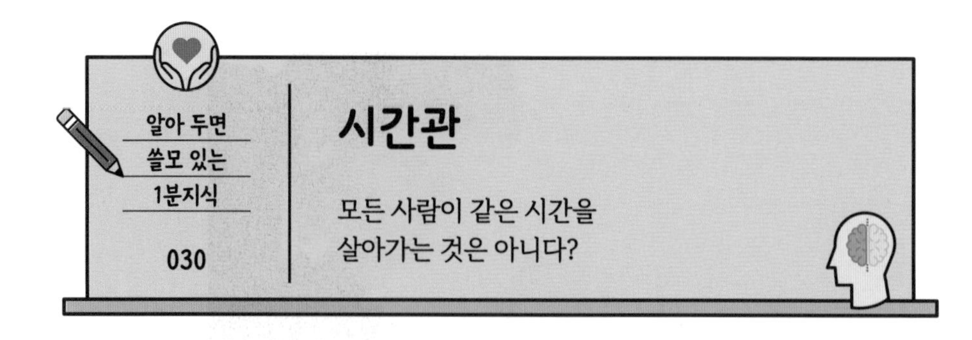

흔히 누구에게나 주어진 시간은 공평하다고 합니다. 실제로 그 누구도 하루를 25시간 사는 사람은 없습니다. 23시간 사는 사람도 없죠. 하지만 심리학자들은 물리적 시간 이외에 또 하나의 시간이 존재한다고 말합니다. 또 하나의 시간은 물리적 시간과 달리 누구에게나 공평한 것이 아닙니다. 누군가의 시간은 짧고 다른 누군가의 시간은 깁니다. 또 어느 누군가의 시간은 과거 지향적이며, 또 다른 누군가의 시간은 현재 지향적이거나 미래 지향적입니다. 심리학자들은 개인이 지각하는 주관적인 시간에 대한 관점을 의미하는 시간관time perspective에 주목했습니다. 사람들이 어떤 시간관을 갖고 있는지, 시간관에 따라 어떻게 다른 삶을 살아가고 있는지 알아보고자 했습니다.

심리학자 필립 짐바르도Philip Zimbardo와 존 보이드John Boyd의 연구 결과에 따르면 시간관은 크게 과거 지향적, 현재 지향적, 미래 지향적으로 구분됩니다. 과거의 사건에 더 초점을 맞추며 살아가는 사람들도 있고(과거 지향적), 지금 이 순간을 즐기며 살아가는 사람들도 있죠(현재 지향적). 또는 미래를 위해 기꺼이 현재의 즐거움을 포기하고 목적 지향적으로 행동하는 사람들도 있습니다(미래 지향적).

그런데 과거를 어떻게 지각하느냐 따라 과거 지향적 시간관은 과거 부정적past-negative 시간관과 과거 긍정적past-positive 시간관으로 나눌 수 있습니다. 과거 부정적 시간관을 가진 사람들은 자신이 경험했던 사건들을 부정적으로 해석하는 경향을 보입니다. 반면 과거 긍정적 시간관을 가진 사람들은 자신의 과거 경험을 긍정적으로 해석하며 과거에 대한 강한 향수를 가지고 있습니다. 현재 지향적 시간관 역시 현재 쾌락적present-hedonisic 시간관과 현재 숙명론적present-fatalistic 시간관으로 나눌 수 있습니다. 현재 쾌락적 시간관을 가진 사람들은 무엇보다 지금, 현재 이곳에서 느끼는 만족감을 추구합니다. 과거에 얽매이지 않으며 미래를 위해 현재를 희생하지도 않습니다. 현재 숙명론적 시간관을 가진 사람들은 운명을 강하게 믿습니다. 삶을 능동적으로 통제할 수 있다고 생각하지 않으며, 자신에게 주어진 현재의 삶을 받아들이고 감내하는 것을 중요하게 생각합니다.

주어진 시간을 어떻게 사용할까?

한편 시간의 유한성에 대한 인식 역시 사람마다 다를 수 있습니다. 같은 세대, 나이가 같은 두 사람일지라도 누군가는 앞으로 인생이 아직 많이 남았다고 생각할 수 있고, 다른 누군가는 앞으로 살아갈 날이 별로 남지 않았다고 생각할 수 있습니다. 심리학자 로라 카스텐슨Laura L. Carstensen이 제안한 사회 정서적 선택 이론socioemotional selectivity theory에서는 시간관의 차이에 따라 각자 추구하는 삶의 목표가 달라질 수 있다고 설명합니다. 자신에게 주어진 시간이 많다고 여기는 '개방적 미래 시간관'을 가진 사람들은 새로운 경험과 지식 습득을 지향하고 장기적인 계획을 세웁니다. 반대로 자신에게 남은 시간이 적다고 생각하는 '제한적 미래 시간관'을 가진 사람들은 삶의 의미를 추구하거나 기존에 친밀한 사람과의 유대를 더 쌓는 등 정서적 목표를 더 중요하게 생각하는 경향이 있다는 것이죠.

나이 들수록 과거를 더 아름답게 기억하는 이유는 무엇일까?

_추억 마케팅에 열광하는 이유

저는 어렸을 때 비디오게임을 정말 좋아했습니다. 그 당시에 PC 보급률은 형편없이 낮았고, 가정환경이 부유했던 친구들은 가정용 게임기를 집 TV에 연결해서 게임을 즐겼던 기억이 납니다. 하지만 안타깝게도 저희 집 사정은 그렇게 좋지 않았습니다. 학교 끝나면 최신 게임기가 있는 친구네 집에 놀러가는 것이 일상이었고, 그 당시에는 친구가 게임하는 것을 옆에서 지켜만 봐도 재미있었습니다.

어른이 된 후에는 최신 게임기도 여러 대 샀고 신작 게임이 나온다는 소식이 들리면 망설이지 않고 차곡차곡 구입했습니다. 하지만 저는 기쁘면서도 슬펐습니다. 아무리 비싸고 화려한 게임을 하더라도 어렸을 때 친구들과 함께 즐기던 구닥다리 게임들만 못한 기분이 듭니다. 그때는 마냥 다 좋았는데 왜 지금은 그렇게 느껴지지 않을까요?

심리학에서는 이처럼 많은 어른들에게 추억 보정이 있다는 사실을 발견했습니다. 구체적으로 부정적인 감정과 기억은 대부분 소실되고 '그때가 좋았지', '과거에는 행복했는데' 등 과거를 긍정적으로 왜곡해서 기억하는 경향이 나타났죠. 그렇다면 이러한 편향bias이 나타나는 이유는 무엇일까요?

먼저 시간적으로 멀리 떨어진 과거보다는 현재의 사건, 경험, 감정 등이 더 가깝게 지각된다는 점을 지적할 수 있습니다. 과거의 고통, 불행 등은 이미 많은 시간이 흘러 버려서 희석되었죠(흔히 힘든 일이 있을 때 '시간이 약'이라고 조언하는 이유이기도 합니다). 하지만 현재의 고통, 불행은 그렇지 못합니다. 시간적으로 가까워 부정적인 감정 등이 강하게 지각되죠. 반면 과거의 행복했던 추억들은 끊임없이 회상되고 강화되는 경향이 있습니다. 그래서 현재의 이야기 대신 과거에 함께 겪으며 즐거웠던 일들을 꺼내어 놓습니다. '그땐 그랬지' 하면서 하하 호호 웃는 사이에 추억은 더욱 아름답게 느껴집니다. 여기에 한 가지 더, 아마도 다시는 돌아올 수 없다는 것을 알기 때문에 추억이 더더욱 아름답고 가치 있게 느껴지는 것일 테지요.

과거의 행복했던 추억은 끊임없이 회상되며 강화된다.

한편 심리학에는 경로 의존성path dependency이라는 개념이 있습니다. 사람들이 익숙한 것, 들어 본 것, 겪어 본 것을 더 긍정적으로 판단하며, 그 결과 기존의 익숙한 방식이나 습관을 잘 바꾸지 않는 현상을 말합니다. 나이가 들수록 특히 그런 면을 보이게 되는데, 경로 의존성은 나이가 들수록 보수주의적 성향을 갖게 되는 현상을 설명하는 중요한 열쇠이기도 합니다. 흥미로운 것은 명백히 더 좋은 대안이 있음에도 사람들이 기존의 것을 잘 포기하지 못한다는 점입니다. 과거에 대한 사람들의 집착, 애정이 얼마나 강력한지를 방증한다고 볼 수 있습니다.

충분히 쉬어도 회복되지 않는다면 어떻게 해야 할까?
_번아웃 증후군에 취약한 사람들

"자도 자도 피곤해요", "지쳐서 아무것도 하고 싶지 않아요", "왠지 가슴이 답답하고 불안해요." 여러분이 만약 이렇게 느끼고 있다면, 번아웃 증후군burnout syndrome이 아닌지 의심해 보아야 합니다. 번아웃 증후군이란 스트레스에 대한 대처 실패와 관련이 깊습니다. 특히 단순히 일회성으로 실패한 것이 아니라 정신적, 신체적 자원이 완전히 소진되어 더 이상 대처할 수 없는 상태를 말합니다. 번아웃 증후군의 증상으로는 탈진, 이유 모를 짜증이나 분노, 슬픔, 집중력 저하, 기억력 감소 등이 있습니다. 동기 부여가 잘 안 되고, 삶을 무가치하다고 인식하거나 냉소적인 태도를 보이는 등 '거리감'을 경험하는 증상들도 보고되고 있습니다.

정신적 자원은 개인 내부의 특성이며 성격이나 태도, 가치관, 신념, 인지적 능력 등을 의미합니다. 여러분 주변을 잘 살펴보면 낙관적이고 활력이 넘쳐서 스트레스를 잘 받지 않는 사람도 있는가 하면, 반대로 작은 일에도 불안해 하고 경계하며 쉽게 스트레스를 받는 사람들도 있을 텐데요. 심리학자들의 연구 결과에 따르면, 외향적인 성격은 스트레스의 보호 요인이 되고, 반대로 신경증적 성격은 스트레스의 취약 요인이 될 수 있습니다. 즉 번아웃 증후군을 더 자주, 쉽게 경험할 수 있는 성격이 따로 있다는 의미입니다. 그 밖에도 사람에 따라서는 '하드워커hard worker'라 해서, 일의 우선순위가 매우 높으며 휴식을 줄이면서까지 일에 몰두하는 사람들도 있습니다. 이렇게 일을 중시하는 가치관과 태도를 가진 사람들은 번아웃 증후군을 겪을 가능성이 높습니다.

대처 불가능한 탈진 상태에 놓인 사람들

만약 번아웃 증후군에 정신적 자원이 중요하다면 '취약한' 성격이나 가치관을 가진 사람들은 번아웃 증후군에 어떻게 대처해야 할까요? 성격이나 가치관이라는 것이 하루아침에 그리 쉽게 바꿀 수 있는 것도 아닌데 말이죠. 다행스럽게도 심리학자들의 설명에 따르면, 번아웃 증후군에는 외부 자원의 역할도 매우 큽니다. 이를테면 사회적 지지, 즉 내가 힘들 때 옆에서 격려해 주고 위로해 줄 수 있는 가족, 친구, 동료 등이 있는지에 따라 번아웃 증후군의 발생 가능성이나 회복 속도가 달라집니다. 또한 본인 스스로도 번아웃 증후군에 노출되지 않도록 평소 충분히 휴식하고 꾸준히 운동하면서 체력을 키워 두는 것이 좋겠지요.

그런데 번아웃 증후군에 대해 사람들이 오해하는 것이 있습니다. 잘 먹고 잘 쉬면 금방 번아웃 증후군에서 벗어날 수 있을 것이라는 막연한 환상(?)입니다. 사실 번아웃 증후군은 정신적 탈진을 동반하기 때문에 몸의 휴식뿐만 아니라 '마음의 휴식'도 반드시 병행해야만 합니다. 한편 번아웃 증후군은 역설적으로 인생의 전환점이 되기도 합니다. 지금까지 자신의 삶을 돌아보고 인생의 의미나 가치, 보람 등을 성찰한 후에 다시 앞으로 나아갈 동력을 얻는 계기가 될 수 있습니다.

3장

심리 실험

- ☑ 기억의 망각 곡선
- ☐ 꼬마 앨버트 실험
- ☐ 보보 인형 실험
- ☐ 복종 실험
- ☐ 선분 실험
- ☐ 기억 왜곡 실험
- ☐ 보이지 않는 고릴라 실험
- ☐ 착한 사마리아인 실험
- ☐ 자기중심성 실험
- ☐ 미신 실험
- ☐ 공 던지기 실험
- ☐ 사회적 촉진 실험
- ☐ 애착 실험
- ☐ 휴리스틱 실험
- ☐ 최후 통첩 게임

1day

1Word

알아 두면
쓸모 있는
1분지식

031

기억의 망각 곡선

한번 입력된 기억은 얼마나 유지될까?

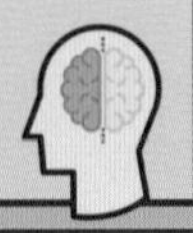

독일의 심리학자 헤르만 에빙하우스Hermann Ebbinghaus는 기억에 관한 연구로 매우 유명합니다. 먼저 기억의 유지와 소멸에 관한 원리를 과학적으로 규명하고자 실험적인 접근을 시도했다는 점에서 그의 연구는 심리학에서 역사적으로 의미가 있습니다. 내성법, 즉 자신을 실험 대상으로 삼아 기억을 주입한 후(암기), 시간이 지남에 따라 기억한 내용이 어떻게 잊혀 가는지를 체계적으로 기록해서 그래프를 만들었습니다. 에빙하우스의 망각 곡선forgetting curve으로 잘 알려져 있죠.

망각 곡선에서는 일반적인 예상을 뛰어 넘는 망각 속도에 주목해야 합니다. 망각 곡선에 따르면 가장 처음 암기한 이후 불과 20~30여 분만 지나도 처음에 기억한 양의 절반 가까이 망각이 일어난다는 것을 알 수 있습니다. 그리고 암기한 지 하루가 지나면 불과 약 30퍼센트 정도만 기억하게 되지요. 다행스러운 것은 시간과 남아 있는 기억의 양이 정직하게 반비례하지는 않는다는 점입니다. 즉 암기한 직후 20분에서 1시간 이내에 기억한 양이 급격히 감소한 뒤 시간이 지남에 따라 감소 정도가 점차 완만해지는 것을 알 수 있습니다. 다만 에빙하우스는 '과잉 학습' 등의 변수가 개입하면 망각의 속도를 늦출 수 있다고 설명했습니다. 과잉 학습이란 영어 단어 한 개를 암기하는 데 1~2시간 이상의 시간을 쓰는 등 필요 이상으로 학습(암기)에 많은 노력을 기울이는 것을 말합니다.

망각 곡선이 보여 주듯 기억이 유지되는 시간은 무척 한정적입니다. 따라서 학습

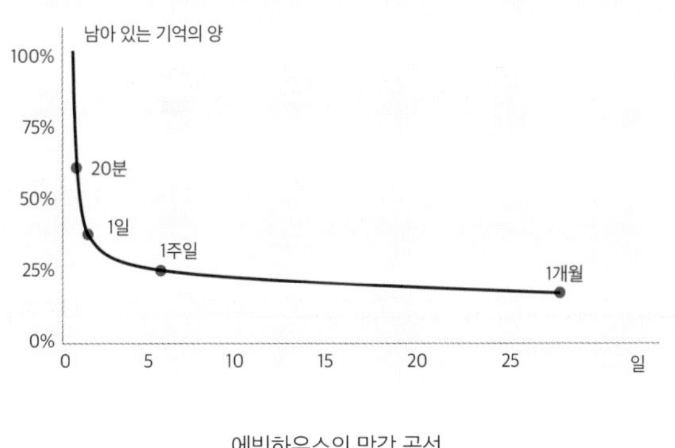

에빙하우스의 망각 곡선

자는 망각이 일어나지 않도록 가급적 빠르게 반복 학습해야 합니다. 심리학자들은 여러 번 반복 학습을 할수록 기억이 더 오래 유지되고 나중에는 매우 오랜 시간이 지나더라도 사라지지 않는 장기 기억으로 남을 가능성이 높아진다고 말합니다.

에빙하우스 망각 곡선이 전하는 핵심 메시지는 분명 유효합니다. 하지만 지금의 관점에서 볼 때 몇 가지 한계점이 있습니다. 첫째, 오늘날의 심리학 연구들은 대부분 대규모 표본을 이용해 통계적으로 검증합니다. 단독 또는 소수의 개인을 대상으로만 연구하다 보면 결과가 상대적으로 주관적일 수밖에 없으며 객관화가 어렵습니다. 에빙하우스의 초기 망각 곡선은 표본 연구를 통해 통계적으로 검증하지 못했다는 아쉬움이 있습니다. 물론 뛰어난 통찰로 망각의 원리에 관한 많은 사실을 밝혀낸 것만은 분명합니다.

둘째, 기억의 종류를 고려하지 않았다는 점입니다. 에빙하우스는 단어 등 언어적인 기억에 대한 연구를 진행했습니다. 하지만 청각적 기억, 시각적 기억(이미지), 촉각적 기억 등 감각 기관에 따라 여러 가지 기억이 있습니다. 기억의 종류에 따라 망각의 양상이 달라질 수도 있습니다. 끝으로 에빙하우스 자신도 언급했듯이 개인의 내적 요인만이 기억과 망각에 관여하는 것은 아닙니다. 학습이 일어난 상황이나 주변 환경 또한 기억, 망각, 회상률 등에 영향을 줄 수 있습니다.

알아 두면
쓸모 있는
1분지식
032

꼬마 앨버트 실험

학습을 통해 공포를 만들어낼 수 있을까?

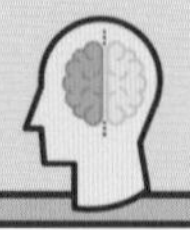

공포는 인간의 본능일까요, 아닐까요? 이 질문에 많은 사람들은 본능이라고 대답합니다. 그리고 그 예로써 죽음에 대한 공포를 이야기하지요. 생각해 보면 죽음을 두려워하지 않는 사람이 과연 있을까요? 죽음에 대한 공포는 그만큼 강력하고 보편적입니다. 본능이라고 해도 좋을 정도로 말입니다. 하지만 다른 종류의 공포들은 어떨까요? 여러분이 알고 있는 공포증들을 한번 떠올려 봅시다. 대인 공포증, 폐소 공포증, 고소 공포증, 심해 공포증, 첨단 공포증, 고독에 대한 두려움, 상처받는 것에 대한 두려움, 징그러운 생물에 대한 두려움 등 무엇을 무서워하는지에 따라 정말 많은 공포증이 만들어졌습니다. 과연 이 수많은 '공포'들은 도대체 어디에서 온 것일까요? 결국 모두 죽음에 관한 공포의 연장선에 있는 걸까요?

만약 고양이를 무서워하는 사람이 있다면 우리는 그 원인을 인간의 본능이라고 쉽게 말하지 못할 것입니다. 왜냐하면 '본능'이라고 하려면 그만큼 보편적이어야 할 텐데, 고양이를 무서워하는 특성은 생각보다 그렇게 많지 않은 것 같거든요. 오히려 고양이를 귀여워하는 사람이 많으면 많았지 무서워하는 사람이 특이하게 느껴집니다. 따라서 공포의 원인이 본능이 아닌 그 사람 개인에게 있지 않을까 하고 생각하게 되죠. 예를 들면 어렸을 때 고양이에게 크게 물려 본 경험이라거나 하는 것들 말이죠. 이쯤 되면 공포의 원인에 대해 또 다른 가정이 필요하다고 생각할 수 있습니다. 공포가 학습으로도 만들어질 수 있다는 가정입니다.

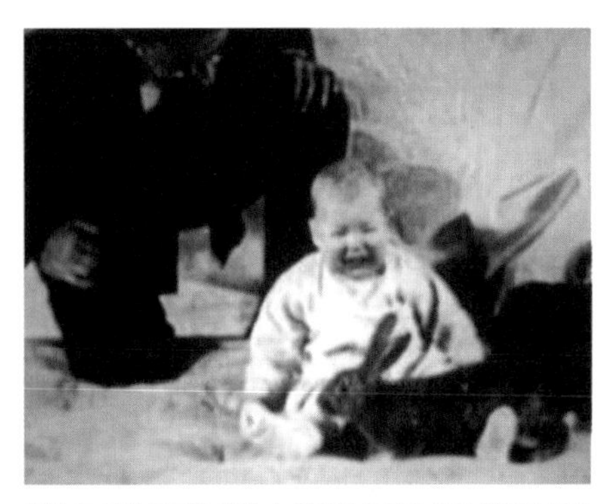
학습을 통해 공포가 생길 수 있음을 증명한 꼬마 앨버트 실험

초기 행동주의 심리학에서는 공포가 후천적으로 학습을 통해 만들어질 수 있다는 것을 실험으로 증명했습니다. 행동주의 심리학 분야에서 매우 유명한 존 왓슨John Watson의 '꼬마 앨버트 실험little Albert experiment'이 대표적입니다. 왓슨은 이 실험을 통해 인간의 감정도 고전적 조건 형성에 따라 만들어질 수 있다는 사실을 보여 주려 했습니다(고전적 조건 형성이란 '파블로프의 개' 실험으로 잘 알려진 학습 원리입니다). 구체적인 실험 내용은 다음과 같습니다.

먼저 만 1년이 채 되지 않은 어린 앨버트에게 흰 쥐, 강아지, 원숭이, 마스크, 직물 등 여러 동물과 사물들을 보여 주며 반응을 관찰합니다. 앨버트는 주어지는 여러 대상에 호기심을 보이며 직접 만지려 하는 등 별다른 두려움을 보이지 않지요. 시간이 지난 뒤 이번에는 앨버트에게 흰 쥐를 보여 주면서 동시에 깜짝 놀랄 만한 큰 소음을 들려 줍니다. 일주일에 두 번, 약 일곱 번 가까이 이 과정을 반복했는데요. 그 결과 나중에는 소음을 들려 주지 않고 흰 쥐만 보여 줘도 앨버트가 크게 놀라며 무서워하는 모습을 관찰했습니다. 이전에는 무서워하지 않았지만 이제는 흰 쥐에 대한 공포가 학습된 것입니다. 비록 이 실험에 윤리적으로 큰 문제가 있는 것은 사실이지만(어린아이에게 좋지 않은 정서를 심어 주는 등 아동 학대에 가깝지요), 공포가 만들어질 수 있다는 것을 증명한 중요한 사례입니다.

보보 인형 실험

누군가를 따라 하는 것만으로도 학습이 될까?

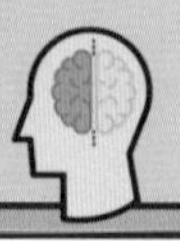

낯선 곳에 가면 당황을 하기 쉽습니다. 특히 그냥 지나가면 되는 것이 아니라 내가 무언가를 해야 할 때 말이죠. 교회나 성당에 처음 가서 예배, 미사에 참여하는 상황이거나 갑자기 전학을 가게 되어 새로운 동네, 학교에 익숙해져야 할 때 등이 그러한 상황입니다. 이런 낯선 상황에서 여러분이라면 적응하기 위해 어떻게 행동하겠습니까? 어쩌면 생각할 것도 없이 본능적으로 주변을 두리번거리기 시작했을지도 모르겠습니다. '다른 사람들은 어떻게 행동하고 있지? 에이, 일단 따라 하고 보자!'

20세기 중반에는 행동주의 심리학으로 학습의 원리를 설명했습니다. '조건 형성'이라는 메커니즘이 그 핵심입니다. 학습이 일어나기 위해서는 자극에 대한 반사, 보상과 처벌로 인한 강화가 무엇보다 중요하다고 생각했죠. 그런데 심리학자 반두라는 이와 다른 의견을 제시합니다. 그는 사회 학습 이론social learning theory에서 학습이 일어나는 사회적 환경의 중요성을 강조했습니다. 모방 학습, 관찰 학습 등 조건 형성 과정이 전제되지 않아도 다른 사람의 영향을 받아 학습할 수 있다는 것이었죠. 사회적 학습을 상징하는 가장 대표적인 실험인 '보보 인형 실험Bobo doll experiment'이 바로 이러한 상황에서 등장했습니다.

이 실험은 약 3~5세 아이들을 대상으로 이루어졌습니다. 먼저 공격성 조건 집단에 속한 아이들과 비공격성 조건 집단에 속한 아이들은 각각 한 어른 모델이 보보 인형을 어떻게 대하는지 관찰합니다. 그러나 각 집단에 따라 아이들이 보는 상황

사회적 환경의 중요성을 보여주는 보보 인형 실험

은 달랐습니다. 공격성 조건 집단의 아이들은 한 어른이 보보 인형에게 거칠게 말하며 때리는 등 폭력을 행사하는 것을 보았습니다. 비공격성 조건 집단의 아이들은 한 어른이 보보 인형 곁에서 다른 장난감을 가지고 편안하게 노는 것을 보았습니다. 이후 실험자는 각 집단의 아이들을 보보 인형이 있는 놀이방으로 안내합니다. 그리고 혼자가 된 아이가 이제 보보 인형을 어떻게 대하는지 지켜봅니다. 그 결과는 다음과 같았습니다. 공격성 조건 집단에 속한 아이들은 비공격성 조건 집단에 속한 아이들보다 보보 인형에게 더 공격적인 태도를 보였습니다. 그들이 본 어른이 했던 것처럼, 똑같이 때리고 차는 등 폭력을 가했던 것입니다. 여기서는 실험 과정을 간단히 살펴보았지만, 실제로 이 실험은 통제 집단도 있었고, 남성과 여성의 어른 모델을 각 세부 조건에 따라 번갈아 투입하는 등 보다 복잡하게 설계되어 수행되었습니다.

보보 인형 실험은 대단히 큰 사회적 파장을 불러왔습니다. 폭력의 모방, 관찰 학습에 대한 문제였습니다. '폭력적인 내용의 TV 프로그램을 시청하면 아이가 폭력적인 행동을 하게 되는가?'라는 주제로 사회 각계각층에서 격렬한 토론이 시작되었습니다. 그리고 폭력의 모방, 관찰 학습에 관한 논쟁은 지금도 여전히 끝나지 않았습니다. 폭력을 다룬 TV 프로그램, 비디오 게임 등 여러 매체들을 우리 사회가 어떻게 수용해야 하는지, 각 매체에 대한 심의는 어떻게 진행해야 하는지, 등급은 어떻게 구분해야 하는지 등 여러 쟁점을 지금도 논의하고 있습니다.

복종 실험

사람은 얼마나 잔혹해질 수 있을까?

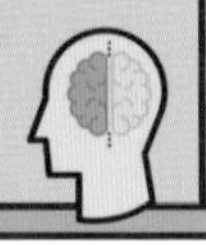

뉴스를 보면 살인이나 폭력 등 범죄 관련 사건 소식을 종종 접하곤 합니다. 뉴스를 보면서 대부분의 사람들은, '어떻게 저런 끔찍한 일을 저지를 수 있지?', '저 범죄자는 아주 나쁜 사람이야', '도대체 어떤 사람들이 저런 일을 저지르는 걸까?', '(내가) 다른 사람을 저렇게 해친다는 것은 정말 상상도 할 수 없는데!'라고 생각합니다. 하지만 심리학자 스탠리 밀그램Stanley Milgram의 생각은 조금 달랐습니다. '상황의 힘'을 결코 간과할 수 없다는 것입니다. 즉 대단히 유혹적인 상황이 벌어진다면 제 아무리 이성적이고 합리적이라 자부하는 사람이라도 도덕이나 윤리를 무시하고 잔혹하게 행동할 수 있다고 보았습니다. 그리고 그는 권위에 대한 복종obedience to authority 실험으로 이를 입증하고자 했습니다.

밀그램은 '처벌이 학습에 미치는 영향'이라는 주제로 참여자들을 모집했습니다. 실험자는 참여자들을 1:1로 묶어 한 명에게는 교사 역할을, 다른 한 명에게는 학생의 역할을 부여합니다. 학생 역할을 하는 참여자는 전기 충격 의자에 앉고 교사 역할을 하는 참여자에게는 전기 충격기를 줍니다. 전기 충격기에는 15볼트에서 450볼트까지 전기를 의자에 흘려보낼 수 있는 수십 개의 스위치가 있었죠. 이후 실험자는 두 참여자에게 교육-학습 과정을 지시합니다. 교사 역할을 하는 참여자가 문제를 내면 학생 역할을 하는 참여자가 답을 맞추는 식인데, 틀리면 전기 충격을 가하도록 했습니다. 그리고 틀리는 횟수가 늘어날수록 전기 충격의 강도를 높이게 했죠. 그런데 사실 전기 충격 장치는 가짜였고, 학생 역할을 하는 참여자는 실험자 측에서 사전에 섭외한 배우였습니다. 즉 이 실험의 진짜 참여자는 교사 역할을 하는 참여자뿐이었습니다.

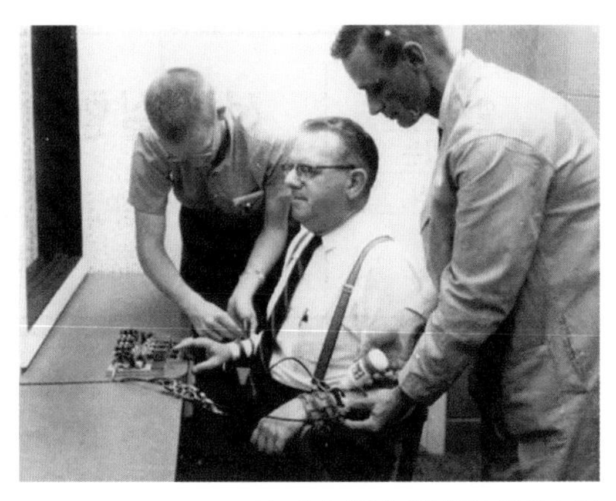

밀그램의 권위에 대한 복종 실험 참가자들

실험 결과는 놀라웠습니다. 무려 참여자의 65퍼센트가 최고 전압인 450볼트까지 전기 충격 강도를 높인 것입니다. 배우가 실험을 그만하고 싶다고 간청하고 고통스럽게 비명을 지르고 몸부림쳐도 참여자들은 전압 올리기(명령 복종)를 멈추지 못했습니다. 교사 역할을 하는 참여자 뒤에 앉은 실험자(권위자)는 "계속 하십시오. 이 실험은 계속해야만 합니다. 전기 충격은 인체에 손상을 주지 않습니다. 결과는 실험 주최 측이 책임을 집니다" 등의 말을 반복했습니다. 대부분의 참여자들은 망설이면서도 결국에는 이 '명령'에 굴종했습니다.

윤리적인 문제점도 많았지만 이 충격적인 실험은 평범한 사람 그 누구라도 잔혹한 행위를 저지를 수 있다는 가능성을 보였습니다. 철학자 해나 아렌트Hannah Arendt가 그의 저서 『예루살렘의 아이히만』의 부제로 썼던 '악의 평범성the banality of evil'을 가장 잘 보여 준 실험이었던 것이죠. 아렌트는 수많은 유대인을 죽음으로 몰고 가서 나치 전범 재판을 받게 된 아돌프 아이히만Adolf Eichmann이 아주 사악하고 나쁜 사람일 것이라는 사람들의 예상과는 매우 평범한 사람이었다는 점에 큰 충격을 받았습니다. 권위에 따라 명령이 주어지고 그 자신이 책임지지 않아도 될 때 인간이 얼마나 악해질 수 있는지를 볼 수 있는 중요한 메시지입니다.

선분 실험

모두가 '네'라고 답할 때 '아니오'라고 답하기 어려운 이유는?

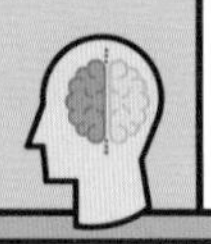

수학 문제를 하나 내겠습니다. 1 더하기 1은 얼마일까요? 문제가 너무 쉽다고요? 그렇다면 질문을 조금 바꿔 보겠습니다. 사람들이 이 문제를 틀릴 확률은 과연 얼마나 될까요? 이 질문에 대해서는 사실상 0퍼센트 아니겠느냐고 생각할지도 모르겠습니다. 하지만 상황에 따라서는 그렇지 않을 수도 있습니다. 아주 간단한 조건만 제시해도 틀릴 확률을 크게 높일 수 있다면 믿을 수 있겠습니까?

심리학자 솔로몬 애쉬Solomon Asch의 동조 실험conformity experiment이 반향을 일으켰던 이유도 마찬가지였습니다. '에이 설마, 누구라도 알 것 같은 뻔한 문제를 틀리겠어?'라고 생각했지만, 실험해보니 그렇지 않았으니까요. 애쉬의 실험 내용은 다음과 같았습니다. 6명의 참여자를 원탁에 앉힌 뒤 참여자들에게 문제를 하나 제시합니다. 선분 한 개를 보여 준 다음 세 개의 후보 선분을 보여 줍니다. 그리고 처음 보았던 선분과 길이가 같은 것을 알아맞히면 되는 문제였죠. 매우 쉽고 간단한 문제였습니다. 후보 선분의 길이가 매우 달라서 한눈에 봐도 어느 것이 정답인지 알 수 있었죠. 정답을 맞히는 과정은 열 번 이상 이어졌습니다. 물론 매번 문제는 조금씩 달랐습니다. 난이도는 공통적으로 매우 쉬웠지만요. 참여자들은 매번 한 명씩 문제의 정답을 소리내어 말하도록 안내받았습니다. 그런데 사실 여섯 명의 참여자 중 다섯 명은 실험자가 사전에 섭외한 가짜였습니다. 이 중 단 한 명만이 실제 참여자였고 항상 다섯 명의 가짜 참여자 다음에, 즉 가장 마지막에 정답을 말하게 했습니다.

처음 2회차까지는 다섯 명의 가짜 참여자가 정답을 말합니다. 그래서 진짜 참여자를 포함한 여섯 명이 모두 정답을 맞힙니다. 그런데 3회차부터는 가짜 참여자들의 대답이 달라지기 시작합니다. 실험자와 사전에 약속한 대로 다섯 명이 모두 같은 오답을 말한 것입니다. 진짜 참여자는 의아해하기 시작합니다. 누가 봐도 정답은 3번인데 앞의 다섯 명이 모두 2번이라고 말하는 상황인 거죠. 혹시 내 눈이 잘못된 것은 아닌지, 지금 이 상황이 꿈은 아닌지 의심하는 지경에 이르렀습니다. 어떻게 답을 말해야 할지 고민하던 진짜 참여자는 결국 다음과 같이 답을 하게 됩니다. "2번이 정답 같군요."

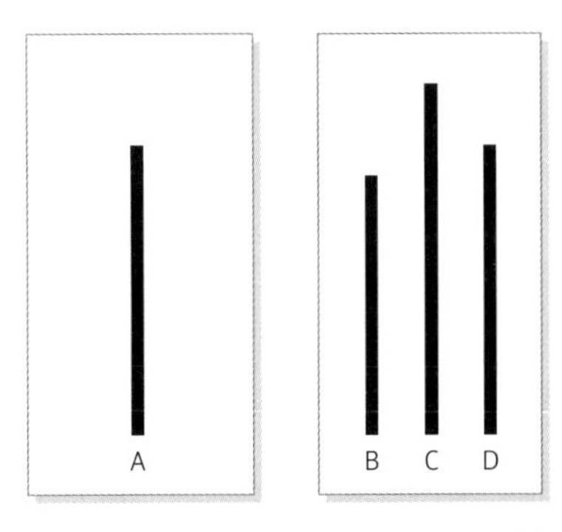

A와 길이가 같은 선은 무엇일까?

통제 집단에서 참여자들의 오답률은 1퍼센트 미만이었습니다. 그런데 이러한 실험 조건에 노출되었던 참여자들은 무려 36.8퍼센트에 이르는 오답률을 보였습니다. 다수 집단의 보이지 않는 '압력'을 이기지 못하고 결국 그들의 의견에 동조하고 말았던 것입니다. 심지어 애쉬는 동조 효과를 일으키는 데는 많은 사람이 필요 없으며, 단 세 명만 있어도 극적인 결과를 만들어 낼 수 있다고 설명했습니다.

그렇다면 집단의 압력에 굴복하게 되는 이유는 무엇일까요? 사회적 동물인 인간은 본능적으로 무리에서 배척되는 것을 두려워하기 때문에 다수의 의견을 거스르기 어려워합니다. 이러한 현상은 통계적, 경험적인 믿음 때문에 일어날 수도 있는데, 즉 다수가 틀릴 확률보다는 나 한 사람이 틀렸을 확률이 아무래도 더 높을 수 있다고 생각하기 때문이기도 합니다.

알아 두면
쓸모 있는
1분지식

036

기억 왜곡 실험

기억한 것을 그대로 다 믿어도 될까?

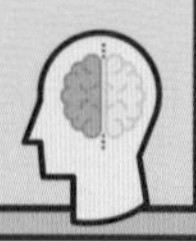

기억을 조작당했다는 것을 깨닫고 진실을 찾기 위해 분투하는 주인공의 이야기. 어디서 많이 들어본 것 같지 않나요? 영화나 소설, 특히 SF나 스릴러 장르에서 볼 법한 흔한 설정이지요. 그런데 사실 기억을 조작하는 일은 생각하는 것만큼 그리 어렵지 않습니다. 오히려 아주 간단한 절차만으로도 해낼 수 있는 쉬운 작업이지요.

없던 기억을 만들어 내는 간단한 실험 한 가지를 소개하겠습니다. 먼저 실험 참여자에게 기억력 테스트한다는 명목으로 학교, 책상, 칠판, 교실, 사물함 등의 단어들을 하나씩 순서대로 제시합니다. 참여자는 눈앞으로 지나가는 단어들을 보며 열심히 외웁니다. 단어를 모두 제시한 뒤 실험자는 참여자에게 앞서 보여 주었던 단어들을 하나씩 꺼내며 다음과 같이 묻습니다. "이 단어가 아까 있었나요? 잘 기억해 보세요." 그런데 이 과정에 실험자가 준비한 함정이 있습니다. 예를 들어 필통, 교과서 같은 실제로 나오지 않았던 단어를 슬쩍 섞은 것입니다. 그런데 놀랍게도 상당수의 참여자가 그것이 목록에 있었다고 대답합니다. 등장한 단어와 등장하지 않은 단어 간에 '학교'라는 맥락을 공유하다 보니, 마치 보았던 단어라고 착각하고 만 것이지요.

심리학자들이 공통적으로 하는 말이 있습니다. 기억을 너무 믿지 말라는 것이지요. 생각보다 기억이라는 것은 만들어지기도 변형되기도 쉽다는 것이 많은 기억 연구의 결론입니다. 기억을 연구하는 심리학자들은 대부분의 기억이 마치 사진을 찍듯 그대로 머릿속으로 들어오는 것이 아니라 재구성 과정을 거친다는 점을 강조합니

기억할 때 뇌는 정보의 재구성 과정을 거친다.

다. 눈이나 코, 입, 촉감 등 감각 기관을 통해 들어온 정보는 우리가 인식하고 처리할 수 있는 형태로 변형되고 가공됩니다. 시공간 정보, 청각 정보, 후각 정보 등 정보의 형태에 따라 사건이 파편화되어 병렬적으로 기억되기도 합니다. 그리고 받아들인 정보 안에 '빈 공간'이 있다면 기존의 경험, 지식 등의 장기 기억들을 불러와서 그 자리를 메꾸는 과정도 거칩니다. 이와 같이 복잡한 처리 과정을 거칠 뿐만 아니라, 심리적 상태나 개인이 처한 상황, 미세한 주변 단서 등 많은 것들이 기억 형성에 영향을 미칩니다. 이것이 우리의 기억을 맹신해서는 안 되는 이유입니다.

한편 목격자 등의 기억 진술에 크게 의존하는 범죄 심리, 수사 분야에서 기억 연구가 크게 진전했습니다. 기억을 어떻게 받아들이느냐에 따라 진범을 잡거나, 억울한 피해자를 만들어 내는 등 개인의 삶에 막대한 영향을 미칠 수 있습니다. 이 때문에 기억의 원리나 메커니즘을 이해하려는 시도는 특히 중요합니다. 예를 들어 혐의자를 취조할 때 형사가 어떤 단어를 사용하느냐에 따라 진술의 내용이 극적으로 달라지기도 합니다. 교통사고 사건에서 '부딪쳤던' 순간에 대한 진술보다 '충돌했던' 순간에 대한 진술을 요청할 때 목격자가 사건의 심각성을 더 중요하게 판단하며, 더 극적이고 과장되게 진술하는 경향을 보였다는 연구 결과도 있습니다.

알아 두면
쓸모 있는
1분지식

037

보이지 않는 고릴라 실험

사람들은 왜 코앞의 것도
못 보고 지나칠까?

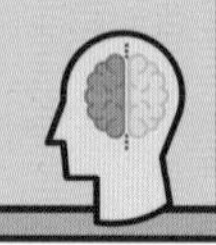

화면 속에는 농구공을 패스하는 사람들이 있습니다. 여러분은 특정 색깔의 옷을 입은 사람들이 농구공을 몇 번이나 패스하는지를 세어야 합니다. 여러분은 열심히 과제를 수행하기 위해 농구공을 보고 있습니다. 그런데 잠시 후 왼쪽에서 커다란 고릴라가 나타나 정면으로 걸어옵니다. 정면에 선 고릴라는 농구공을 패스하는 사람들 사이에 한동안 멈춰 있습니다. 그러고 나서 천천히 오른쪽으로 지나가 화면 밖으로 사라집니다.

이 실험의 연구자는 과연 농구공의 패스 횟수를 세고 있던 당신이 눈앞으로 지나갔던 고릴라를 보았을지 궁금했습니다. 결과는 놀라웠습니다. 여러분을 포함한 많은 사람이 고릴라를 보지 못했다고 대답합니다. 그런데 연구자가 고릴라가 있었다고 이야기하면서 영상을 다시 보여 주자 그제야 유유자적 걸어 다니는 고릴라의 모습이 눈에 들어옵니다. 알아채지 못하기도 어려울 만큼 이렇게 쉽게 눈에 띄는 고릴라인데 도대체 왜 못 본 걸까? 사람들은 뭔가 홀린 것은 아닌지 의아해합니다.

'보이지 않는 고릴라invisible gorilla' 실험은 학계에는 물론 대중에게도 신선한 충격을 주었습니다. 농구공 패스 횟수를 세는 과제를 충실히 수행했던 상당수의 사람이 고릴라를 보지 못했다고 말했습니다. 선택적 주의selective attention 때문에 무주의 맹시inattentional blindness 상태에 빠지고 말았던 것이지요.

인간의 주의력은 인지 심리학자들의 주된 연구 영역이었습니다. 주의력이란 무

보이지 않는 고릴라 실험의 한 장면

엇인지, 주의력은 어떤 과정을 거쳐 발생하는지, 주의 집중이 일어나거나 흩어지는 이유는 무엇인지, 주의력을 효율적으로 활용하려면 어떻게 해야 하는지 등의 여러 주제들에 심리학자들이 도전했습니다.

그 결과, 심리학자들은 주의력을 자원resource으로 이해할 수 있다는 사실을 알아냈습니다. 즉 주의력은 아껴 써야 합니다. 양이 한정되어 있기에 남용하지 말아야 하며, 여러 가지 대상이나 사건에 우선순위를 정해서 주의력을 적절히 분배해야 합니다. 주의력을 아껴 쓰지 않으면 결국 고갈되어 버립니다. 한번에 주의 집중할 수 있는 횟수도 지속 시간도 점점 줄어듭니다. 주의력을 너무 많이 쓰면 정신이 피로해져서 어떤 일에도 주의를 기울일 수 없습니다. 이때는 충분한 휴식과 음식물 섭취 등을 통해 주의력을 다시 보충해야만 합니다.

다시 고릴라 실험으로 돌아가 보겠습니다. 주의력의 한계 때문에 우리 눈앞에 있는 모든 정보들을 동시에 처리할 수 없어서 무주의 맹시가 일어난 것입니다. 연구자는 선택적 주의를 유도하기 위해 일부러 '농구공 패스 횟수 세기' 과제를 부여했습니다. 과제에 주의 집중한 나머지 미처 고릴라에 할당할 만한 주의력이 남아 있지 않았고 결과적으로 '보이지 않는 고릴라' 현상을 만들어 내고 말았습니다.

착한 사마리아인 실험

그는 착한 사람인가,
착할 여유가 있는 사람인가?

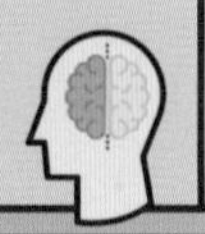

인생에서 매우 중요한 덕목으로 강조되는 것이 바로 이타성입니다. 학교나 가정에서 도덕과 예절을 가르치면서 남을 잘 돕는 사람이 되어라, 베풀 줄 아는 사람이 되어라, 양보할 줄 아는 미덕을 갖춰라 등과 같이 말합니다. 그런데 이타적인 사람이 되려면 어떻게 해야 할까요? 사람들이 지금보다 더 서로를 아끼고 여러 가지 도움을 베푼다면 우리가 사는 세상은 더 멋진 곳이 될 텐데 말입니다.

이타성에 관한 매우 흥미로운 실험을 한 가지 소개하려 합니다. 심리학자 존 달리John Darley와 대니얼 뱃슨Danial Batson의 착한 사마리아인 실험good Samaritan experiment입니다. 신학대학 학생들이 실험의 참여자였는데, 먼저 모든 참여자는 그들의 성격을 측정하는 검사를 받습니다. 이후 참여자의 절반에게는 착한 사마리아인에 관한 설교를, 나머지 절반에게는 이와 관련 없는 내용의 설교를 준비하도록 과제를 줍니다(참고로 착한 사마리아인 이야기는 성경에 나오는 우화로, 강도를 당해 쓰러진 사람을 사제 등 다른 사람들은 무시했지만 사마리아인은 지나치지 않고 그를 도왔다는 이야기입니다). 그리고 설교는 다른 곳에서 해야 하니 해당 장소로 이동하라고 안내합니다. 이때 학생들을 다시 세 부류로 나눠 다르게 설명합니다. '매우 급함' 조건의 학생들에게는 설교 시간에 늦었으니 서둘러야 한다고 말합니다. '적당히 급함' 조건에서는 설교 시간이 몇 분 남지 않았다고 말하고 '급하지 않음' 조건에서는 재촉하지 않았지요.

이제 설교 장소로 이동하는 학생들, 그들이 이동하는 길목에는 한 사람이 쓰러져 있었습니다(사실 그는 사전에 준비된 배우였습니다). 기침하며 신음하는 등 도움이 필요해 보이는 사람이었습니다. 실험자는 이때 학생들의 반응을 관찰했습니다. 도움을 주는 정도에 따라 0점부터 5점까지 점수를 매겼죠. 그리고 연구자들은 첫 번째는 성격, 두 번째는 설교의 주제, 세 번째는 급한 정도에 따라 남을 돕는 행위가 어떻게 나타났는지 분석했습니다. 그 결과, 놀랍게도 학생들의 성격이나 설교의 주제는 이타적인 행동에 별다른 영향을 주지 못했습니다. 그보다는 학생들이 처했던 상황, 즉 시간의 압박time pressure이 이타적인 행동에 영향을 미친 결정적인 변수였습니다. 급하지 않았던 학생 중 63퍼센트가 쓰러진 사람을 도왔습니다. 적당히 급했던 학생들 중에는 45퍼센트가 그를 도왔죠. 그리고 매우 급했던 학생 중에는 불과 10퍼센트만이 쓰러진 사람을 돕는 선택을 했습니다.

누가 쓰러져 있는 사람을 도울 것인가?

착한 사마리아인 실험이 우리에게 주는 교훈은 무엇일까요? 우리는 흔히 마음씨가 착한 사람이 착한 행동을 할 것이라 생각합니다. 그리고 남을 돕는 사람을 보면, 우리는 그가 착한 사람이라고 판단하기 쉽습니다. 하지만 이타성의 발현에는 그가 처한 상황도 매우 중요한 요소입니다. 착한 사마리아인 실험이 보여 주듯 상황이 얼마나 여유로운가에 따라 이타적인 행위를 할 것인지 말 것인지가 결정되기도 합니다. 그 밖의 이타성에 관한 연구들에서는 이타적인 행위에의 접근성, 편의성도 중요하다는 점을 밝혀내기도 했습니다. 자선 단체에 기부하는 절차가 복잡할수록 기부 행위를 하기도 전에 그만두고 마는 경향이 나타나는 것이 대표적인 사례입니다.

자기중심성 실험

나와 다른 사람의 관점이 다르다는 것은
언제 깨닫게 될까?

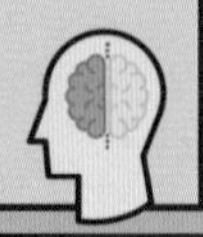

제가 아직 초등학교에 다니던 시절, 어느 날 수업을 마치고 집에 온 저는 네 살짜리 옆집 동생을 돌보게 되었습니다. 무엇을 하고 놀까 고민하다가 숨바꼭질하기로 했고 술래가 된 저는 공터 구석에 가서 눈을 감고는 동생이 완전히 숨기를 기다렸습니다. 약속했던 시간이 지나고 이제 동생을 찾으러 나선 저는 너무 허무하게도 순식간에 동생을 찾아내고 말았습니다. 어딘가 몸을 감출 만한 곳을 찾아 숨었으면 좋았으련만, 동생은 공터 한가운데 뒤돌아 엎드려서는 눈만 꼭 감고 있었기 때문입니다.

자기중심성egocentrism은 2세에서 6~7세의 아이들이 극복해야 할 중요한 발달 과제입니다. 여기서 말하는 자기중심성이란 이기적인 성향보다는 조망 수용 능력 perspective taking ability이 없는 상태, 즉 다른 사람이 자신과 똑같은 관점, 이해, 감정 등을 갖고 있다고 믿는 것을 말합니다. 자기중심성이 있는 아이는 오롯이 자신의 관점에서만 세상을 이해하고 받아들입니다. 자신이 보았다면 누구나 본 것이며 자신이 보지 못했다면 아무도 보지 못한 것입니다. 앞의 사례로 돌아가 보면, 동생 입장에서는 자신이 눈을 꼭 감아 아무것도 볼 수 없었던 것과 마찬가지로 저 역시 자신을 볼 수 없을 것이라 생각했을 테지요.

자기중심성을 보여 주는 고전적인 실험으로는 심리학자 장 피아제Jean Piajet의 세 개의 산 실험three mountain task이 있습니다. 먼저 실험자는 세 개의 산 모형을 준비합니다. 어떤 산에는 집도 있고, 또 어떤 산에는 십자가가 있고, 또 다른 산에는 눈이 내려 있어서 어느 쪽에서 바라보느냐에 따라 보이는 모습이 달랐지요. 세 산 모형을 아이에게 둘러보게 한 다음 실험자는 인형을 가져와서 아이의 옆이나 반대편에 앉힙니다. 그리고 세 산 모형을 여러 방향에서 찍은 사진 열 장을 아이에게 보여 주면서 인형이 보고 있는 것과 가장 비슷한 사진을 찾아 달라고 합니다.

피아제의 세 개의 산 실험 중 한 장면

이 실험을 7세 이상의 아이에게 진행하면 아이는 정확하게 정답을 맞힙니다. 즉 인형의 관점에서는 저 모형이 어떻게 보일지 생각한 다음 그에 맞춰 답을 고른 것입니다. 하지만 그보다 어려서 아직 자기중심성을 극복하지 못한 아이들은 열 장의 사진 중에서 자신이 보고 있는 것과 가장 비슷한 모습의 사진을 고릅니다. 자기가 본 것이 곧 인형이 본 것이라고 생각하기 때문입니다.

이러한 자기중심성은 자기중심적 언어로도 표현됩니다. 이 시기의 아이들을 관찰하면 중얼중얼 혼잣말하는 것을 종종 볼 수 있습니다. 피아제는 이 언어에 아직 사회적인 기능(다른 사람과의 의사소통)을 갖추지 못한 자기 표현적·설명적인 특징이 있다고 설명합니다. 반면 심리학자 레프 비고츠키Lev Semenovich Vygotsky는 자기중심적 언어에도 의사소통과 교류의 기능이 있다고 주장했습니다. 자기 자신과 대화(우리가 흔히 마음속으로 자신에게 말을 거는 것처럼요)를 하면서 자신을 제어하고, 자신과 협력하는 방법을 알아간다는 것이지요. 그런데 생각해보면 발달 과정에 따라 자연스럽게 조망 수용 능력을 갖추게 되더라도, 정작 그것을 활용하지 못하는 사람들도 더러 있는 것 같습니다. 모든 일을 자기 기준에서만 생각하고 다른 사람의 입장은 전혀 생각하지 않는 어른들 말이지요.

미신 실험

사람들이 미신을 믿는 이유는?

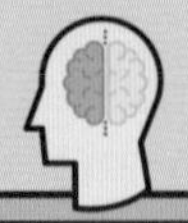

여러분이 알고 있는 미신에는 어떤 것들이 있나요? '문지방을 밟으면 복이 달아난다', '신발을 선물하면 연인이 도망간다', '숫자 4는 불길하다', '이름은 빨간색 펜으로 적으면 안된다' 등 미신의 예를 드는 것은 별로 어렵지 않습니다. 대중적으로 잘 알려진 것들 외에도 개인만이 갖고 있는 고유한 징크스까지 포함한다면 이러한 미신적 사고는 정말 셀 수 없이 다양할 겁니다.

그렇다면 미신은 어떻게 만들어지는 걸까요? 그리고 인간이 아닌 동물들도 미신을 갖고 있을까요? 이 질문에 답하기 위해 심리학자 스키너의 실험을 들여다보고자 합니다. 스키너는 대표적인 행동주의 심리학자로서 유기체에 가해지는 자극과 그 자극에 수반되는 반응을 중심으로 학습의 원리를 연구했습니다. 그가 연구한 것은 도구적 조건 형성으로, 강화와 처벌에 따라 새로운 행동이 어떻게 학습되고 또 소거될 수 있는지, 실험 조건들을 다양하게 바꾸면서 그 원리를 세세히 탐구했습니다. 이를 위해 '스키너 상자'를 만들었는데, 이 실험 기구는 스피커, 램프, 누르는 레버, 먹이가 나오는 통로 등으로 이루어져 있었죠(075. 〈스키너 상자〉 참고).

실험을 계속하던 어느 날, 스키너는 재미있는 실험을 생각해냈습니다. 상자 안에 있는 배고픈 비둘기에게 '아무 조건 없이' 무작위로 먹이를 준다면 비둘기가 어떻게 반응할지 궁금했던 것이죠. 실험을 진행하면서 그는 흥미로운 현상을 관찰하게 됩니다. 몇 번 먹이를 먹은 비둘기들이 매우 이상한 행동을 반복하기 시작했던 것입니다.

빙글빙글 제자리에서 도는 비둘기, 시계 반대 방향으로 도는 비둘기, 구석에 반복적으로 머리를 내미는 비둘기, 일정한 주기로 몸을 비트는 비둘기 등 제각기 다양하게 반응했습니다. 먹이를 주는 양식이 불분명했던 만큼 비둘기마다 자기 나름대로의 미신에 빠져버리고 말았던 것입니다. 만약 우연히 벽에 부리를 대고 있었는데 그 시점에 먹이가 나타났다면요? 아마 그 비둘기는 먹이를 먹고 싶을 때마다 벽에 부리를 댔을 겁니다.

"파란 양말을 신어야 경기에서 이길 수 있을 거야!"

한편 사회 심리학에서는 미신을 통제력 착각의 관점에서 설명하기도 합니다. 상황에 대한 통제력을 과대평가한 나머지, 사실은 우연히 결정되었거나 다른 원인이 있었음에도 자신의 노력과 결과를 연결하고 그 행위를 반복하는 현상입니다(징크스가 탄생하는 순간이죠).

일상에 퍼져 있는 대부분의 미신은 우연적인 행위와 우연적인 결과가 결합해 만들어진 것들입니다. 우연히 빨간색 펜으로 이름을 썼는데 하필 그날 사고를 당했다면? 처음 한 번은 무시할 수 있을지도 모르지만 두 번 세 번 반복된다면? 아니면 다른 사람도 비슷한 일을 겪었다고 한다면? 빨간색 펜으로 이름을 쓰면 안 좋은 일이 생긴다는 미신을 선뜻 무시하기 어려워질 겁니다. 급기야 '빨간색 펜으로 이름을 쓰지 않으면 불행한 일이 생기지 않을거야'라는 통제력 착각이 생기게 될지도 모르지요.

공 던지기 실험

다른 사람을 따돌리는 실험이 있다고?

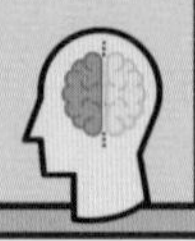

사회적 배척social exclusion은 다른 사람이나 집단에서 배제되는 것을 뜻하는 심리학 용어입니다. 이는 학교에서의 '왕따', '은따' 문제와 함께 매우 큰 관심을 받았던 연구 주제입니다. 사회적 동물인 인간에게 사회적 관계와 지지는 매우 중요합니다. 심리적 안정감을 줄 뿐만 아니라 각종 위협이 되는 사건에서 보호해 주고, 사건으로부터 받을 수 있는 충격을 완화해 줍니다. 반면 사회적 관계가 결핍되면 부정적 정서, 우울감, 자살 충동, 스트레스, 반사회적 행위 등이 증가하고 이로 인해 좋지 않은 결과가 발생할 위험이 있다는 연구 결과들이 있습니다.

사회적 배척 현상을 연구하려면 어떤 절차를 거쳐야 할까요? 심리학은 과학적인 연구와 검증을 지향하는 학문입니다. 비커, 플라스크, 삼각대, 현미경 등을 사용하지는 않지만, 사회심리학자들도 실험실 안에서 현상을 재현하고 변수를 체계적으로 통제하면서 연구 결과를 기록합니다.

그런데 사회적 배척을 연구하는 심리학자들은 고민에 빠질 수밖에 없었습니다. 실험 참여자들을 모집한 뒤 실험실에서 그들이 사회적 배척감을 느끼도록 인위적으로 유도해야 하는데 마땅한 방법을 찾기 어려웠던 것이죠. 배척감을 느끼도록 직접 실험자가 나서서 참여자를 무시하고 거절한다면 어떻게 될까요? 연구는 고사하고 참여자가 크게 화를 내며 실험실을 떠나버릴지도 모릅니다. 간신히 어떻게 해서 연구를 진행하더라도 해당 연구는 연구 윤리 위반 문제가 있을 수밖에 없습니다.

심리학자들은 사회적 배척을 연구하기 위해 묘안을 냅니다. 사회적 배척감을 교묘한 방식으로 적당한 수준만큼만 유도하는 것이었는데요. 실험이 끝나면 참여자들이 실험실에서 느꼈던 배척감을 쉽게 잊어버릴 수 있도록 말입니다. 심리학자들이 생각해낸 실험 도구는 바로 컴퓨터 속에 구현한 '사이버볼 게임cyberball game'이었습니다.

인간에게 사회적 관계와 지지는 매우 중요하다.

실험실에 세 대의 컴퓨터가 있습니다. 컴퓨터 사이에는 칸막이가 있어서 각 컴퓨터 앞에 누가 앉아 있는지는 알 수 없습니다. 실험자는 참여자에게 이 실험은 세 명이 함께 참여하며, 컴퓨터 화면에서 서로 공을 주고받으면 된다고 말합니다. 사실 세 명 중 두 명은 실제 존재하지 않는 참여자입니다. 즉 두 명은 사전에 행동 방식이 프로그래밍된 가상의 참여자입니다. 이 사실은 실험이 진행되는 동안에는 진짜 참여자에게 알리지 않습니다. 통제 조건에 할당된 참여자는 두 명의 가상 참여자들과 같은 횟수로 공을 주고받게 됩니다. 하지만 사회적 배척 조건에 할당된 참여자는 현저히 적은 횟수로 공을 주고받습니다. 어쩌다 한두 번 자신에게 공이 돌아올 뿐 대부분은 다른 두 명이 서로 공을 주고받는 것을 지켜만 보아야 하죠.

사이버볼 게임이 끝난 후 참여자들은 다른 두 명으로부터 소외감과 배척받는 기분을 느꼈다고 응답했습니다. 연구자들의 바람대로 사회적 배척이 실험실 안에서 훌륭히 재현된 것이죠. 물론 잠시라도 상처가 되었다는 점에서 참여자 입장에서는 실험 과정이 그다지 유쾌하지 않을 수 있습니다. 그래서 실험자는 실험이 끝난 후, 실험의 목적, 원리 등을 상세히 설명해야 하며, 참여자가 실험이 끝났음에도 지속되는 기분 저하, 불쾌감 등 부작용을 호소할 경우 적극적으로 이를 조치해야 할 의무를 갖습니다.

사회적 촉진 실험

왜 어떤 관심은 독이 되고,
어떤 관심은 약이 될까?

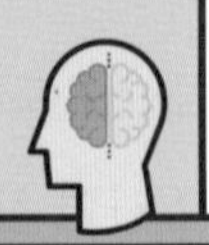

여러분이 만약 공부든 게임이든 스포츠든 아니면 그 무엇이든 어떤 활동에 열중하고 있다고 가정해 보겠습니다. 이때 누군가가 여러분 옆에 왔습니다. 그는 여러분에게 말을 걸지 않습니다. 특별히 눈에 띌 만한 행동을 하는 것도 아닙니다. 여러분이 하는 활동을 슬쩍 구경하기도 하다가 다른 곳을 바라보기도 합니다. 여러분은 어떨 것 같나요? 하던 일을 더 잘하게 될까요, 아니면 방해받는 기분이 들까요?

분명한 것은 다른 사람의 존재가 나의 행동에 어떠한 영향을 미친다는 점입니다. 심리학자 노먼 트리플렛Norman Triplett은 실험을 통해 혼자 작업하는 것보다는 다른 사람이 옆에 있을 때 작업 속도가 더 빨라지는 것을 발견했습니다. 바로 사회적 촉진social facilitation이라는 현상입니다. 이후 다른 심리학자들은 후속 연구를 통해 사회적 촉진이 여러 상황에서 나타날 수 있다는 것을 증명했습니다. 심지어 다른 누군가가 옆에 없어도 단지 누군가 나를 보고 있다는 사실을 인지하는 것만으로도, 더 나아가 실제로는 아무도 안 보고 있지만 스스로 '누군가 나를 보고 있다'라고 암시만 해도 촉진 효과가 나타난다는 사실이 밝혀졌습니다. 인간이 다른 사람의 존재에 본질적으로 얼마나 민감한가를 잘 나타내는 예입니다.

그런데 사회적 촉진은 반대 방향으로도 나타날 수 있습니다. 혼자 할 때보다 다른 사람이 곁에 있을 때 오히려 수행이 저하되는 현상도 관찰되었던 것입니다. 심리학자들은 이 문제 때문에 고민에 빠졌습니다. '누군가 옆에 있다'라는 조건은 같은

데, 왜 어떤 상황에서는 수행 능력이 향상되며 다른 상황에서는 수행 능력이 나빠졌던 것인지 알 수 없었기 때문입니다. 심리학자 로버트 자이언스Robert B. Zajonc는 이 모순을 해결할 수 있는 열쇠를 제시했습니다.

사회적 동물인 인간에게 사회적 관계와 지지는 매우 중요하다.

그에 따르면 다른 사람의 존재(지각)는 사람을 생리적으로 각성시킵니다. 살짝 흥분하거나 불안하거나 들뜨거나 긴장하는 느낌이지요. 그렇게 각성되고 나면 상대적으로 우세한 반응이 나타날 가능성이 높아집니다. 즉 평소 가장 잘 학습되어 있던 반응이나 본능적인 반응이 나타나기 쉽다는 것입니다. 결국 '수행 능력'에 따라 사회적 촉진의 방향이 달라진다는 것이 자이언스의 생각이었습니다. 평소 그 일에 익숙했던 사람은 '일을 잘하는 것'이 우세 반응이므로 수행 능력이 향상될 가능성이 높습니다. 반대로 그 일에 서툴렀던 사람은 '일을 못하는 것'이 우세 반응이므로 수행 능력이 저하될 가능성이 높다는 것이었죠.

그 이후 연구자들은 사회적 촉진에 관여하는 또 다른 요인들을 밝혀내기도 했습니다. 대표적인 것이 바로 평가에 대한 기대 심리입니다. '상대가 나를 어떻게 평가할까', '좋은(나쁜) 평가를 받을까 기대(염려)돼' 같은 평가에 대한 생각이 사회적 촉진 효과를 만들기도 합니다. 자신 있는 일이고 그만큼 좋은 평가를 받을 것 같다면 왠지 신이 나서 더 열심히 하게 되는 경우가 있습니다. 반대로 해본 경험이 적고 좋지 않은 평가를 받을 것으로 예상된다면 다른 사람의 시선 때문에 더 위축되어 평소보다 더 못하게 되는 경우도 있는 것이지요.

알아 두면
쓸모 있는
1분지식

043

애착 실험

나는 어떤 애착 유형의 사람일까?

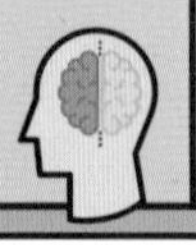

여러분이 평소 신뢰하는 사람은 누구인가요? 가족, 친구, 동료 등 가까운 사람부터 떠올릴 것 같습니다. 사람이 사람을 믿는 것은 무척 중요한 일입니다. 기본적인 믿음이 있어야 관계를 맺고 각자의 고민거리를 털어놓을 수도 있고, 서로 의지하며 버팀목이 되어 줄 수 있죠. 태어난 지 얼마 안 된 아기들이 직면하는 중요한 발달 과업 또한 바로 신뢰에 관한 것입니다. 사람을 잘 믿는 방법을 터득해야 건강한 어른으로 성장할 수 있죠. 그래서 심리학에서는 애착에 대한 연구가 활발히 이루어졌습니다.

세상에 태어난 아기는 대부분 부모와의 애착 형성이 가장 먼저 시작됩니다. 그리고 부모와 어떻게 애착을 형성했는지에 따라 여러 유형으로 나뉘고, 이때의 애착이 청소년기, 나아가 성인기에 경험하는 여러 대인 관계의 밑바탕이 됩니다. 그래서 애착 연구는 무척 광범위하게 이루어집니다. 잘 알려진 것은 영유아기 애착 형성이지만 청소년기 애착, 성인기 애착 역시 별도의 연구 주제로 다뤄지고 있지요.

그렇다면 애착의 유형은 어떻게 구분할까요? 심리학자 메리 에인스워스는 아기들의 애착을 연구하기 위해 낯선 상황 절차를 고안해 냈습니다. 앞의 009. 〈애착〉 항목에서도 살펴보았지만, 낯선 상황 절차는 이렇게 진행됩니다. 먼저 장난감이 있는 놀이방에 엄마와 아기를 초대합니다. 아기가 한창 엄마와 즐거운 시간을 보내고 있습니다. 그런데 방문이 열리더니 낯선 사람이 들어옵니다. 잠시 낯선 사람과 이런 저런 이야기를 나누던 엄마가 아기를 두고 방을 나가 버립니다. 그래서 방 안에는 낯선 사람과 아기만 남게 됩니다. 시간이 어느 정도 지난 후 낯선 사람이 나가고 엄마가 다시 방으로 돌아옵니다. 에인스워스는 이때 아기가 엄마에게 보여 주는 반응을 유심히 관찰했고 여러 연구 결과를 종합해서 네 개의 유형으로 정리했습니다.

에인스워스의 유아 애착 실험 중 한 장면

첫째, 안정형 애착입니다. 이 유형의 아기는 처음 엄마와 함께 있을 때 가장 적극적으로 방을 탐색하고 놉니다. 에인스워스는 이를 '전진 기지'라는 개념으로 설명합니다. 언제든 자신을 안아 줄 수 있는 엄마가 곁에 있으니, 아기는 용기 있게 세상을 탐구합니다. 낯선 사람이 들어와도 크게 거부하는 반응을 보이지 않습니다. 엄마가 나갔을 때는 잠시 혼란스러워하지만, 다시 엄마가 돌아와서 달래면 이내 평소의 안정적인 상태로 돌아가서 잘 놉니다.

둘째, 불안정-저항(양가) 애착입니다. 이 유형의 아기들은 기본적으로 엄마에게서 잘 떨어지려 하지 않습니다. 낯선 사람을 경계하며, 엄마와 떨어지면 매우 불안해하고 울기도 합니다. 그리고 엄마가 돌아오면 일종의 '항의 반응'을 보이는 경향이 있습니다. 접촉에 저항하거나 화를 내거나 떼를 쓰죠.

셋째, 불안정-회피 애착입니다. 이 유형은 엄마를 회피하거나 무시하는 특징을 보입니다. 탐색 활동도 적은 편이고 낯선 존재에도 별다른 반응을 보이지 않죠.

넷째, 불안정-혼란 애착입니다. 이 유형의 아기들은 낯선 사람이 나타나고 엄마와 분리된 상황에 몹시 불안해합니다. 하지만 엄마가 다시 돌아왔을 때, 화를 내지도 못하고 그렇다고 마음 편히 기대지도 못하고 갈팡질팡하는 모습을 보입니다. 엄마를 믿을 수 있을지 확신이 잘 들지 않기 때문일 테지요.

휴리스틱 실험

사람들은 왜 어림짐작으로
대강 넘어가려 할까?

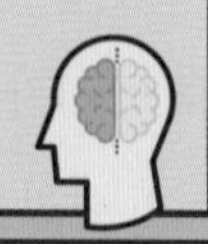

"여기까지 오는 데 얼마나 걸렸어?" "음, 대략 30분?" 여러분도 아마 이와 같이 시간을 대략적으로 계산해 본 적이 있을 겁니다. 그런데 재미있는 것은 대략적인 시간을 언급할 때 대부분 1시간, 10분 단위, 조금 더 나아가면 5분 단위로 언급하며, 1분 단위로 언급하는 경우는 정말 드물다는 사실입니다. 시간이 얼마나 걸릴 것 같냐는 질문에 여러 변수를 대입하고 계산해서, "추정컨대 37분?"이라고 답하는 경우는 정말 드물죠. 이는 휴리스틱heuristic의 대표적인 사례인데요. 휴리스틱은 '어림짐작' 정도로 번역할 수 있습니다.

심리학자들은 인간이 사용하는 휴리스틱에도 여러 가지가 있다는 것을 발견했습니다. 먼저 기준점 휴리스틱anchoring heuristic('닻 내리기' 휴리스틱)이 있습니다. 정보의 제시와 수용 순서에 따라 최종적인 판단이 달라지는 것을 말하는데요. 이와 관련된 바버라 트버스키Babera Tversky와 대니얼 카너먼Daniel Kahneman의 유명한 실험이 있습니다. 두 집단의 참여자들에게 곱셈을 암산해 보라는 과제가 주어졌습니다. A 집단에는 '1×2×3×4×5×6×7×8'의 답을, B 집단에는 '8×7×6×5×4×3×2×1'의 답을 맞춰 보라고 합니다. 숫자의 순서가 다를 뿐 사실 같은 과제였는데요. 놀랍게도 두 집단의 답은 달랐습니다. A 집단의 응답 평균은 512였고, B 집단의 응답 평균은 2250이었습니다. 가장 처음 제시된 숫자가 기준점 역할을 했다는 의미가 되겠지요.

다음으로 가용성 휴리스틱availability heuristic은 기억에서 쉽게 떠올릴 수 있는 정보가 의사 결정에 더 큰 영향을 미치는 현상을 말합니다. 특히 비행기 사고 직후에 나타나는 위험성 판단이 대표적인 예로 잘 알려져 있습니다. 비행기 사고 소식을 접한 사람들은 만약 어딘가를 가야 한다면 비행기보다는 자동차를 타겠다고 말하죠. 하지만 실제로는 비행기 사고 확률보다 자동차 사고 확률이 더 높으니 비행기를 선택하는 것이 이득임에도 말이지요.

휴리스틱은 정확하지는 않아도 꽤 효율적이다.

세 번째로 대표성 휴리스틱representativeness heuristic은 전형적인 사례, 이미지 등으로 판단하는 현상을 의미합니다. 편견이나 고정 관념이 대표적인 예인데요. 가령 흰 가운을 입고 안경을 쓰고 있다면 그 사람의 직업을 '의사'라고 추론한다거나, 같은 사람이라도 후줄근하게 옷을 입었을 때보다 정장을 입고 안경을 썼을 때 전문직에 종사하고 있을 가능성을 더 높게 지각하는 것 등입니다.

휴리스틱은 비합리적인 의사 결정입니다. 정확하게 판단하고 의사 결정을 하려면 여러 가지 변수들을 모두 고려해야 하는 것은 물론 수학적 계산과 통계적 자료로 뒷받침해야 할 수 있습니다. 하지만 우리의 '어림짐작'에는 그런 것이 없죠. 그럼에도 인간은 왜 휴리스틱을 놓지 못할까요?

먼저 인지적 구두쇠라는 인간의 특징을 그 이유로 들 수 있습니다. 주의력, 집중력, 기억력, 계산력 등 인간이 정보를 처리하기 위해 동원할 수 있는 인지 자원의 양은 제한적입니다. 살다 보면 생각하고 판단해야 할 일들이 너무나도 많은데, 일일이 머리를 쓰다가는 금세 자원이 바닥나고 말 겁니다. 둘째, 휴리스틱은 비록 매우 정확하지는 않지만, 그래도 효율적이고 꽤 높은 비율로 잘 들어맞습니다. 우리가 숙련가의 노하우, 안목, 통찰력, 경험 등을 쉽게 무시할 수 없는 이유입니다.

최후 통첩 게임

공정성을 추구하는 것은 인간의 본능일까?

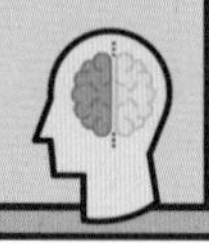

실험 참여자 A와 B에게 서로 나눠 가질 수 있는 얼마간의 돈을 줍니다. 두 명 중 A가 돈을 어떻게 나눌지 B에게 비율을 제시합니다. 공평하게 5:5로 나눌 수도 있고, 자신에게 유리하게 8:2, 7:3 등으로 나눌 수도 있습니다. 극단적으로는 9:1로 나누는 것도 가능하지요. 물론 반대로 B가 더 많이 가져가도록 이타적으로 비율을 설정해도 됩니다. A가 이렇게 비율을 제안하면 다음으로 B는 이 제안을 수락할지 거절할지 결정해야 합니다. 제안한 비율을 타협할 수는 없습니다. 중요한 것은 B가 수락한다면 A가 제안한 대로 두 사람이 돈을 나눠 가질 수 있지만 만약 거절한다면 두 사람 모두 한 푼도 가져갈 수 없다는 사실입니다. 규칙을 모두 들은 A와 B가 이제 본격적인 게임을 시작합니다. 돈을 더 많이 가져가고 싶었던 A는 잠시 생각하더니 8:2의 비율을 B에게 제안했습니다. 이때 B는 어떤 결정을 내렸을까요?

'합리적인' 관점에서 생각하자면 B는 A의 제안을 수용하는 것이 이익입니다. 비록 적은 액수이기는 해도 어쨌든 자신의 몫이 생기니까요. A가 9.999:0.001의 비율을 제시했어도 B의 입장에서는 0.001이라도 가져가는 것이 낫습니다. 하지만 막상 사람들을 대상으로 이 최후통첩 게임ultimatum game을 해 보면 대부분의 B가 A의 '불공정한 제안'을 거절합니다. 비록 자신도 가져갈 것은 없지만 그러는 한이 있더라도 A 역시 가져가지 못하게 하겠다는 것이죠. 이 제안은 너무나도 불공정하니까요!

최후통첩 게임은 인간 심리에 관해 매우 흥미로운 점을 시사합니다. 물질적 이익

공정성은 동기부여의 원천이 되기도 한다.

보다는 공정함fairness의 가치가 우선할 수 있다는 것인데, 이쯤 되면 '합리성'은 과연 어떤 것일지 다시 생각해 보게 됩니다. 돈이 합리적일까, 아니면 사회 정의(공정함)를 추구하는 것이 합리적일까? 공정함을 추구하는 선택을 '비합리적'이라고 단정할 수 있을까? 연구자들은 최후통첩 게임의 결과가 매우 보편적이라는 점을 입증해 보였습니다. 여러 나라에서 비슷한 실험을 진행했는데, 불공정한 제안에는 거절하는 경향성이 뚜렷이 나타났기 때문입니다.

일찍이 심리학자들은 공정성의 개념에 주목했습니다. 예를 들어 심리학자 존 애덤스John Adams와 조지 호만스George Homans는 형평 이론equity theory을 통해 보상과 투입의 비율, 자기와 다른 사람을 비교할 때 어떤 상황에서 (불)공정성 지각이 일어나는지 체계화하기 위해 연구를 진행했습니다. 투입한 시간이나 노력 등과 대비해서 보상의 비중이 상대의 것보다 좋지 않을 때 불공정성을 지각하게 됩니다. 또한 심리학자들은 공정성을 동기의 관점에서도 연구합니다. 공정성을 확보하기 위해 직접 노력하기도 하고, 공정하다고 인식할 때 비로소 학업이나 과제 등을 더 열심히 수행한다는 것이지요. '나도 열심히 노력하면 좋은 대학에 가고 좋은 직장도 얻고 좋은 집에서 잘 살 수 있을 거야!'라고 말입니다. 기회, 절차 등이 공정하지 않으면(적어도 공정하다는 믿음이 없으면) 꿈꾸기 어려운 미래지요. 물론 열심히 노력할 필요도 없어질 것입니다.

내 이야기 같기도 하고 아닌 것 같기도 한 이 오묘함은 무엇일까?

_심리 테스트가 재미있는 이유

여러분은 심리 테스트를 좋아하나요? '좋아하는 색깔로 알아보는 당신의 심리', '가장 좋아하는 동물을 고르면 당신의 성격을 알아맞히겠습니다', '제시된 도형 중에서 A를 선택한 당신! ○○○한 성격을 가진 사람입니다' 등은 인터넷 심리 테스트에서 쉽게 접할 수 있는 내용들입니다. 과학적 근거가 없는 허황된 것을 알면서도 이런 심리 테스트를 사람들이 즐겨 하는 이유는 무엇일까요?

B군과 C양은 커플입니다. C양은 인터넷을 하다가 문득 '습관으로 알아보는 커플 궁합 심리 테스트'를 발견하고는 B군에게 같이해 보자고 조릅니다. 심리 테스트에 평소 별다른 관심이 없던 B군은 마지못해 심리 테스트를 해 보기로 합니다. '그냥 재미로 하는 거지 뭐. 설마 내 심리를 어떻게 알겠어. 어차피 다 장난이지'라며 시큰둥한 마음으로 심리 테스트를 마친 B군은 생각지도 못한 결과에 내심 놀랍니다. 테스트 결과 B군의 심리 상태는 다음과 같았습니다. '당신은 상대방을 사랑하지만 가끔은 밉다고 느끼기도 합니다. 당신은 상대방이 자신을 좋아하기를 바라며 존중받고 싶어 합니다. 상대방과 싸운 뒤 당신은 자기 자신에게 비판적인 경향을 보입니다. 당신은 상대방에게 잘해 주려 노력하지만 그 내면에는 자신도 그런 대접을 받고 싶다고 생각할 때가 있습니다.' 상당수의 내용이 마치 C양을 대하는 자신의 모습과 같아

보였습니다.

B군과 같은 사례를 심리학에서는 바넘 효과Barnum effect라고 합니다. 사실은 누구에게나 적용할 수 있는 일반적인 성격과 특성을 묘사한 내용임에도 마치 자기에게만 적용되는 것인 양 착각하는 현상을 가리키는 말입니다. 미래를 맞출 수 있다는 점쟁이의 예언이 대표적인 사례입니다. 말은 거창하고 장황하지만 결국 'D일 수도 있고 E일 수도 있다'는 식으로 모호하게 설명합니다. 만약 고객이 D든 E든 선택한다면 이렇게 한마디 덧붙이면 됩니다. "거봐, 내가 뭐랬어."

심리 테스트와 예언 등은 바넘 효과의 대표 사례다.

다시 심리 테스트로 돌아와서 심리 테스트의 분위기나 맥락 역시 바넘 효과를 형성하는 데 기여합니다. 의미심장한 도형, 색깔, 상징 등을 등장시켜 이용자의 암시를 유도하거나, 실제 심리 검사와 유사하게 문항과 답변 형식을 구성하는 등 '이 검사는 뭔가 체계적이다', '그럴듯한 계산 방법이 있다'는 식의 기대 심리를 유발하고 결과적으로 테스트 결과를 더욱 사실인 양 믿게 만들죠.

하지만 인터넷에서 쉽게 접할 수 있는 심리 테스트는 실제 심리 검사에 비해 문항도 적고 구성도 매우 단순합니다. 그렇다 보니 그런 제한적 상황에서 설득력이 있으려면 결국 가급적 많은 사람의 동의할 수 있을 만큼 모호하게 설명할 수밖에 없지요. 심리 테스트는 매우 빠른 시간 안에 단 몇 개의 문항만으로 재미있는 그림과 이야기를 등장시켜 '내 이야기 같은 설명'을 들려 주면서 재미를 유발하는 데 목적을 둡니다.

심리학을 배우면 사람의 마음을 읽을 수 있을까?

_심리학에 대한 오해와 진실

심리학을 전공한다고 말하면 사람들은 "오, 심리학과에서 공부한다고? 지금 내가 무슨 생각하는지 맞힐 수 있어?", "심리학을 배우면 독심술을 쓸 수 있게 되나요?" 등의 질문을 합니다. 사실 고백하자면 심리학을 공부하기 전 저도 이와 같은 막연한 기대를 갖고 있었습니다. 심리학에 대해 너무 무지했던 나머지 무속, 점, 타로점과 비슷할 텐데 정식으로 학문이라고 할 수 있는 분야인가 싶기도 했죠.

하지만 심리학을 제대로 배우면 깨닫게 되죠. 심리학은 과학적 성격이 매우 뚜렷하며, 많은 사람을 통계적으로 검증하는 학문이라는 것을요. 『심리학 개론』만 살짝 들춰 봐도 갖가지 이론과 수식들이 등장하고 뇌 구조와 생물책에서 보던 개념들이 등장합니다. 따라서 독심술 같은 초능력은 현대 심리학과 매우 거리가 멉니다. 참고로 '심리학과 독심술이 같은 것'이라는 오해는 의외로 꽤 역사가 깁니다. 19세기 프로이트가 활동하던 당시에도 '오컬트 심리학', '초심리학'이라고 해서 오컬트, 초능력, 독심술 등을 진지하게 연구하려는 사람들도 있었거든요.

독심술만큼은 아니어도 심리학을 배우면 사람의 마음을 이해하는 데 많은 도움이 된다는 점은 다행스럽습니다. 특히 임상 심리학, 상담 심리학 등 일대일 면담에 특화된 응용 심리학을 전공하면 깊은 대화와 전문적인 도구를 활용해서 사람을 더 깊이 이해하고 통찰할 수 있죠. 사회 심리학, 산업 심리학, 조직 심리학 등을 공부하며 집단행동을 왜 하게 되는지 이해하고 사회적 정체감 등 집단 현상의 원인이 되는 심리적 특징들에 대해서도 알아갈 수 있습니다.

심리학은 독심술이 아니다.

무엇보다 심리학을 전공하면 사람을 바라보는 '관점'을 얻을 수 있습니다. 예를 들어 F가 E에게 큰소리로 화를 냈다고 가정해 봅시다. 대부분의 사람은 F의 행동을 비판하기 바쁩니다. 성격이 나쁘다는 둥, 그렇게 하지 말았어야 한다는 둥 F를 평가하는 데 주저함이 없죠. 하지만 심리학자들은 한 걸음 물러서서 F의 행동과 심리 그리고 그를 둘러싼 시간적, 공간적 배경을 면밀히 살피려 할 겁니다. 그러고 나서 다음과 같이 생각하죠. '그렇게 행동할 수밖에 없었던 이유가 있지 않을까?'

심리학은 독심술이 아닙니다. 실험과 논리로 이야기하는 과학적 학문이죠. 하지만 인간의 심리를 연구하는 학문인 만큼 수많은 행동 이면에 감춰진 심리적 메커니즘을 이해하는 데 도움이 될 수 있습니다. 그렇다 해도 심리학이 만능인 것은 아닙니다. 한 개인에 대한 훌륭한 통찰로 이어지려면 무엇보다 그를 바라보는 우리의 경험도 중요합니다. 사람들을 많이 만나고 많은 일을 경험하고 분석해 본 사람만이 내가 아닌 다른 누군가를 더 잘 이해할 수 있는 법이죠.

4장

개인 특성

- ☑ 나르시시즘
- ☐ 사이코패스
- ☐ 마키아벨리즘
- ☐ 완벽주의
- ☐ 권위주의
- ☐ 외향성
- ☐ 거부민감성
- ☐ 자기 고양
- ☐ 물질주의
- ☐ 창의성
- ☐ 자기 자비

1day

1Word

나르시시즘

나르시시스트의 성격 특성은?

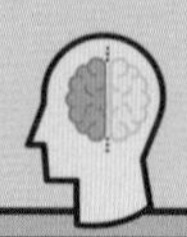

고대 그리스 신화에는 나르키소스Narcissos와 수선화에 얽힌 이야기가 있습니다. 저주에 걸린 나르키소스가 호수에 비친 자신의 모습을 보고는 그만 사랑에 빠져 버렸습니다. 하지만 이뤄질 수 없는 사랑이기에 나르키소스는 그저 애처롭게 물속 자신을 그리워하다가 결국 그 자리에서 물에 빠져 죽고 말았지요. 그리고 시간이 지난 후 나르키소스가 있던 자리에는 수선화가 피어났다고 합니다. 나르키소스의 이 이야기는 오늘날 자기애를 의미하는 나르시시즘narcissism의 유래가 되었습니다.

심리학자들은 나르시시즘을 일종의 정신 질환으로 간주합니다. 극단적인 오만함, 자기비판에 대한 공격적인 반응, 자신의 우월성에 대한 과도한 집착 등은 자기애성 성격 장애narcissistic personality disorder에 해당하는 사람들이 보이는 주요 특징입니다. 그런데 심리학자들은 후속 연구를 통해 나르시시즘에는 사실 두 개의 얼굴이 있다는 점을 밝혀냈습니다. 어떤 사람들은 겉으로 보기에 매우 자신만만하고 주변 사람들에게 당당했지만, 다른 사람들은 오히려 극도로 주변 사람들을 회피하고 조심스러워하며 조용히 혼자 있으려 하는 모습을 보였기 때문입니다.

너무나도 달라 보이는 두 부류의 사람들을 어떻게 모두 나르시시스트narcissist로 분류할 수 있는 걸까요? 그 이유는 자기 자신을 보호하려는 목적은 같아도 그것을 실행하는 전략이 서로 다르기 때문입니다. 전자는 '외현적 자기애' 성향자로, 과시적인 모습을 내세워 내면의 (취약한) 자아를 보호하려 합니다. 후자는 '내현적 자기애' 성향

자기 자신과 사랑에 빠진 나르키소스

자로, 자아가 위협받는 상황 자체를 최대한 회피함으로써 자아를 보호합니다.

한편 나르시시즘을 과연 정신 질환으로만 다를 수 있는가에 대한 심리학자들의 논의가 활발하게 이뤄졌습니다. 나르시시스트들이 보이는 특성들이 사실 성격 장애가 있는 것으로 분류된 사람들에게만 나타나는 것이 아니며, 정도의 차이가 있을 뿐 '정상' 범주에 있는 평범한 사람들에게서도 꽤나 빈번하게 관찰되기 때문이었습니다. 그렇게 나르시시즘은 임상적clinical 차원과 준임상적subclinical 차원으로 다시 나뉩니다. 전자는 성격 장애의 일종으로 정신 의학자나 임상 연구가의 연구 주제로, 후자는 성격의 일종으로 성격 심리학자들의 연구 주제로 각각 자리 잡았습니다.

성격으로서의 나르시시즘에는 여러 하위 차원이 있습니다. 즉 나르시시즘이 하나의 단일한 특성이라기보다는 여러 가지 세부 속성들이 모인 복합적인 심리 현상이라는 뜻입니다. 나르시시즘과 관련된 속성이 몇 가지인지는 여러 학자들 사이에서 의견이 분분합니다. 하지만 대체로 리더십과 권위(지도자, 권위 있는 사람이 되고 싶음), 웅대한 과시(다른 사람들에게 주목받으며 우월감을 느끼고 싶음), 특권 의식과 착취(다른 사람을 내 뜻대로 조종하며 대접을 받고 싶음)의 세 가지 속성에는 이견이 없는 편입니다.

사이코패스

사이코패스도 감정을 느낄 수 있다는데 정말일까?

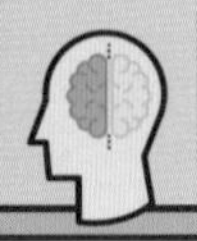

사이코패스는 반사회적 인격 장애의 일종으로, 다른 사람에 대한 공감 능력이나 감정의 지각, 조절 능력이 결핍된 이들을 가리키는 표현입니다. 특히 우리나라에서는 사회적으로 크게 주목을 받은 잔혹한 범죄자들의 특성을 설명하면서 대중적으로 알려진 개념입니다. 다만 사이코패스라는 표현 자체가 워낙 유명해져서인지 엄밀하게 학술적으로 정의된 용어가 아님에도 반사회적 인격 장애 등과 혼용되거나, 개념의 원래 의미와는 다소 다른 내용들이 사이코패스의 특징인 것처럼 소개되기도 하는 여러모로 많이 오해하고 있는 개념이기도 합니다.

사이코패스의 중요한 특징은 감정을 이해하고 다루는 데 비교적 서툴다는 점입니다. 그래서 다 같이 웃고 즐기는 파티에서 혼자 슬픈 표정으로 있거나, 반대로 모두가 슬퍼하는 장례식장에서 혼자만 웃는 등 상황에 맞지 않는 감정을 표현하는 것으로 알려져 있습니다. 그리고 감정 조절에도 어려움을 겪기 때문에 작은 비난이나 공격에도 매우 크게 짜증을 내거나 화를 냅니다. 정도가 심해지면 규칙을 위반하거나 충동적으로 공격성을 드러내기도 하죠.

사이코패스는 감정을 전혀 느끼지 못한다고 오해합니다. 하지만 완전히 감정이 결여된 것은 일부에만 해당할 뿐 상당수는 감정 경험의 밀도가 낮은 것으로 이해해야 합니다. 다만 감정을 느끼는 계기가 일반적인 사람들과 다르다 보니(일반적인 사람들이 즐겁다고 느끼는 활동에서 즐거움을 느끼는 것이 아니라, 즐거움을 얻는 자신만의 독특한 방법이 있다고나

공감 능력이 결여된 사이코패스

할까요), 자칫 그들에게는 감정이 '없다'고 오해하게 되는 것 같습니다.

심리학자들은 공감이나 감정을 인지적 차원과 정서적 차원으로 구분합니다. 즉 '이론적으로' 이해하는 것과 정서적으로 경험하는 것은 별개라는 것인데요. 그에 따라 사이코패스의 특징을 보다 세분해서 살펴보면, 그들은 인지적 차원보다는 정서적 차원이 결핍된 것으로 이해할 수 있습니다. 사이코패스라 하더라도 충분히 학습하고 경험한다면 공감하고 감정을 느끼며 표현할 수 있습니다. 상황에 따라 어떤 감정을 어떻게 표현해야 하는지, 다른 사람의 감정에 공감하고 있다는 신호를 어떻게 표현해야 하는지 등을 꾸준히 익히고 이를 일상에 적용할 수 있죠. 그래서인지 실제로는 '사이코패스는 곧 (잠재적) 범죄자'라는 오해와는 달리, 범죄를 저지르지 않고 사회에 잘 적응해서 살아가는 이들이 더 많은 것도 사실입니다. 사이코패스 성향을 가졌다 해도 범죄를 저지르면 감옥에 가는 등 자유나 기회를 박탈당할 수 있고 자신에게 불이익이 주어진다는 사실을 인지하니까요.

물론 정서적 차원에서 잘 경험하지 못하다 보니 주변인의 입장에서는 위화감이 들 수 있습니다. 따라서 사이코패스 성향이 있는 사람들은 연애 기간도 비교적 짧으며, 주변 사람들과 지속적으로 깊은 관계를 맺기 어렵다는 연구 결과들도 있습니다.

마키아벨리즘

마키아벨리의 이름을 딴 성격이 있다고?

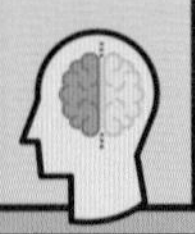

어렸을 때 저는 만화를 좋아했습니다. 특히 주인공과 친구들이 서로 힘을 합쳐 적을 무찌르는 내용의 만화들을 좋아했는데, 그때 적들이 주인공 무리에게 했던 말들이 기억납니다. "어쭙잖은 동정 따윈 사치에 불과해!", "감정적인 사람은 연약해", "냉철하고 비정해지지 않으면 살아남을 수 없어" 등의 대사였는데요. 이에 주인공 무리는 "모두가 함께 울고 웃으며 강해지는 거야!", "사랑은 위대한 거야" 등으로 응수했던 기억이 납니다. 그러고 나서 예상대로 주인공 무리가 결국 악당들을 물리치고 세상에 평화를 가져오더군요.

악당의 전형적인 모습은 어디에서 유래한 걸까요? 냉정하고 비열하고 목적을 위해서라면 수단을 가리지 않는 특성들 말이죠. 심리학에서는 이러한 악당의 특성과 비슷한 성격 개념이 있습니다. 바로 마키아벨리적 성격이라고 합니다. 짐작하시겠지만 르네상스 시대 이탈리아 피렌체 공화국의 정치가였던 니콜로 마키아벨리Nicoló Machiavelli에게서 유래한 표현입니다. 마키아벨리는 그 유명한 『군주론』에서 군주로서 갖춰야 할 덕목을 제시하고 현실적인 정치란 무엇인지에 관해 역설했죠. 살짝 오해가 있기는 하지만 '목적 달성을 위해서는 수단과 방법을 가리지 않아야 한다', '결과가 수단을 정당화한다' 등의 내용으로 대중에게 잘 알려져 있습니다.

마키아벨리적 성격에는 어떤 특징이 있을까요? 일단 마키아벨리적 성격은 반사회적 성격, 나르시시즘과 함께 '어둠의 삼원dark triad'으로 불립니다. 세 성격 간에는 공감의 결여, 냉정한 태도, 겉과 속이 다른 모습 등의 공통점이 있습니다. 마키아벨리적 성격의 사람들을 '마하인Machs'이라고도 합니다(참고로 마키아벨리적 성격을 측정하는 검사의 명칭도 'Mach-IV'입니다). 이들은 높은 성취 동기, 다른 사람을 속이고 조종하기, 평판 중시, 냉소적인 시각, 계획적 행동, 비도덕성 등의 특징을 보입니다. 다시 말하면 마하인들은 철저히 냉소적이며, 목적을 달성하기 위해 치밀하게 계획을 세웁니다. 또한 필요하다면 서슴없이 다른 사람을 속이거나 조종하기도 합니다. 더 나은 평판을 얻기 위해서라면 얼마든지 동맹을 재구축합니다. 즉 어제의 적이었다 해도 오늘은 기꺼이 동료가 되려는 면모도 있죠.

16세기 피렌체 공화국의 정치가 마키아벨리

마키아벨리적 성격은 은밀하며 전략적이라는 점에서 나르시시즘이나 반사회적 성격과 구분됩니다. 나르시시스트나 사이코패스는 자기가 위협받을 때 즉각적으로 분노와 짜증, 공격성 등을 드러내지만 마하인들은 자신이 받은 위협(치욕)을 잊지 않고 기억해 둡니다. 그리고 치밀하게 작전을 세워 상대방에게 보복하죠. 마하인들은 섣불리 행동하지 않습니다. 함부로 다른 사람을 무례하게 대하거나 날을 세우면, 자신의 평판이 나빠지며 이는 목적을 달성하는 데 방해가 될 수 있다는 계산이 서 있을 테니까요.

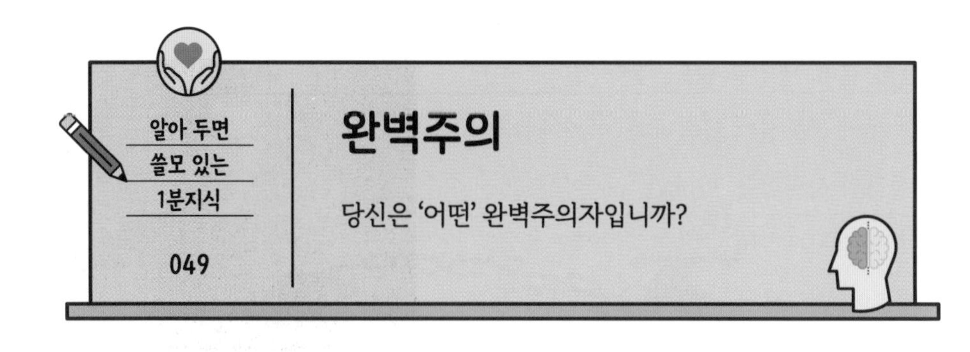

완벽주의

당신은 '어떤' 완벽주의자입니까?

부끄럽지만 저는 예전에 일하면서 '한번 시킨 일은 정말 확실하게 해내는구나'라는 평을 들었습니다. 당시에는 그런 칭찬을 들으면 매우 뿌듯했습니다. 인정받는 것이 좋았고 다음에는 더욱 열심히 해야겠다는 생각도 했죠. 하지만 한편으로는 불안했습니다. '만약 내가 이번처럼 일을 확실하게 잘 해내지 못한다면? 책임감이 부족한 모습을 보인다면? 그때는 주변 사람들이 나를 어떻게 생각할까? 혹시 내게 크게 실망하는 것은 아닐까?' 불안한 마음이 들자 어느새 부담감을 느끼기 시작했습니다.

완벽주의perfectionism에는 양면성이 있습니다. 먼저 자신을 채찍질해서 더 좋은 성과를 얻을 수 있도록 돕는 긍정적인 기능이 있습니다. 하지만 '잘해야 한다'는 압박과 부담감이 스트레스와 불안 등을 유발합니다. 그뿐만 아니라 만약 결과가 좋지 않으면 비관하고 우울해지며 심하면 자살 충동까지 일으키는 위험한 측면도 있죠. 그런데 학업, 입시, 취업, 승진 등 인생에서 중요한 순간마다 경쟁해야 하고, 경쟁에서 이기기 위해 모두가 내달리는 사회 분위기는 완벽주의의 어두운 면을 보여 줍니다. 그리고 실패의 책임을 개인의 노력 부족으로 몰아가는 풍조 역시 완벽주의의 역기능을 유발하지요.

하지만 앞서 살펴본 것처럼 완벽주의에는 긍정적인 면도 있습니다. 곰곰이 생각해 보면 완벽을 추구하는 대상이 '나 자신'이나 '과업' 등으로 한정되지도 않죠. 심리학자들은 완벽주의적인 사람들을 연구하면서 완벽주의에도 여러 하위 종류가 있다

완벽주의에 뒤따르는 압박과 부담은 양면성을 갖는다.

는 점을 알아냈습니다. 다차원적 완벽주의가 바로 그런 상황에서 등장한 개념입니다.

다차원적 완벽주의에 따르면 완벽주의는 크게 자기 지향적 완벽주의, 타인 지향적 완벽주의, 사회적으로 부과된 완벽주의로 구분됩니다. 먼저 자기 지향적 완벽주의에는 비교적 '건강한 완벽주의'라 말할 수 있을 만큼 여러 긍정적인 속성이 있습니다. 스스로에게 한층 더 높은 목표를 부여하고 그것을 달성하기 위해 완벽을 추구하는 모습을 보입니다. 설정된 목표가 다른 사람을 위한 것이 아니라 오롯이 자신을 위한 것이기에 성취의 만족도가 높고 실패 후 다시 도전하는 데에도 부담이 적죠. 타인 지향적 완벽주의는 자기 자신이 아닌 다른 사람에게 완벽을 추구하도록 요구하는 경향성입니다. 끝으로 사회적으로 부과된 완벽주의는 다른 사람들이 나에게 과도한 목표를 강하게 요구하고 있으며, 이를 달성하지 못하면 큰 비난과 불이익을 받을 것이라고 믿는 경향성입니다.

자기 지향적, 타인 지향적 완벽주의는 자기만족적인 면이 강하지만, 사회적으로 부과된 완벽주의는 경쟁적 문화, 개인주의, 강압적 교육 환경 등 주변 상황의 영향을 크게 받는 편입니다. 그리고 사회적으로 부과된 완벽주의는 다른 유형에 비해 스트레스, 불안, 우울 등 각종 심리적 부작용과 관련이 깊은 것으로 알려져 있습니다.

알아 두면 쓸모 있는 1분지식

050

권위주의

권위주의 성격은 어떤 특성을 보일까?

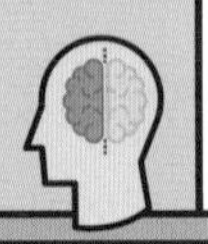

제가 어렸을 때는 하루빨리 어른이 되고 싶었습니다. 어린애라 몸집도 작고 힘도 약하고 용돈도 적어 사고 싶은 걸 다 살 수도 없고, 어디 멀리 놀러 가려면 꼭 부모님의 허락을 받아야 하는 등 제한이 많은 것이 불만이었습니다. 그래서 제게 어른이 된다는 것은 곧 '자유'를 의미했습니다. 하지만 막상 어른이 된 지금은 아이러니하게도 다시 어린이로 돌아가고 싶기도 합니다. 어른이 된다는 것은 '자유'였지만 다른 말로 표현하면 '방생'이기도 했거든요. 흔히 사회의 비정함을 말할 때 '약육강식', '승자 독식'이라고 말하곤 하는데 그리 절실하게 와닿을 수가 없었죠. 사회는 왜 이렇게 냉혹한 걸까요? 다 같이 손잡고 친구가 되어 하하 호호 지내면 좋을 텐데 말이죠.

안타깝게도 갈등, 차별, 배척 등은 인간 사회에서 빼놓을 수 없는 요소입니다. 장애인, 가난한 사람 같은 소수자나 약자에 대한 차별은 물론 집단 간에도 차별과 경쟁이 벌어집니다. 정치 분야로 눈을 돌리면 권력을 얻기 위한 각종 권모술수가 헤아릴 수 없이 많다고 하죠. 심리학자들은 이러한 갈등, 차별, 배척, 멸시 그리고 내집단을 향한 지배와 복종 등을 설명하기 위해 '권위authority'에 주목했습니다. 특히 철학자 테오도어 아도르노Theodore Wiesengrund Adorno는 권위를 대하는 태도가 성격의 일종일 수도 있다고 생각했습니다. 권위를 유달리 긍정하는 사람이 있는가 하면 상대적으로 권위의 영향을 잘 받지 않는 사람도 있었죠. 또 권위를 추구하는 사람들이 보이는 여러 공통점도 있었고요. 그렇게 해서 아도르노는 권위주의 성격authoritarian personality

이라는 개념을 탄생시켰습니다.

권위주의 성격을 가진 사람들은 수직적 질서와 위계, 안정을 중요하게 생각합니다. 개인 간, 집단 간, 국가 간에는 상하 관계가 뚜렷하게 구별되어야 하며 하위 주체는 권위가 있는 상위 주체에게 복종해야 합니다. 상하 관계가 명확하게 정리되었다면 무비판적으로 복종해야 합니다. 설사 상위 주체가 부당한 요구를 했다 하더라도 그에 불복하는 것은 현재의 위계질서를 불안정하게 흔들 우려가 있기 때문입니다. 그래서 권위에 도전하는 집단이나 세력들은 적극적으로 억압하고 처벌해야 합니다.

수직적 질서와 위계, 안정을 중요하게
생각하는 권위주의자들

그리고 권위주의 성격은 보수주의 성향과도 밀접히 관련된 것으로 보고되고 있습니다. 이를 인습주의conventionalism라고도 합니다. 국가나 집단의 전통적인 의식, 관습, 규범, 질서 등을 마땅히 지키고 따라야 한다고 생각하는 것이죠. 기존의 경험이나 인식이 굳어서 만들어진 고정 관념과 편견에 더 많이 의존하는 것도 권위주의 성격을 가진 사람들의 특징입니다.

한편 권위주의 성격은 발달 심리학자들에게도 중요한 의미가 있었습니다. 특히 다이애나 바움린드Diana Baumrind는 양육자의 애정과 자녀에 대한 통제력을 기준으로 해서 양육 태도를 권위 있는 유형, 권위주의적 유형, 허용적 유형, 무관심한 유형의 네 가지로 구분했습니다. 그리고 양육 태도 중 부모의 애정이 적으며 자녀를 통제만 하는 경우를 권위주의적authoritarian 유형의 양육으로 분류하고, 이 경우 자녀가 수동적, 의존적이 되거나 반대로 부모에게 반항적인 태도를 보일 수 있다고 설명했습니다.

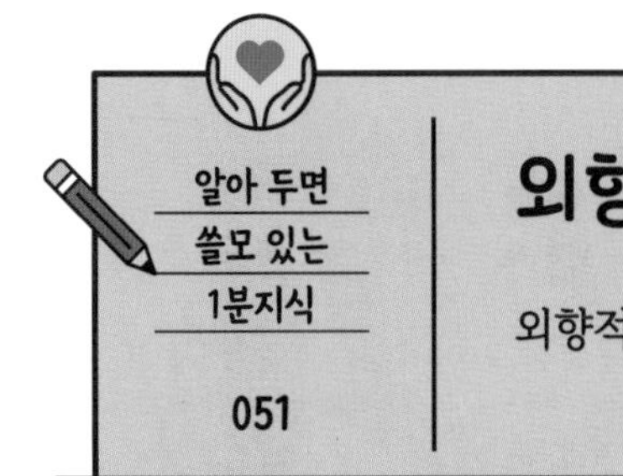

외향성

외향적인 사람은 다 털털할까?

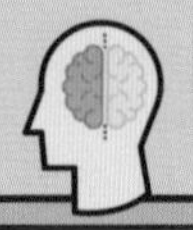

여러분은 외향적인 사람을 생각하면 어떤 모습이 떠오르나요? 아마도 친구도 많은 것 같고 수줍음도 안 탈 것 같고 활발하고 적극적일 것 같은 모습들을 떠올렸을 것 같은데요. 그만큼 외향성은 대중적으로 매우 잘 알려진 친숙한 개념이 아닐까 싶습니다. 굳이 자세히 캐묻지 않아도 가장 잘 눈에 띄는 것이 바로 외향성이기도 하고요. 그리고 이러한 특징은 성격 심리학자들에게도 마찬가지였습니다. 그간 성격 심리학 연구가 진전되면서 융이나 아이젱크의 성격 유형들, 현대에는 빅 파이브 성격 등 무수히 많은 성격 유형들이 제시되었지만 외향성은 대부분 빠지지 않았습니다. 마치 성격 분야에서 '터줏대감' 같은 유형이랄까요.

그러면 외향성이란 정확히 어떤 성격일까요? 심리학자들은 외향성이 높은 사람과 낮은 사람(내향성)을 비교하면서, 이 두 가지 성향을 구분하는 가장 중요한 차이로 '에너지의 방향성'을 언급합니다. 활동 에너지가 외부로 향하면 외향성, 자기 자신 등 내부로 향하면 내향성이라는 것이지요. 아마 그런 이유 때문에도 '외향성外向性'이라고 하지 않았을까 싶기도 합니다.

외향적인 사람들은 여러분도 짐작하는 것처럼 사교적인 활동을 즐깁니다. 즐거움도 자주 느끼고 자신감도 넘치죠. 내향적인 사람들은 주저하고 피하지만 외향적인 사람은 스릴 있는 활동에서 강한 쾌감을 느낍니다. 감각이나 자극을 추구하는 경향이 있어서 끊임없이 새로운 활동을 찾아 도전하려 합니다. 그리고 외향적인 사람들의 태도는 낙관적인 경우가 많습니다. 이는 앞서 설명했던 외향적인 사람들의 활동성과도 연관이 있습니다. 아무래도 '잘 될 거야', '해보면 재미있을 거야' 등 불확실성을 긍정적으로 예상해야만 과감히 실행하고 도전하는 빈도가 아무래도 늘어나게 될 테지요.

외향적인 사람과 내향적인 사람

그런데 외향성에 대한 오해도 있습니다. 외향적인 사람들은 비교적 털털하고, 반대로 내향적인 사람은 소심하고 섬세할 것이라는 생각입니다. 하지만 심리학자들은 이에 대한 의견이 다릅니다. 빅 파이브 연구에 따르면 인간의 성격은 다섯 개의 차원으로 구분됩니다. 개방성, 성실성, 외향성, 친화성 그리고 신경증입니다. 그런데 우리는 여기서 외향성과 신경증이 독립적으로 구분되는 개념이라는 점에 주목해야 합니다. 외향성과 신경증이 서로 반대일 것처럼 같지만 방대한 데이터를 바탕으로 통계적으로 검증해 보면 외향성과 신경증은 별개입니다. 즉 외향적인데 신경증이 높은 사람도 있고 반대로 내향적인데도 신경증이 낮은 사람도 있습니다. 겉으로는 활발하고 친구도 잘 사귀는데 알게 모르게 예민하고 상처를 잘 받는 사람도 있는 반면, 조용하고 자기 일만 즐기면서도 비교적 차분하고 안정감 있게 생활하는 사람도 있다는 뜻입니다.

알아 두면
쓸모 있는
1분지식

052

거부 민감성

거절을 유독 두려워하는 사람들의 심리는?

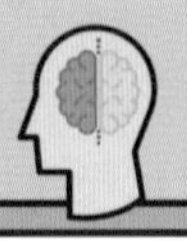

거절하기를 어려워하는 사람들을 종종 볼 수 있습니다. 개인의 이익이 걸린 중요한 문제라면 승낙할지 거절할지 고민해 봄직도 하지만, 점심시간에 중국집에 갔는데 사실 짬뽕이 먹고 싶었음에도 "우리 다 같이 짜장면 먹을까?"라는 누군가의 말에 차마 거절하지 못하고 짜장면을 먹고야 마는 사람도 있죠. 그런가 하면 거절당하는 것이 두려워서 차마 용기를 내지 못하는 사람들도 있습니다. 오늘은 한식을 먹고 싶은데 동료들이 싫다고 할까 봐 차마 "한식 먹자"라고 말하지 못하는 것입니다.

심리학자들은 거절당하는 것을 유난히 두려워하는 사람들에게 주목했습니다. 그리고 이러한 유형의 사람이 거절당했을 경우에는 큰 스트레스, 불안, 우울, 공격성, 주변 환경으로부터의 고립 등 여러 가지 심각한 위협에 처한다는 사실을 발견했습니다. 이 사태를 방관(?)할 수 없었던 심리학자들은 거부 민감성rejection sensitivity이라는 개념을 만들고, 거부에 민감한 사람들의 특징을 연구하기 시작했습니다.

거부 민감성이 높은 사람들에게는 대부분 다음과 같은 특징이 있습니다. 먼저 자신의 제안이 거부당할 가능성을 다른 사람들보다 더 높게 인식합니다. 뚜렷한 객관적 근거가 없음에도 일단 거절당할 것 같다는 생각부터 하는 것이죠. 거부당할 것이라는 예상을 확신으로 바꾸기 위해 거부의 조짐을 열심히 찾기 시작합니다. 상대방이 아무 의미 없이 하는 행동 하나하나를 유심히 살피며 '혹시 오늘 기분이 별로인가?', '내 생각을 들을 마음이 없는 건가?', '뭔가 거절하려는 제스처인가?' 등으로 의

심하기 시작하죠. 그리고 상대방이 보이는 여러 행동 중에서도 유독 부정적인 느낌을 주는 행위에만 집중합니다(선택적 지각). 거부 민감성이 높은 사람들은 이렇게 상대방에게 무언가를 제안하기도 전부터 의심하고 염려하고 경계하는데요. 심리학자들인 이를 '예기 불안 anticipatory anxiety'이라고도 합니다.

거절하기도, 거절당하기도 어려워하는 사람들

거부 민감성이 높은 사람이 거부에 직면하면 어떤 반응을 보일까요? 일반적인 사람들이 짧게 낙담하고 마는 것과는 달리, 공격적이거나 방어적인 행동이 나타날 수도 있습니다. 상대방을 지나치게 비난하고 항의하거나, 더 이상 거부당하지 않으려고 제안을 멈추고 스스로 숨는 등 극도의 회피 반응을 보입니다. 시간이 지났음에도 거부당하던 경험을 쉽게 잊지 못하고 머릿속에서 그 장면을 계속 되뇌이며(반추), 그 과정에서 불안, 우울, 죄책감, 스트레스 등 여러 부정적인 정서를 계속 경험하게 됩니다.

한편 거부 민감성이 높으면 자신이 다른 사람의 제안은 거부를 해야 하는 상황 자체에도 부담을 느낄 가능성이 높습니다. 아마 거부당하는 것의 두려움과 고통이 얼마나 큰지 스스로 잘 알고 있기 때문일 겁니다. 거절을 두려워하다 보면 일시적으로는 주변에 '좋은 사람'으로 비쳐서 좋은 평판을 받을 수도 있겠지만, 결국 상대방에 대한 의존성이 심화되고 자존감이 하락하는 등 부정적인 결과를 가져올 가능성이 있다는 점도 염두에 두어야 합니다.

자기 고양

자신에 대한 긍정적인 믿음은
이로울까, 해로울까?

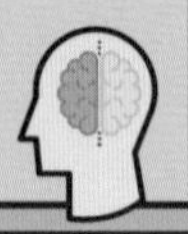

여러분은 자기 자신을 어떻게 평가하고 있나요? 특히 다른 사람들과 비교할 때 인성이나 능력은 어느 정도 수준이라고 생각하나요? 심리학 연구에 따르면 이러한 질문에 많은 사람들이 '평균 이상'이라고 대답합니다. '그래도 내가 다른 사람들보다는 (조금이라도) 더 나은 사람이야'라고 생각하는 것인데요. 심리학에서는 이 '착각'을 '평균 이상 효과better-than-average-effect'라고 합니다. 그런데 평균 이상 효과는 왜 '착각'일까요? 실제로 평균 이상인 사람이 있을 수도 있는데 말이죠. 하지만 집단적으로 볼 때는 착각일 수밖에 없습니다. 간단히 계산해 봐도 '모두가 평균 이상'일 수는 없기 때문입니다. 줄을 세워 보면 상대적으로 반드시 누군가는 하위권에 있어야 하죠.

평균 이상 효과는 왜 나타날까요? 심리학자들은 인간에게 자신을 긍정적으로 바라보고 이를 통해 자존감을 유지하려는 기본적인 동기가 있다고 설명합니다. 이를 '자기 고양self-enhancement 동기'라고 합니다. 곰곰이 생각해 보면 그럴듯합니다. 이왕이면 자신은 좋은 사람이고 충분히 무언가를 해낼 수 있다고 믿으며 살아가는 것이 더 나을 것 같죠. 한편 자기 고양 동기는 일상에서 여러 가지 형태로 나타나는데요. 이와 관련된 유명한 예가 '잘 되면 내 탓 안 되면 남 탓'입니다. 또는 일이 잘 풀리지 않았을 때 그 원인을 '운이 나빴다', '조건이 받쳐 주지 않았다' 등 외부 환경으로 귀인할 수도 있겠죠. 모두 자기 책임이 아님을 강조하면서, 자존감을 유지하기 위한 전략으로 해석할 수 있습니다.

하지만 평균 이상 효과에 대해 설명한 것처럼 '모두가 평균 이상'이 될 수는 없습니다. 공부를 잘하는 사람이 있는가 하면 못하는 사람도 있고, 돈을 잘 버는 사람이 있는가 하면 아무리 열심히 일해도 가난한 사람도 있죠. 그래서 심리학자들은 생각했습니다. 자기 고양 동기는 편향이자 그저 긍정적인 환상positive illusion에 불과하다고 말이죠. 자신의 능력을 높게 평가하려고 스스로 아무리 외쳐 봐야 그건 현실의 모습과는 다르다고요. 그래서 심리학자들이 자기 고양 편향을 보는 시선은 대체로 부정적이었습니다.

"그래도 내가 다른 이들보다는 낫지!"

그런데 1980년대 후반 자기 고양 편향을 둘러싸고 심리학계에서 격렬한 논쟁이 벌어집니다. 심리학자 셸리 테일러Shelly E. Taylor와 조너선 브라운Jonathan D. Brown이 자기 고양 편향에도 긍정적인 기능이 있음을 주장하고 나섰습니다. 긍정적인 자기 개념을 유지하면 낙관적이고 긍정적인 마음가짐, 무엇이든 해낼 수 있다는 자신감, 높은 자존감 등이 생기기 때문에 결과적으로 정신 건강에 도움을 준다는 것이었는데요. 이에 반박하는 심리학자들은 자기 고양 편향보다는 '객관적인 자기 인식'이 오히려 더 도움이 된다고 주장했습니다. 자기 자신의 수준을 정확히 알고 있어야 학습과 성장을 위해 내가 무엇을 어떻게 해야 하는지 효율적으로 설계하고 실행할 수 있다고 보았기 때문입니다.

물질주의

한국인이 물질주의 성향이 강한 이유는?

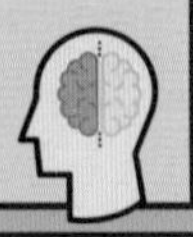

물질주의materialism는 물질의 획득과 소유를 가치 있게 여기며 삶의 중요한 목표로 삼는 경향성을 가리킵니다. 어쩌면 물질주의보다는 '물질 만능주의'라는 부정적 표현으로 더 많이 들어 보았을 것입니다. 국가 간 비교에 따르면 한국인의 물질주의 성향은 다른 나라에 비해 높은 수준인 것으로 종종 보고됩니다. 한국인이 돈을 버는 것, 많이 갖는 것을 중요하게 여기게 된 이유를 살펴보려면 사회 문화적 배경을 고려해야 합니다. 이러한 배경으로는 크게 두 가지 역사적 사건이 거론됩니다.

첫째, 6·25 전쟁의 여파입니다. 동족상잔의 끔찍한 전쟁을 겪으면서 우리나라는 전 국토가 파괴되고 심각한 가난에 직면했습니다. 물질적인 것뿐만 아니라 정신적인 가치, 즉 오래도록 지켜 온 전통적인 관습, 가치관, 규범 등도 대부분 사라졌죠. 둘째, 정신적 빈곤 속에서 우리나라가 경험한 것은 '한강의 기적'이라 불리는 초고속 경제 성장이었습니다. 아직 마음의 준비도 못 했는데 갑자기 국가가 부유해졌고 생활 형편이 나아졌습니다. 그와 동시에 자본주의 정신, 가치관 등이 우리나라 사람들 마음 속에 깊숙이 파고들었습니다. 전쟁 이후 정신적 빈곤과 맞물려 빠르게 확산된 것이죠. 결과적으로 국내의 심리학자들은 물질주의를 연구하는 것이 곧 한국인의 심리, 정체성을 이해하는 데 매우 중요한 역할을 한다고 보고 있습니다.

그렇다면 심리학에서 정의하는 물질주의에는 어떤 특성이 있을까요? 크게 세 가지 차원으로 설명할 수 있습니다. 첫째, 성공에 관한 판단입니다. 한 개인의 성공 또는 실패 여부가 오로지 물질을 많이 가졌는지에 따라 판단하려는 경향성입니다. 둘째, 획득 자체에 의미를 부여합니다. 물질주의 성향이 높은 사람들은 힘들게 돈을 벌고 좋은 물건을 갖고 있어도 이를 잘 활용하지 못합니다. 왜냐하면 이들에게는 물질을 획득하고 소유하는 과정 자체가 더 가치 있는 일이기 때문입니다. 셋째, 물질주의 성향이 높은 사람들에게는 강력한 고정 관념이 있습니다. '가난한 사람은 불행하고 부자는 행복하다'라는 고정 관념이지요. 그래서 물질을 획득하고 소유하는 것이 곧 행복을 추구하는 유일한 방법이라고 생각합니다.

물질주의자는 돈이 많아질수록 더 행복해질까?

심리학자들이 물질주의에 주목하는 이유는 물질주의 성향이 정신 건강에 해롭기 때문입니다. 물질주의를 연구해 온 심리학자들은 물질주의 성향이 높은 사람들이 삶의 만족도가 낮고 불안해하며 예민하고 부정적 정서를 자주 경험한다는 사실을 알아냈습니다. 당장의 획득과 소유 과정에 따라 자존감도 요동치고 자기 개념도 불확실한 것으로 나타났죠. 물질주의자들은 돈을 많이 벌수록 행복해지고 있다고 믿지만 아이러니하게도 사실은 그 반대로 점점 행복에서 멀어질 수 있다는 의미입니다.

정신 건강과 관련해서 심리학자들은 물질을 획득하는 것보다는 가치 있게 활용하는 방법에 더 주목해야 한다고 조언합니다. 선물을 주고받더라도 값이 비싼 물건보다는 정성껏 쓴 편지나 직접 만든 장신구 등 상대방을 생각하는 마음이 담긴, 그래서 함부로 값을 매길 수 없는 선물이 우리를 더 행복하게 만들어 줄 수 있다고요.

알아 두면 쓸모 있는 1분지식

055

창의성

창의적인 사람에게는 어떤 특성이 있을까?

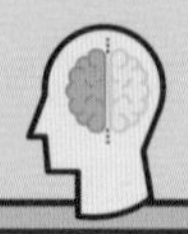

창의성creativity의 인기는 식을 줄 모르는 것 같습니다. 개인 차원에서부터 사회, 국가 차원에 이르기까지 창의성을 발현하면 급격히 성장하고 발전할 수 있습니다. 그래서 인지 교육 현장이나 산업 현장 등에서는 바로 지금 이 순간에도 '창의성 교육'을 위해 많은 노력을 기울이고 있습니다.

주변을 보면 다른 사람들과 달리 유독 상상력이 비범한 사람들이 있습니다. '아니 대체 어떻게 저런 생각을 하지?', '상상력이 정말 풍부하구나', '4차원(?)에서 온 건가?' 처럼 감탄하게 만드는 아이디어들을 내놓죠. 하지만 창의성을 연구하는 사람들은 단지 새로운 생각들을 발산하는 것만을 창의성이라 정의하지 않습니다. 여기에 더해 유용하고 확실히 눈에 보이는 결과물을 만들어야 창의성이라 생각하죠. 심지어 창의성에 엄격한 학자들은 새로운 발상을 해낸 뒤에 이것을 어느 정도 현실 상황에 맞을 수 있도록 정교하게 다듬어야 하며, 사용해 봤을 때 기존에 있던 것보다 더 유용해야 하고, 새로운 것으로 바꾸는 것이 더 낫다는 점을 창작자 본인이 다른 사람들에게 효과적으로 설득해 낼 수 있을 때 비로소 '진정한' 창의성이라고 합니다.

심리학자들은 창의성을 여러 차원으로 나눠서 이해합니다. 독창성, 유창성, 정교성, 기능적 고착functional fixedness 탈피 등인데요. 먼저 독창성은 기존과 다른 새로운 아이디어를 만들어 내는 능력입니다. 유창성은 독창성과 어딘가 비슷하면서도 다른데 아이디어를 만들어 내는 능력이라는 점에서는 같지만 유창성은 '질'보다는 '양'

에 조금 더 가까운 개념입니다. 즉 제한된 조건이나 시간 동안 얼마나 많은 아이디어를 떠올릴 수 있는가에 대한 능력이죠. 다음으로 정교성은 새롭지만 모호한 아이디어들을 현실에 적용할 수 있는 방식으로 다듬을 줄 아는 능력을 말합니다.

기능적 고착 상태에서 벗어나야만 창의성을 발휘할 수 있다.

기능적 고착이라는 말은 심리학자 카를 던커 Karl Duncker가 제안한 개념으로, 그가 이 개념을 설명하기 위해 제시한 양초 문제가 매우 잘 알려져 있습니다.

먼저 실험 진행자는 참여자에게 성냥 한 갑, 압정이 담긴 상자, 양초를 제공합니다. 그리고 이것들을 이용해서 양초를 떨어지지 않게 벽에 붙이라는 과제를 내죠. 이때 대부분의 참여자가 성냥으로 불을 붙여 촛농을 활용하거나 압정으로 양초를 벽에 붙이려 합니다. 하지만 일부 참여자들은 그들만의 창의적인 방식으로 문제를 해결했는데요. 먼저 벽에 압정 상자를 압정으로 고정한 후 상자 위에 양초를 세웠습니다. 던커는 이 실험을 통해 대부분의 사람이 창의적이지 못했던 것은 기능적 고착에서 벗어나지 못했기 때문이라고 설명했습니다. 즉 '압정 상자는 압정을 담는 용도로 쓰인다'는 사실에 매몰된 나머지 압정 상자를 다른 용도로 쓸 수 있다는 점을 미처 생각하지 못했던 것입니다.

한편, 창의성에는 개인적 능력 못지않게 환경적 요인 또한 무척 중요하다는 것이 학자들의 공통된 견해입니다. 특히 '다양성'이 주목받고 있습니다. 예를 들면 출신 배경, 성격, 능력, 외모 등이 다양한 사람들과 함께 일할 때 더 창의적인 결과물을 낸다는 연구 결과가 보고되었습니다.

자기 자비

심리학자들이 불교 사상에
관심을 가진 까닭은?

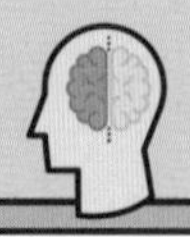

한때 '힐링'이 사회적으로 유행한 적이 있었습니다. '여행 가서 힐링한다', '맛난 것 먹고 힐링한다' 등 힐링을 동사처럼 쓰기도 했고, '힐링'을 내건 각종 심리학 책도 많이 나왔죠. 모 방송사의 프로그램 이름이 〈힐링캠프〉이기까지 했으니, 그야말로 너도나도 '힐링'을 외치던 시기였습니다. 흥미로운 것은 '힐링'과 함께 '자존감'이라는 말 또한 많은 사람이 썼다는 점입니다.

자존감은 자신을 가치 있는 존재로 받아들이는 주관적 경향성입니다. 자신의 능력, 노력 등을 긍정적으로 평가하는 가운데 누가 뭐라 하더라도 나 자신의 가치는 스스로 만들어 간다는 내용의 자기 계발서가 범람했습니다. 하지만 심리학자들은 자존감의 범람을 경계했습니다. 높은 자존감이 꼭 긍정적인 결과를 낳는 것은 아니기 때문입니다. 스스로 쌓아 올린 높은 자존감을 지키기 위해 무리수를 두게 될 수 있습니다. 자신의 책임을 남 탓으로 돌린다거나 높은 자존감을 지속적으로 유지하기 위해 상황을 애써 긍정적인 방향으로 왜곡한다거나, 자존감을 위협하는 대상에 대해 공격적인 태도를 보인다거나 하는 역기능도 있다는 것이 연구를 통해 밝혀졌습니다.

따라서 심리학자들은 자존감의 대안을 찾아 나섰습니다. 무조건적인 자기 존중이 좋지 않다면 정신 건강에 도움이 될 만한 다른 자기 개념에는 어떤 것이 있을지 고민했죠. 심리학자 크리스틴 네프Kristin Neff 역시 그런 사람이었고, 독특하게도 불교 사상에서 영감을 얻어 흥미로운 심리학 개념을 제안하기에 이릅니다. 바로 자기 자비self-compassion입니다.

있는 그대로의 나를 받아들이기

자기 자비의 핵심은 자기 긍정이 아닙니다. 그렇다고 비난도 아니죠. 단지 있는 그대로의 자신을 받아들이고 스스로를 돌보는 것이 핵심입니다. 흔히 자기 계발서에서 '자기 자신과 남을 비교하지 말라'고 이야기하는데, 자기 자비의 관점에서 보면 이는 적절한 방법이 아닙니다. 왜냐하면 '자기 자신과 남을 비교하는 모습'도 나의 일부이므로 그 모습조차도 받아들일 수 있어야 하기 때문입니다.

심리학자들의 연구 결과에 따르면 자기 자비는 세 가지 하위 요소로 다시 분류할 수 있습니다. 첫째, 자기 친절self-kindness입니다. 이는 자신의 행위와 행위의 결과에 대해 옳다 또는 나쁘다, 잘했다 또는 못했다 등의 가치 판단을 함부로 하지 않는 자세를 의미합니다. 가혹하게 판단하는 대신 자신의 선택 자체를 일단 존중해야 한다는 뜻입니다. 둘째, 보편적 인간애common humanity입니다. 여기서는 개인의 경험을 인류 보편의 경험으로 확장할 수 있는 시야가 필요합니다. 사람은 누구나 기쁜 일을 겪는 만큼 불행한 일도 겪습니다. 누구라도 혼자가 되면 외롭습니다. 그 사실을 깨달으면 역설적으로 외롭지 않을 수 있습니다. 우리는 누구나 외로운 사람들이라는 보편적 인식에 도달하기 때문입니다. 셋째, 마음 챙김mindfulness입니다. 온갖 감정이 뒤섞이고 어지러워지면 시야를 1인칭에서 3인칭으로 바꿀 필요가 있습니다. 마치 다른 사람이 된 것처럼 나의 삶을 객관적으로 바라보고 그럼으로써 지나친 욕망이나 번뇌에 매몰되지 않도록 하는 것입니다.

'나 때는 말이야~!' 어른들은 왜 옛날이야기만 할까?

_어른들이 '꼰대'가 되어가는 이유

누구나 살면서 힘든 순간을 경험합니다. 누구나 실패하고 상실을 겪으며 좌절을 맛보죠. 하지만 그렇다고 고통스러운 순간에 무너져 내릴 수는 없습니다. 얄궂게도 시간은 계속 흐르고 우리의 삶도 계속되어야 하니까요. 어떻게든 위기를 넘겨야 행복한 순간도 찾아오겠지요. 사람들은 힘든 순간을 견디기 위해 여러 가지 전략을 세웁니다. 여가 활동으로 심신을 달래기도 하고 쇼핑이나 외식을 하면서 기분 전환도 하죠. 가족이나 친구 등 신뢰할 수 있는 사람들을 만나며 지지와 격려를 얻기도 하고, 용기를 내어 적극적으로 해결 방안을 모색하는 등 '정면 돌파'를 선택하기도 합니다.

그런데 문제 해결의 열쇠를 자신의 내면에서 찾는 사람들도 있습니다. 중요하게 여기는 가치는 무엇이었는지, 과거에 무언가 성취했던 자랑스러운 순간은 언제였는지 등을 떠올리며 동기 부여를 하는 것이죠. '그래, 나 예전에 1등도 해 봤잖아', '내가 중요하게 여기는 가치를 잃지 않는다면 나는 반드시 해낼 수 있어'. 심리학자 클로드 스틸Claude Steele은 사람들이 자아가 위협받는 상황에 대처하는 이러한 방식에 주목해 자기 가치 확인self-affirmation이라는 개념을 제안했습니다. 자기 가치 확인 이론에서는 인간을 자기 가치self-worth와 통합적인 자아를 유지하도록 동기화된 존재로 가정했는데요. 심리학자들은 실험 연구를 통해 자기 가치 확인 과정이 스트레스 감소,

자긍심 고취, 동기 부여, 문제 상황에 대한 능동적인 대처 등 여러 가지 긍정적인 효과를 일으킨다는 점을 입증해 보였습니다.

사람들은 끊임없이 자기 가치를 확인하려 한다.

자기 가치 확인에 관한 흥미로운 실험을 소개하겠습니다. 연구자들은 먼저 실험에 참여한 노숙자들을 실험 집단(자기 가치 확인 조건)과 통제 집단으로 무작위 배정합니다. 자기 가치 확인 조건의 참여자들에게는 자신이 무언가 크게 이뤄본 순간은 언제였는지, 자신이 중요하게 생각하는 가치는 무엇인지 등을 떠올려 보라고 안내했습니다. 통제 조건의 참여자들에게는 평소의 식사 방식처럼 자기 가치 확인과 관련이 없는 내용을 떠올리게 했습니다. 실험 처치 이후 연구자들은 노숙자들이 재활 프로그램에 관심 갖는 정도를 측정했죠. 그 결과 자기 가치 확인 조건의 참여자들이 통제 조건의 참여자들에 비해 재활 프로그램에 대해 더 많은 관심을 나타낸 것으로 확인되었습니다. 자기 가치 확인을 통해 '다시 일어서 보자'라는 동기 부여가 되었다고 해석할 수 있겠습니다.

여러분도 '라떼 이즈 홀스Latte is horse'라는 말을 들어보셨나요? '나 때는 말이야'를 재치 있게 표현한 것으로, 권위주의적인 기성 세대를 뜻하는 '꼰대'를 상징하는 말로 알려져 있지요. 그런데 저런 시대착오적이고 듣기 싫은 어른의 장황한 혼잣말에도 심리적인 이유가 있지 않을까요? 어쩌면 지금 인생살이가 고달파서, 인생 선배이자 어른으로서의 책임감이 무거워서, 영광스러웠던 순간을 추억하며 삶의 중요한 가치와 자신의 존재 의미를 되새기려는 자기 가치 확인의 과정일지 모릅니다.

혈액형으로 성격을 구분하는 데에는 나름의 타당한 이유가 있다?

_혈액형 성격설에 대하여

2000년대 초반 'B형 남자'가 나름의 인기를 구가하던 때가 있었습니다. '여성은 나쁜 남자에 끌린다'는 담론과 맞물려 B형 남자의 특징(스타일을 중시한다, 자유분방하다, 다혈질이다, 여러 이성에게 관심을 보인다 등)이 '나쁜 남자'의 전형으로 여겨지기도 했죠. 〈B형 남자친구〉라는 영화까지 만들어진 걸 보면 'B형 남자'가 얼마나 대세였는지를 새삼 실감할 수 있습니다.

'B형 남자'는 어디에서 유래한 것일까요? 짐작하셨겠지만 'B형'은 ABO식 혈액형의 그 B형입니다. 혈액형을 토대로 성격을 정의한 셈인데, 당연히 B형뿐만 아니라 A형, O형, AB형에도 그에 대응하는 성격 고정 관념이 있습니다. A형은 소심하고 내성적이고, O형은 너그럽고 온화하며, AB형은 독창적이며 까다롭다고 흔히 알려져 있죠. 이러한 혈액형 성격설은 흥미 위주의 인터넷 심리 테스트계의 원조 격입니다. 2017년에 우리나라 국민을 대상으로 혈액형 성격설에 관한 인식을 조사한 적이 있는데 혈액형 성격설을 신뢰한다고 응답한 비율이 58퍼센트에 이르렀다고 하죠. 1980년대에 혈액형 성격설이 일본을 통해 우리나라로 수입된 상황을 고려하면 약 40여 년이 지난 지금까지도 그 인기가 아직 식지 않은 셈입니다.

그러나 심리학자들은 혈액형 성격설을 그다지 좋아하지 않습니다. 인간의 성격이 그렇게 단순하게 유형화되지도 않거니와, 혈액형 성격설을 입증할 만한 과학적 증거가 발견되지 않았기 때문입니다. 과학적 가치를 논할 수 없는 허구적 고정 관념임에도 여전히 많은 사람이 혈액형 성격설을 믿기 때문에 그 여파가 심리학에 대한 오해로 번지는 것을 탐탁지 않게 생각하지요. 그런데 놀랍게도 심리학자 중에서는 혈액형 성격설을 진지한 연구 주제로 다루는 이들도 있습니다. 물론 혈액형 성격설을 믿기 때문은 아닙니다. 그보다는 사람들이 왜 혈액형 성격설을 믿는 것인지, 혈액형 성격설이 사람들의 생각과 행동에 어떤 영향을 미치는지 등에 관심이 있었습니다.

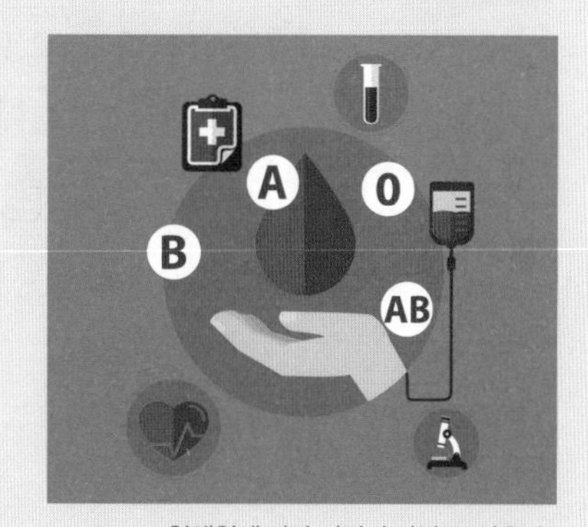

혈액형에 따라 성격이 나뉠 수 있을까?

심리학에는 자성 예언self-fulfilling prophecy이라는 개념이 있습니다. 이는 사전의 기대, 믿음, 고정 관념 등에 자신의 현재 행동을 맞추려는 경향성을 의미합니다. 예를 들어 A형 고정 관념(소심하다, 내성적이다)을 진지하게 믿는 사람은 믿음이 덜한 사람에 비해 더 소심하고 내성적인 모습을 보이려 한다는 것입니다. 기대와 행동을 일치시킴으로써 인지 부조화 상태를 예방하려는 동기가 작용한다고 해석할 수 있습니다.

우리나라와 일본의 심리학자들은 각각 혈액형 성격설에 대한 믿음과 실제 행동 경향성에 관한 연구를 수행했으며 유사한 결과를 보고했습니다. 혈액형 성격설을 강하게 믿는 사람일수록 그렇지 않은 사람에 비해 자신의 ABO식 혈액형에 맞는 성격 고정 관념에 따라 행동하려는 경향이 더 강하게 나타났습니다. 예를 들어 B형인 사람은 자신을 다혈질적인 사람으로, O형인 사람은 자신을 더 온화한 사람으로 여긴다는 흥미로운 결과가 보고되었던 것입니다.

5장

심리효과

- ☑ 플라시보 효과
- ☐ 피그말리온 효과
- ☐ 검은 양 효과
- ☐ 낙인 효과
- ☐ 흔들다리 효과
- ☐ 후광 효과
- ☐ 단순 노출 효과
- ☐ 초두 효과
- ☐ 근본 귀인 오류
- ☐ 점화 효과
- ☐ 집단 극화
- ☐ 상상 효과
- ☐ 스크루지 효과

1day

1Word

플라시보 효과

원효 대사가 해골에 담긴 물을 달게 삼킨 까닭은?

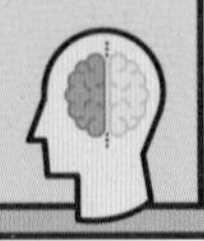

어렸을 때 제가 할머니 댁에 가서 겪었던 일입니다. 오랜만에 손주가 내려온다는 소식에 반가우셨던 할머니는 읍내에서 손주에게 먹일 돼지고기를 사 오셨더군요. 푹 삶아 수육을 만들어 고봉밥과 함께 차려 주셨고, 배가 고팠던 저는 허겁지겁 먹기 시작했습니다. 그런데 너무 급하게 먹었던 탓인지 식사 후 속이 더부룩했습니다. 배에서는 통증마저 느껴졌고 답답한 가슴을 계속 손으로 두드렸죠. 어느새 식은땀도 흐르기 시작했습니다. 서둘러 식사하다 체하고 말았던 것인데요. 제 모습을 지켜보던 할머니는 벽장에서 반짇고리를 꺼내셨습니다. 먼저 실로 제 엄지손가락을 칭칭 감고, 뒤이어 바늘로 엄지손톱 아랫부분의 살을 콕 찔러 피가 나오게 했죠.

그때는 어려서 잘 몰랐지만 나중에야 그 행위가 '손 따기'였음을 알게 되었습니다. 체했을 때 검은 '나쁜 피'를 빼내어 혈액 순환을 돕고 속을 편안하게 만드는 민간요법이었던 것입니다. 그런데 신기하게도 손을 딴 지 얼마 되지 않아 실제로 속이 편안해지는 것을 느꼈습니다. 사실 손을 따는 행위의 효과가 과학적으로 검증되지 않았으니 그저 제 착각이었을 텐데도, 그 당시에는 효과가 있는 것 같아 무척 신기했습니다. 플라시보 효과placebo effect였던 셈이지요.

플라시보 효과는 실제 효과가 없거나 기대할 만한 객관적 근거가 없음에도 마치 실제 효과가 있는 것처럼 느끼거나 심지어는 어느 정도 그와 유사한 효과를 보게 되는 현상을 말합니다. 여러분은 아마도 신약 개발 관련 소식을 뉴스에서 접하면서 주로 이 플라시보 효과에 대해 들어 봤을 겁니다. 실제로 신약을 개발할 때 플라시보 효과를 검증하고 통제하는 것은 매우 중요한 절차입니다. 신약이 효과가 있는지를 검증하기 위해 연구자들은 반드시 실험 참여자들을 두 개 이상의 집단으로 구성해서 효과를 비교해야 합니다. 한 집단에게는 신약을 주며 다른 한 집단에는 약효는 없는 가짜 약(위약)을 줍니다. 실험 집단과 위약 집단을 비교해서 신약의 효과가 위약 효과를 상회할만큼 통계적으로 의미 있는 효과가 있는지를 검증하는 것이죠.

진짜 효과가 있는 것처럼 느끼게 만드는 플라시보 효과

플라시보 효과는 우리의 기대나 믿음이 만들어 내는 보편적인 현상이며 반드시 의학 분야에만 국한되어 일어나는 것은 아닙니다. 플라시보 효과는 일종의 자성 예언으로, 사전에 만들어진 기대나 신념이 있다면 그것에 위반되지 않도록 자신의 행동이나 경험을 맞추는 현상을 말합니다. 그렇게 본다면 우리에게 매우 잘 알려진 원효 대사의 해골 물 이야기도 플라시보 효과의 사례로 볼 수 있죠.

당나라로 유학을 가던 원효 대사, 어느 날은 마땅히 숙소를 찾지 못했는데 급격히 날이 어두워져 근처에 있는 동굴에서 하룻밤을 묵게 됩니다. 잠결에 목이 너무 말랐던 그는 마침 옆에 놓여 있던 그릇에 담긴 물을 들이킵니다. 물을 마시며 원효 대사는 그 물이 너무 달고 맛있다고 느꼈죠. 그런데 다음 날 일어나서 자신이 마셨던 물이 담겼던 그릇을 확인해 보니, 그것이 해골바가지였다는 사실을 알게 되었죠. 이를 통해 '모든 것이 마음 먹기에 달렸구나'라는 깨달음을 얻은 그는 유학을 포기하고 돌아왔다고 하죠.

알아 두면
쓸모 있는
1분지식

058

피그말리온 효과

간절히 바라면 정말 이루어질까?

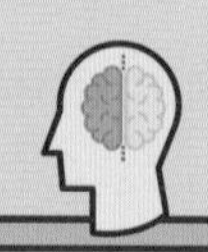

키프로스섬의 조각가 피그말리온Pygmalion은 섬의 여인들을 별로 좋아하지 않아 독신으로 지냈습니다. 조각에만 몰두하던 그는 어느 날 자신의 이상형을 그대로 본따 아름다운 여인의 조각상을 만들게 됩니다. 자신이 창조해 낸 아름다운 조각상을 매일 바라보다가 결국 사랑에 빠져버린 피그말리온은 이 여인이 실제 사람이라면 얼마나 좋을까 하고 간절히 열망했습니다. 그런데 기적이 일어났습니다. 사랑의 여신 아프로디테Aprodite가 피그말리온의 애처로운 모습을 보고 그의 기대를 현실로 바꿔 주기로 했던 것이죠. 그렇게 해서 조각상 여인 갈라테이아Galatea는 실제 사람이 되었고 피그말리온과 사랑에 빠져 행복한 결혼을 하게 되었습니다.

피그말리온 효과Pygmalion effect는 그리스 신화의 피그말리온 이야기에서 유래했으며 기대나 믿음이 다른 사람의 심리와 행동에 영향을 미치는 현상을 말합니다. 앞서 다뤘던 플라시보 효과와 유사한 면이 있죠. 자성 예언의 일종이라는 점도 같고요. 피그말리온 효과는 교육 심리학자 로버트 로젠탈Robert Rosenthal이 발표하면서 학계와 대중의 큰 주목을 받았습니다.

그는 초등학교의 한 학급을 대상으로 실험을 진행했습니다. 먼저 아동들 중 무작위로 일부만 선별해서 교사에게 이 아동들에게 상위권의 재능이 있으며 성적이 향상될 것이라고 설명해서 '기대감'을 심어 줍니다. 그리고 시간이 지난 뒤 무작위로 선별했던 아동들과 나머지 아동들의 성적을 비교했더니 교사의 기대를 받았던 아동들의 성적이 실제로 향상되었다는 사실이 확인되었습니다. 무작위로 선별한 것이기 때문에 출신 배경, 지능 등 여러 변수들은 결과에 거의 영향을 미치지 못했으므로, 교사의 '기대'를 성적 향상의 원인으로 설명할 수 있습니다. 이 실험 이후 피그말리온 효과는 연구자인 로젠탈의 이름을 따서 로젠탈 효과 Rosenthal effect로도 불리게 됩니다.

자신이 조각한 여인상과 사랑에 빠진 피그말리온

'간절히 바라면 이루어질 것이다.' 피그말리온 효과가 주는 메시지는 어떤 관점에서 보면 무척 매력적입니다. 마치 동화 속에서나 일어날 만한 꿈이 현실로 이루어지는 순간인 것만 같죠. 하지만 심리학자들은 피그말리온 효과에 숨은 여러 잠재적 변수들을 놓치지 말아야 한다고 이야기합니다. 심리적 기제psychological mechanism의 문제라고도 합니다. 교사의 기대가 직접적으로 성적 향상이라는 결과에 영향을 미쳤다기보다는 교사의 기대가 학생들의 어떤 심리나 행위를 유발했고, 그것이 결과적으로 성적 향상에 영향을 주었을 가능성, 즉 기대와 결과 사이에 어떤 매개체가 존재했을 가능성이 있죠.

이 과정에서 꼭 고려해야 할 것은 바로 '기대를 충족하고자 노력한 학생들'입니다. 성적 향상은 단지 교사의 기대로만 만들어 낸 마법 같은 현상이라기보다는, 기대에 부응하고 잘 보이고 싶어 하는 마음(인정 욕구, 좋은 평판을 받고 싶어 하는 바람 등)이 실제로 노력하게 했고 결국 성적 향상으로 연결되었다고 보아야 할 것입니다. 사실 교사의 기대나 바람은 필요 조건이지 충분조건은 아니라는 사실이 이후 이루어진 많은 연구들을 통해 밝혀졌습니다.

알아 두면
쓸모 있는
1분지식

059

검은 양 효과

사람들은 왜 '우리 편'의 잘못에 더 가혹할까?

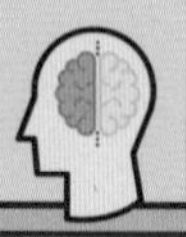

저는 어렸을 때 TV에서 방영하는 애니메이션을 즐겨 보았습니다. 그중에서도 특히 로봇들이 등장하는 만화를 좋아했는데요. 여러 대의 로봇이 등장해서 더 거대한 로봇으로 합체하고 강력한 무기로 '악'을 물리치는 정의로운 모습을 동경했던 기억이 납니다. 그런데 어른이 된 후에도 정의에 대한 열망은 아직 식지 않았나 봅니다. 사회 문제를 다룬 영화나 드라마를 보면서 주인공의 용기 있는 외침을 들을 때면 제 내면에서 무언가 끓어오르는 듯한 기분이 들 때가 있더라고요.

영화나 드라마가 아닌 실제 현실에서 정의를 외치는 사람들도 있습니다. 때로는 생계와 목숨을 담보로 하면서까지 자신이 몸담은 조직이나 집단의 부조리를 폭로하고 고발하는 내부 고발자들이 있죠. 이러한 내부 고발자의 용기 있는 결단은 조직을, 더 나아가서는 우리 사회를 더 정의롭게 만드는 데 기여하곤 합니다. 하지만 현실적으로는 어떨까요? 과감하게 나서기보다는 부조리를 알면서도 눈을 감고 방관하는 사람들도 많이 있습니다. 내부 고발자가 등장한다 해도 그를 지켜보는 동료들의 시선은 어떨까요? 안타깝게도 내부 고발자에 대한 처우는 그리 좋지 못한 경우가 많습니다. '조직, 집단의 명예를 실추했다', '눈치가 없다' 등으로 비판받으며 차별과 배척을 당할 가능성이 있죠.

심리학자들은 검은 양 효과black sheep effect라는 개념으로 내부 고발자 배척 현상을 설명하기도 합니다. 검은 양 효과를 이해하기 위해서는 사회 정체성 이론을 참고

우리 편의 다름은 정체성에 위협이 된다.

해야 합니다. 바로 사람들에게는 내집단을 긍정하고 외집단을 폄하하는 경향성이 있다는 이론이죠. 그에 따라 같은 사람이라 하더라도 내집단에 속했을 때는 긍정적으로 평가하는 반면('우리 편'이니까), 외집단에 속했을 때는 부정적으로 평가하는 경향을 보입니다. 그런데 이때 검은 양 효과를 주장하는 연구자들은 다음과 같은 질문을 던집니다. '만약 그가 나쁜 행동을 했다면 어떨까?'

사회 정체성 이론에 따르면 내집단 구성원들은 나쁜 행동을 저지른 사람을 옹호해야 합니다. '우리 편'이니까요. 반면 외집단 구성원이 나쁜 행동을 저질렀다면 그를 더욱 심각하게 비난해야 하죠. 하지만 연구자들은 사람들이 외집단 구성원의 나쁜 행동보다 내집단 구성원의 나쁜 행동을 더 용서받을 수 없는 잘못으로 평가한다는 사실을 발견했습니다. 그리고 이를 검은 양 효과라고 이름 지었죠. 마치 흰 양이 가득한 무리에 검은 양이 홀로 있어서 배척을 받는 상황이랄까요.

사람들은 우리 편의 잘못에 왜 더 가혹할까요? 사회적 동물인 인간에게 '내집단'은 단순한 소속 집단이 아닙니다. 사회적 자아를 구성하는 토대이면서 나의 일부분이기도 하죠. 내집단 구성원들은 우리 편의 잘못에 '모욕감'을 느낍니다. 내(집단) 정체성이 위협받는 상황을 견디기 어려운 것이죠.

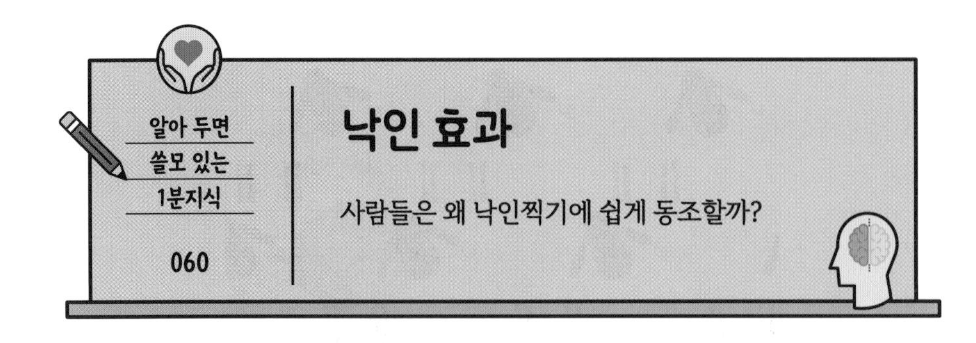

낙인 효과

사람들은 왜 낙인찍기에 쉽게 동조할까?

낙인 효과stigma effect란 정당한 이유없이 과소평가, 차별, 배척 등의 메시지를 담은 꼬리표를 붙여서 결과적으로 당사자에게 부정적인 영향을 미치는 현상을 말합니다. 예를 들어 A라는 학생의 학업적 재능이 뛰어남에도 A에게 '공부를 못한다', '학업 소질이 없다' 등으로 낙인을 찍고 A를 무시하고 과소평가한다면 A가 제 실력을 발휘할 수 없습니다. 그리고 결국 자신에게 찍힌 낙인에 맞게 좋지 않은 결과들로 이어지게 됩니다.

낙인찍기는 "너는 나쁜 사람이야", "너는 열등해", "너는 날 이길 수 없어" 등 낙인을 분명하게 표현할 때도 있지만, 은근히 눈치를 주거나 말없이 우열을 구분해 버리는 등 낙인의 메시지를 당사자에게 간접적으로 전달하는 경우도 있죠. 후자일 경우 낙인 효과의 피해자 입장에서는 제대로 대처하기 어려울 때가 많습니다. 자신도 모르는 새에 낙인 효과의 희생양이 되어 과소평가를 당하고 자신감도 잃게 되지요.

심리학자들은 낙인 효과를 두 가지로 구분해서 설명합니다. 먼저 사회적 낙인social stigma이라는 개념이 있습니다. 사회적 낙인은 사회 문화적 배경이나 주변 사람 등 다른 사람이 만든 부정적인 평판이나 인식 등을 의미합니다. 약자와 소수자에 대한 잘못된 인식, 인종 차별, 학력 차별, 출신지 차별 등 고정 관념이나 편견이라 불리는 것들을 사회적 낙인으로 이해할 수 있습니다. 그 밖에도 특정 개인을 둘러싼 부정적인 평판이나 실체가 불분명한 입소문, 루머 등이 사회적 낙인이 되기도 합니다.

사회적 낙인은 당사자에게 여러 가지 부정적인 영향을 미칩니다. 그런데 낙인의 효과가 심각한 나머지 다른 사람이 만들어 낸 것이라는 사실조차 잊은 채 낙인을 '내면화'하고 낙인의 부정적 효과들을 자신의 부족함 탓으로 돌리는 경우도 나타나죠. 심리학자들은 이를 자기 낙인self-stigma이라고 했습니다. 사회적 낙인을 내면화한 개인은 스스로가 스스로에게 낙인을 찍는 단계에 이르고 맙니다. 스스로를 자꾸 비난하며 자신은 무능하고 허약하며 보잘것없는 존재라고 믿게 되죠.

낙인찍기는 과소평가, 차별, 배척 등의 부정적 결과를 가져온다.

안타까운 것은 한번 낙인이 형성되면 그로부터 벗어나기가 쉽지 않다는 점입니다. 왜 낙인은 잘 사라지지 않는 걸까요? 낙인은 부정성 편향negativity bias이기도 합니다. 사람들은 긍정적인 것보다 부정적인 대상과 경험을 더 생생하고 오래 기억하는 경향이 있습니다. 이는 진화 심리학적으로 볼 때 안전 지향적인 생존 전략과 연관된 것입니다. 즉 좋은 사람을 한 명 더 만나는 것보다 나쁜(또는 나쁘다고 알려진) 사람을 한 번이라도 더 피하는 게 생존에 유리하기 때문입니다. 낙인을 통해 상대방을 배척하는 전략이 자원 경쟁에서 더 유리한 고지를 선점하는 데 도움을 줄 수 있겠죠. 또한 살면서 만나는 다양한 사람들에게 꼬리표를 붙여 '좋은 사람', '나쁜 사람'처럼 단순하게 구분하는 것이 더 간편하기도 합니다(정신적 에너지를 절약하기 위한 수단).

흔들다리 효과

흔들다리 위에서는 더 쉽게 사랑에 빠진다?

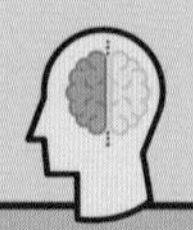

다리 위에서 진행된 유명한 심리학 실험이 하나 있습니다. '아름다운 자연 경치가 창의적인 표현에 미치는 영향'이라는 실험이었습니다. 18~35세 사이의 남성 85명을 실험 조건에 따라 두 가지 다리에 각각 배정했습니다. 실험 조건에서는 지면으로부터 비교적 높은 곳에 설치되어 있고 철사 케이블로 고정한 흔들다리를 건너는 역할을 배정받았습니다. 통제 조건에서는 낮은 곳에 단단하게 고정해서 설치된 다리를 건너는 역할을 받았죠. '다리'를 변수로 삼아 참여자들의 불안, 각성, 흥분 상태를 인위적으로 유도하려는 조치였습니다(아무래도 높은 흔들다리를 건널 때 더 긴장하겠죠?).

그렇게 각자 다리를 건너던 참여자에게 여성 실험 도우미가 다가와 설문지를 건넸습니다. 설문지에는 나이, 학력 수준, 다리 방문 경험 등에 대한 문항도 있었고, 그림을 보고 간단하면서도 드라마틱한 이야기를 한 편 지어야 하는 과제도 있었죠. 모든 과정이 마무리된 후 여성 실험 도우미는 실험에 대해 더 자세히 알고 싶다면 연락하라며 자신의 이름과 전화번호를 알려 줍니다. 흔들다리 조건에서는 글로리아, 고정된 다리 조건에서는 도나라는 이름을 알려줬습니다. 나중에 참여자들이 전화했을 때 그 참여자가 어떤 조건에 속했는지를 알아야 했거든요.

이후 연구자는 각 조건의 참여자들이 여성 실험 도우미에게 전화한 횟수를 조사했습니다. 이쯤 되면 실험의 진짜 목적을 눈치챘겠죠? 연구자들은 전화하는 횟수를 곧 여성 도우미에 대한 호감으로 간주하고, 다른 모든 조건이 같을 때 생리적 각성(긴장, 홍분, 불안 등) 여부에 따라 이성에 대한 호감을 느끼는 정도가 달라지는지를 알아보려 했던 것입니다. 연구 결과는 놀라웠습니다. 고정된 다리 조건에서는 12.5퍼센트만이 전화한 반면, 흔들다리 조건에서는 무려 50퍼센트의 남성이 전화했습니다.

위기 상황에서 만난 사람에게는 호감이 상승한다.

흔들다리 효과suspension bridge effect로 알려진 이 놀라운 현상은 심리학계와 대중의 많은 주목을 받았습니다. 그렇다면 이 효과는 어떻게 발생했을까요? 심리학자들은 홍분의 전이와 해석의 결과로 이해하고 있습니다. 먼저 흔들다리처럼 위태로운 환경에 처하면 신체적으로 각성됩니다. 긴장되고 불안하며 심지어 무섭기까지 하죠. 그런데 홍미로운 것은 참여자들이 그 각성의 원인을 제대로 파악하지 못했다는 점입니다. 흔들다리만 있었다면 '흔들다리 때문이구나' 하겠지만, 눈앞에 매력적인 이성이 있으니 '혹시 내가 저 사람을 보고 마음이 흔들리는 것일까?'라고 착각하고 만 것이죠.

이렇듯 불안이나 공포 등 우리가 부정적이라고 생각하는 감정이 상황에 따라서는 사랑 같은 극적인 결과를 만들어 내기도 합니다. 심지어는 죽음에 대한 공포조차도 사랑의 감정과 연결할 수 있다는 연구 결과도 있습니다. 커플들에게 미리 유서를 써 보게 하는 등 죽음을 상기시키고 나면, 이전보다 자신의 연인에 대해 더 애틋함을 느낀다는 실험 연구 결과가 보고되었습니다.

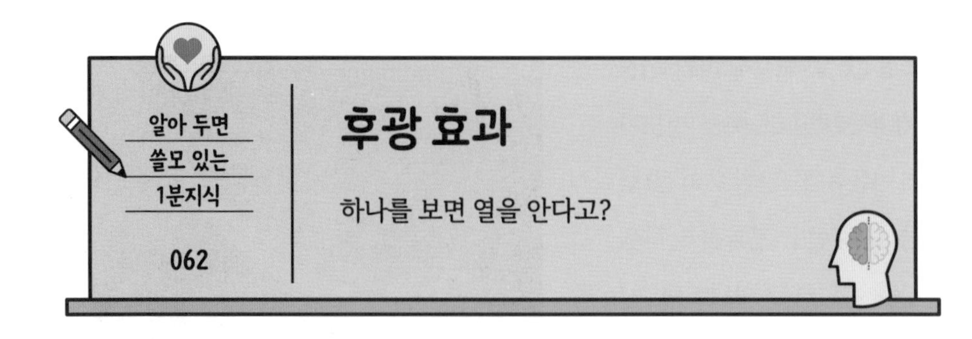

후광 효과

하나를 보면 열을 안다고?

EBS의 〈다큐프라임: 인간의 두 얼굴〉 편에서는 흥미로운 심리학 실험을 많이 다루고 있습니다. '양복 실험'도 그중 하나로 그 내용은 다음과 같습니다.

사람들이 많이 지나다니는 번화가의 어떤 가게 쇼윈도에 한 남성이 서 있습니다. 실험자는 지나가던 여성들에게 첫인상에 관한 실험을 하고 있다고 설명하면서 그를 10초 동안 관찰하게 했습니다. 그러고 나서 남성의 직업은 무엇일 것 같은지, 1년에 얼마나 벌 것 같은지, 매력 지수는 10점 만점에 몇 점인지, 어떤 사람일 것 같은지 등을 질문했습니다.

실험의 주요 변수는 남성의 옷차림이었습니다. 먼저 '후줄근한 조건'에서 남성은 통이 넓은 청바지에 붉은 체크무늬 셔츠를 입고 있었습니다. 그를 본 여성들은 '공장 기계 수리하시는 분 같다', '만두 가게 하실 것 같다', '1년 수입은 1,200만 원 정도일 것 같다' 등으로 평가합니다. 매력 지수는 10점 만점에 2점, 0점 등을 받았죠. 그렇다면 '반듯한 조건'에서는 어땠을까요? 이번에는 같은 남성이 정장에 넥타이를 매고 고급스러운 시계를 찬 채 쇼윈도에 서 있었습니다. '변호사나 의사일 것 같다', '억대 연봉을 받을 것 같다' 등 경제력 면에서 무척 후하게 평가했습니다. 매력 지수도 10점 만점에 9.5점, 10점 등으로 매우 높았습니다.

흥미로운 것은 옷차림이 바뀌면 성격을 추정하는 데도 영향을 준다는 사실입니다. 정장을 입은 남성은 '논리적일 것 같다', '활달해 보인다', '자신감이 넘친다', '유머

러스할 것 같다', '자상해 보인다' 등의 평가를 받았습니다.

보이는 게 전부는 아니다.

이 실험은 인간의 고정 관념에 대한 실험이면서 동시에 후광 효과halo effect에 관한 실험입니다. 후광 효과란 대상의 특정 속성에 관한 긍정적인 평가가 대상의 나머지 속성에 대한 평가에도 긍정적 영향을 미치는 것입니다. 사실 후광 효과는 우리 일상에서 무척 흔하게 볼 수 있습니다. 예를 들어 마케팅 분야에서는 '전문가가 추천한 ○○○', '천연 소재 활용', '100만 명이 선택한 ○○○' 등 긍정적인 '일부' 속성을 극적으로 부각합니다. 해당 속성에 대한 긍정적인 평가가 제품의 품질, 사용 경험 등 다른 전반적인 부분에 대한 긍정적인 평가로 전이되는 것을 노리는 전략입니다.

심리학자들은 정보의 부족, 인지적 절약 등을 후광 효과의 원인으로 지목합니다. 대상의 여러 측면에 대한 단서가 충분하지 않은 경우가 많으니, 일단 눈에 띄는 긍정적인 단서를 기준점으로 삼아 나머지 평가에도 참고한다는 것이죠. 또한 세세히 조사하고 알아보는 것보다는 후광으로 평가하는 것이 더 편하기도 하고요.

후광 효과는 우리가 미처 인지하지 못하는 사이에 자연스럽게 일어납니다. 하지만 어디까지나 착각이자 오류인 만큼 상황에 따라서는 정확한 판단을 방해하기도 합니다. 대표적인 예가 바로 면접 시험 같은 대면 평가 상황입니다. 뛰어난 외모나 우수한 학력 등 면접자의 일부 특성이 부각되면 면접관에게는 나머지 다른 특성들도 좋아 보이는 현상이 나타납니다. 그래서 이러한 후광 효과가 일어나는 것을 막기 위해 면접관들에게 사전 교육을 하거나 능력과 큰 상관이 없는 나이, 출신지 등의 정보들을 배제(블라인드 채용)하는 등의 조치를 취하기도 합니다.

단순 노출 효과

자주 볼수록 점점 더 호감이 가는 이유는?

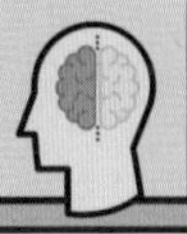

사랑이 주제인 영화에서는 주인공들의 첫 만남을 매우 비중 있게 그리곤 합니다. 우연히 어딘가에서 마주친 두 사람, 그때만 해도 미래에 상대방이 자신에게 중요한 사람이 될 것이라고는 꿈에도 생각하지 못하죠. 그래서 무심결에 그냥 지나쳐 버리고 맙니다. 일상에서 늘 겪는 '우연' 중 하나일 뿐이라고 생각하고 마는 것이죠. 그러던 어느 날 남자(여자) 주인공은 연인과 결별, 상사와의 불화, 아끼던 가족의 죽음 아니면 다른 어떤 이유로 매우 괴로운 시간을 보내다 울적한 마음을 달래기 위해 기분 전환할 곳을 찾아가게 됩니다. 그런데 이게 웬일입니까? 다른 사람이 그곳에 먼저 와 있는 것이 아니겠습니까? 그 사람도 무언가 힘든 일이 있는 듯 표정이 별로 좋지 않습니다. 잠시 그를 쳐다보던 주인공은 어렴풋이 그와 무심결에 스쳐 지나갔던 그날의 '우연'을 떠올립니다. 한 번의 만남이 두 번째 만남으로 이어지자 그제야 주인공은 생각합니다. '어쩌면 우연이 아니라 필연일지도 몰라.'

이처럼 단순히 두 번 이상 본 것만으로 '필연'이 되고 곧 '사랑'으로 발전하는 마법과도 같은 순간이 있습니다. 심리학자 자이언스는 이러한 현상에 주목했습니다. 그리고 이 현상을 단순 노출 효과mere exposure effect라고 했죠. 단순 노출 효과란 특정 대상을 반복적으로 자주 접할수록 그 대상에 대한 호감도가 높아지는 현상을 말합니다. 여기에 '단순'이라는 표현이 붙은 이유는 말 그대로 아무런 조치를 하지 않고 그저 자주 접하는 것만으로도 그런 효과가 나타나기 때문입니다.

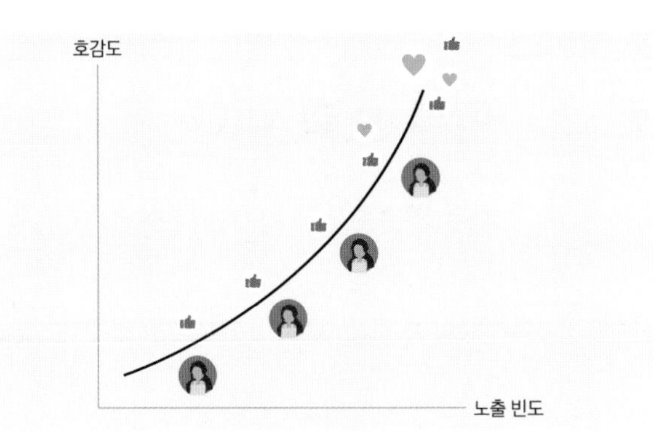

한 번은 우연, 두 번부터는 필연

심리학자들은 실제로 여러 실험들을 통해 단순 노출 효과를 검증했습니다. 학생들을 대상으로 했던 어떤 연구에서는 한 학기가 끝나 수업을 마무리한 후 같이 수업을 듣던 학생들 중 어느 학생에게 더 호감이 있었는지를 질문했을 때 '출석 횟수'가 의미 있는 변수라는 점을 발견했습니다. 즉 출석을 많이 한 학생일수록 그만큼 다른 학생들에게 자주 노출되었을 것이고 그래서 호감도가 더 높았던 것입니다.

그 밖에 단순 노출 효과의 사례는 무척 다양합니다. 앞서 설명한 후광 효과처럼 마케팅 분야에서 특히 많이 활용되는데요. 제품을 판매하는 기업들이 자사의 광고를 많은 돈을 들여 가능한 한 여러 번 보여 주려는 것도 단순 노출 효과의 사례입니다. 물론 소비자가 제품을 구매할 때는 단순 노출 효과에 따른 친숙감만을 고려하지는 않을 겁니다. 두 경쟁 제품의 장단점도 따져 봐야 하고 기대 이익이나 기회비용 등도 고려할 수 있죠. 하지만 시간이 충분하지 않거나 정보가 부족한 상황에서는 단순 노출 효과가 매우 강력한 힘을 발휘합니다. 실제로 연구자들은 소비자들이 한 번이라도 더 접해 봤던 눈에 익은 제품을 선택하는 경향이 있다는 사실을 발견했습니다.

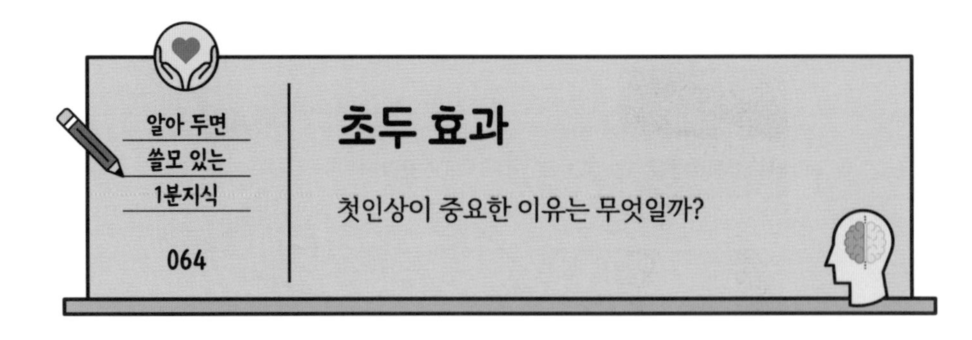

초두 효과

첫인상이 중요한 이유는 무엇일까?

솔직히 고백하자면 저는 외국어를 배우고 익히는 능력이 조금 모자란 편입니다. 수능 시험을 준비할 때도 영어 공부를 하면서 가장 많이 고생했죠. 수능 시험이 끝난 후에는 이제 영어는 쳐다도 보지 않겠다고 결심했을 정도였습니다(그런데 결국 영어 자료를 자주 봐야 하는 직업을 갖게 되었으니 그 결심은 실패한 셈이네요).

특히 영어 단어를 암기하는 것이 쉽지 않았습니다. 고3 때 담임선생님의 교과목이 영어였는데, 영어 성적이 좋지 않은 제게 하루 70개씩 암기하라는 특단의 대책을 세워 주셨죠. 그런데 영어 단어를 열심히 암기하던 저는 매우 신기한 현상을 발견했습니다. 모든 단어를 다 외웠다고 생각하고 검사를 받으러 선생님에게 가면 맨 처음 외웠던 것과 가장 마지막에 외웠던 단어들은 기억이 잘 나는데 나머지는 그새 잊어버린 듯 버벅거렸던 것이지요. 당시에는 제 암기력 부족을 탓했지만 나중에 심리학을 공부하고 나서야 그것이 어떤 현상이었는지 알게 되었습니다. 바로 초두 효과primacy effect와 최신 효과recency effect였습니다.

초두 효과란 여러 정보를 순차적으로 접할 때 앞쪽에 등장한 정보를 더 잘 기억하는 경향을 말합니다. 최신 효과는 반대로 나중에 등장한 정보를 더 잘 기억하는 경향을 말하지요. 심리학자 애쉬는 초두 효과를 검증하기 위해 흥미로운 실험을 진행했습니다. 애쉬는 실험 참여자들에게 A와 B 두 사람의 성격에 관한 정보를 제공했습니다. A는 '지적이고 근면하고 충동적이고 비판적이고 완고하고 질투심이 많다', B는

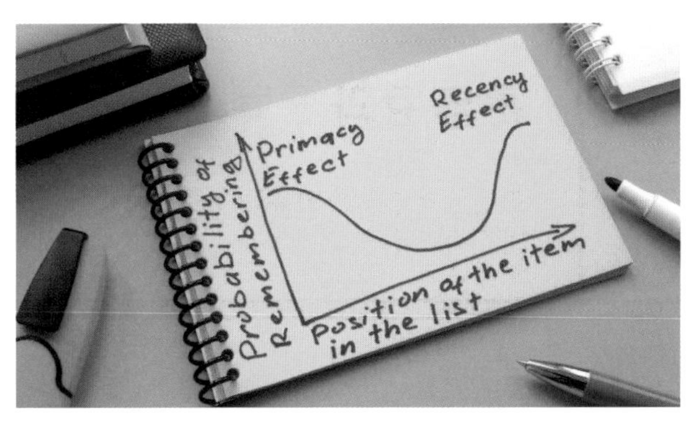

왜 처음과 끝에 외운 것만 잘 기억날까?

'질투심이 많고 완고하고 비판적이고 충동적이고 근면하고 지적이다'라고 했죠. 그런데 A와 B의 성격 묘사를 잘 읽어 보면 순서는 반대이고 내용은 같다는 것을 알 수 있습니다. 따라서 참여자들은 A와 B를 동일하게 평가했어야 '합리적'인 것이었죠. 하지만 실험 결과, 참여자들은 B보다는 A를 더욱 높게 평가했습니다. 앞 부분에 등장한 '지적이고 근면'하다는 긍정적 단서가 인상 판단에 영향을 주었기 때문입니다.

초두 효과와 최신 효과는 왜 일어날까요? 먼저 사람들은 많은 정보를 접할 때 먼저 나오는 정보를 반복적으로 암기하는 경향이 있습니다(초두 효과). 둘째, 가장 마지막에 등장한 정보를 망각하기에는 나머지 정보들에 비해 시간적 간격이 가장 짧습니다(최신 효과). 단기 기억에 저장되고 인출될 가능성이 높아지는 거죠. 셋째, 주의 집중의 문제도 있습니다. 처음 정보를 접할 때 높은 집중력을 보이다가 시간이 지나면서 피로하거나 지루하다는 등의 이유로 점점 집중력이 떨어지죠. 그러다가 끝나갈 때가 되면 '조금만 더 힘내자', '마지막까지 집중하자'라고 생각하며 다시 마음을 다잡습니다.

초두 효과와 최신 효과의 원리를 이해하면 학습 계획도 더 효율적으로 구상할 수 있습니다. 오늘 공부해야 할 과목들이 여러 개 있고 우선순위나 중요도 등이 다르다고 가정해 보겠습니다. 초두 효과와 최신 효과를 활용하려면 계획의 맨 앞과 가장 뒤쪽에 우선순위나 중요도가 높은 과목을 배치하는 것이 유리할 것입니다.

근본 귀인 오류

잘 알지도 못하면서
왜 쉽게 판단하려 할까?

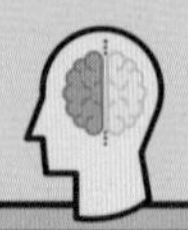

수업이 끝나고 하교하던 E양, 학교 정문 건너편에서 버스를 타기 위해 횡단보도 앞에서 신호를 기다리고 있었습니다. 그런데 문득 바로 옆에서 누군가 지나가는 느낌이 들어 고개를 들었습니다. 그런데 같은 반의 F군이 신호와 횡단보도를 무시하고 그냥 길을 건너고 있었습니다. '무단 횡단을 하다니, 저 애는 너무 자기 마음대로 행동하는 것 같아. 나는 저러지 말아야겠다'라고 생각하며 F군을 불편한 눈으로 보았던 E양은, 나중에서야 친구를 통해 그 이유를 알 수 있었습니다. 사실 그날 F군은 평소 지병을 앓고 있던 어머니가 위급하다는 소식을 들은 참이었습니다. 그래서 급히 병원에 가려는 마음이 앞선 나머지 평소에 하지 않던 무단 횡단을 했던 것입니다. 이 이야기를 들은 E양은 괜히 머쓱했습니다.

E양의 이야기는 심리학의 근본 귀인 오류fundamental attribution error의 전형적인 예입니다. 근본 귀인 오류란 어떤 행위자를 평가할 때 상황이나 환경 요소들은 무시하고 행위자의 내적 속성인 성격, 가치관, 동기, 태도, 신념 등을 과대평가하는 현상을 의미합니다. 여기에 '오류'라는 단어가 붙은 이유는 명확합니다. 무엇이든 합리적인 판단을 하기 위해서는 행위자 개인은 물론 그가 처해 있는 상황까지 두루 고려해야 하기 때문입니다. 그리고 '근본'이라는 단어가 붙은 이유는, 이러한 귀인 오류가 그만큼 누구에게나 일어날 수 있는 보편적인 현상이기 때문이지요.

근본 귀인 오류는 왜 일어날까요? 첫째, 자극의 현저성salience 때문입니다. E양의 사례에서, 관찰자인 E양과 행위자인 F군 사이에는 정보 비대칭의 상황이 성립합니다. E양의 입장에서는 F군이 현재 어떤 상황에 처해 있는지에 대한 단서가 없었고, F군은 당사자인 만큼 자신이 처한 상황을 고려해 판단할 수 있었던 것이죠. 정리하면 E양에게는 상황에 대한 단서보다는 행위자의 행동 단서가 보다 현저하게 눈에 띌 수밖에 없었습니다.

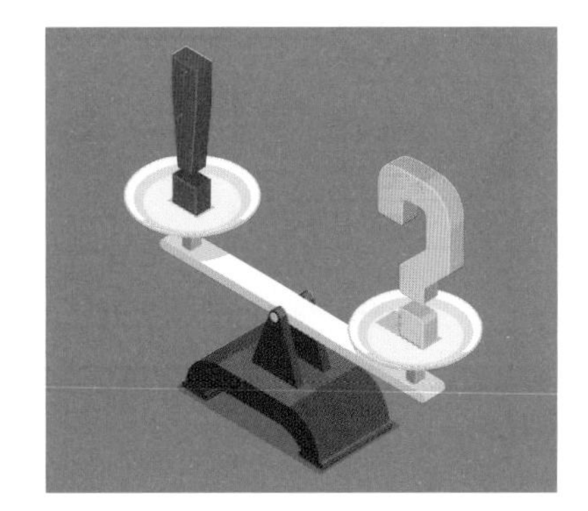

속단은 금물

둘째, 인지적 구두쇠의 문제 때문입니다. 사람은 주의 집중력, 관찰력, 사고력 등 정신적 에너지를 가급적 절약하는 방향으로 마음이 진화되어 왔습니다(예기치 못한 위협에 대비하기 위한 '보험'입니다). E양의 입장에서는 F가 처한 상황을 알아보는 데 시간과 노력이 들고, 합리적으로 판단하기 위해 여러 정보를 고려하다 보면 정신적인 피로가 쌓이겠죠. 그래서 현저한 단서로만 F군을 평가하는 위험에 빠지기 쉬웠던 것입니다.

최근 인터넷에서는 '중립 기어', '피카츄 배 만지기' 등의 표현이 심심찮게 보이곤 합니다. 이는 어떤 논쟁적인 사안에서 가해자와 피해자가 명확하게 구분되지 않을 때, 즉 이를 판단할 수 있는 상황에 대한 단서가 충분히 주어지지 않을 때 아직은 평가를 유보하겠다는 의미로 누리꾼들이 사용하는 속어입니다. 그런데 심리학 전공자의 입장에서는 이 같은 현상이 근본 귀인 오류에 빠지지 않기 위한 나름의 노력으로 보이기도 합니다.

알아 두면
쓸모 있는
1분지식

066

점화 효과

누군가 내 머릿속에 불을 밝혔다고?

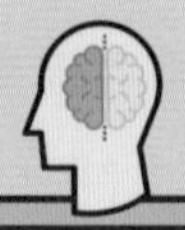

점심 메뉴를 고르는 H군이 있습니다. H군은 점심으로 무엇을 먹을지 고민하다가 비빔밥을 먹자고 동료 I군에게 제안했습니다. I군은 H군에게 비빔밥을 먹고 싶은 이유가 있는지 물었습니다. 이에 H군은 대답했습니다. "음, 잘 모르겠어. 왠지 모르게 먹고 싶어졌어. 그냥 비빔밥이 당겨." I군은 H군과 비빔밥을 먹으면서 아침에 H군이 보고 있던 신문 기사가 문득 생각났습니다. 그 기사는 '한식의 세계화'에 관한 내용이었습니다.

점화 효과priming effect란 먼저 접한 자극이나 정보가 이후의 자극이나 정보의 판단, 선택 등에 영향을 미치는 현상입니다. 점화 효과가 심리학자들의 관심을 받았던 이유 중 첫 번째는 당사자가 미처 인지하지 못한 상황에서 점화 효과가 일어난다는 것이었고(무의식적으로 영향을 받음), 두 번째는 점화 효과가 상당히 강력하면서도 그것이 일상에서 매우 흔하게 관찰될 수 있다는 점이었습니다. 과거 대학원에서 점화 효과를 공부하면서 저 역시도 영화에서나 보던 '최면', '암시'를 보는 듯한 기분을 느꼈죠.

점화 효과에 관한 실험들은 매우 많습니다. 그중 잘 알려진 것이 심리학자 존 바그John Bargh의 실험들입니다. 그의 한 연구에서는 실험 집단의 참여자들에게 '잘 잊어버리는', '주름', '(머리가) 벗겨진', '회색의' 등의 단어를 활용하는 과제를 주었습니다. 과제를 마친 뒤에는 다른 실험에 참여해야 하니 다른 장소로 이동하라고 안내했죠. 이때 실험자들은 참여자들의 걸음걸이와 이동 속도를 관찰하면서 매우 놀라운 현상을 발견했습니다. 통제 집단에 비해 실험 집단의 참여자들이 훨씬 느릿느릿하게 마치 노인처럼 걷고 있었습니다. 비록 '노인'이라는 단어는 없었지만, 그것을 연상할 만한 단서들이 제시되자 점화 효과가 일어나 참여자들에게 무의식적으로 영향을 미쳤던 것입니다.

존 바그의 점화 효과 실험 중 한 장면

점화 효과가 신체적 감각과도 관련이 깊다는 점은 흥미롭습니다. 즉 때로는 오감으로 느끼는 감각적 정보가 점화 효과를 일으켜 우리의 정보 처리, 의사 결정 과정에 영향을 미치기도 합니다(이는 체화된 인지embodied cognition라는 별도의 연구 주제입니다). 이에 관한 바그의 실험을 한 가지 더 살펴보죠.

이번에는 참여자에게 실험 조건에 따라 따뜻한 음료 또는 차가운 음료가 담긴 컵을 얼마 동안 들고 있게 합니다. 그 후 처음 보는 사람의 인상을 평가해 달라고 합니다. 그 결과, 따뜻한 컵을 들고 있던 사람은 차가운 컵을 들고 있던 사람에 비해 더 긍정적으로 평가하는 경향을 보였습니다. 컵을 통해 느껴진 물리적 따뜻함이 마음의 따뜻함으로 점화되었기 때문으로, 이 실험 연구는 세계적인 학술 저널인『사이언스』에 게재되며 매우 큰 반향을 불러일으켰습니다.

그 밖에 국내에서도 점화 효과와 관련된 많은 실험이 진행되었습니다. 평소 기부를 많이 하는 이타적인 유명인에 관한 정보가 점화되면 참여자의 기부 행위가 늘어난다거나, '도시'의 개념을 점화할 때와 '시골' 개념을 점화할 때를 비교해서 어느 쪽을 더 유능하게 지각하는지 같은 흥미로운 결과들이 소개되었습니다.

집단 극화

회의는 왜 자꾸 산으로 가는 걸까?

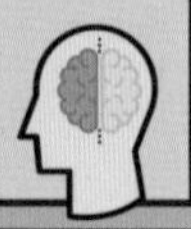

인간은 사회를 이루고 살아가는 동물입니다. 그렇게 인간이 사회적 동물이 된 데에는 나름의 이유도 있죠. 혼자보다는 여럿이 함께 힘을 합치는 것이 대부분의 경우 더 낫기 때문입니다. 그래서 으레 생각합니다. 곤란한 일이 있을 때 혼자 고민하는 것보다는 다 같이 머리를 맞대고 대책을 의논하면 더 나은 결론을 얻을 수 있지 않을까? 이 때문에 우리는 어렸을 때부터 지속적으로 회의라는 절차에 익숙해집니다. 학교에서는 조별로 회의하고 함께 과제를 합니다. 회사에서는 부서별, 팀별로 회의를 진행하며 앞으로의 업무 방향을 결정하죠.

하지만 사회 심리학자들은 집단으로 의사 결정을 할 때 발생할 수 있는 위험성을 경계해야 한다고 조언합니다. 회의에 참여하기 전보다 생각과 의견의 다양성이 사라지고 획일적인 결론만 남게 되는 집단 사고groupthink가 일어날 수 있기 때문입니다. 실제로 역사적, 사회적으로도 집단 사고가 일어난 사례는 흔하게 찾아볼 수 있습니다. 제2차 세계 대전 당시의 나치즘, 정치적 극단주의 등 집단의 의사 결정이 일방적이고 극단적인 형태로 이루어지고, 그 결과 대학살로 이어지는 인류 사회에 부정적인 영향을 미친 사례도 있었죠. 이처럼 집단 사고가 극단적인 형태로 흐르는 경우를 집단 극화group polarization라고 합니다.

집단 극화가 일어나는 데에는 몇 가지 심리적 배경이 숨어 있습니다. 먼저 책임감이 분산된다는 점입니다. 혼자 과격한 주장을 하려면 주저하겠지만, 여럿이 함께

집단 극화 현상은 성향이 비슷한 사람끼리 모였을 때 더 강하게 나타난다.

모인 자리에서라면 이야기가 달라집니다. 과격한 주장을 해서 다른 사람이 동조한다면 그것은 나만의 책임이 아니라 모두의 책임이 되거든요. 그리고 중립적이고 온건한 주장보다는 과격한 주장이 더 자극적이며, 더 많은 관심과 주의를 받습니다. 기억에도 더 잘 남기 때문에 회의의 최종 결정에 영향을 미칠 가능성도 큽니다.

집단 극화 현상은 특히 성향과 신념이 비슷한 사람끼리 모였을 때 더 강하게 나타납니다. 이는 확증 편향과 관련되어 있습니다. 이때는 자신이 기존에 갖고 있던 성향과 신념에 동조하고 지지하는 의견들이 등장할 가능성이 커집니다. 사람이 많으면 많을수록 동조하는 사람도 많아지니 자연스럽게 확신이 강해지죠. 이렇게 탄생한 '맹신'은 자연스럽게 반대 의견에 대한 강력한 배척과 무시로 연결됩니다.

그렇다면 집단 극화를 방지하기 위해 어떻게 노력해야 할까요? 결국 다양성이 핵심입니다. 극단에 빠지지 않게 중립적인 의견이나 반대 의견도 낼 수 있는 분위기를 조성해야 합니다. 회의에 참석한 이들을 인위적으로 나눠서 찬반 토론을 하거나 익명성을 보장하기 위해 쪽지 등으로 의견을 제시하고 수렴하는 등의 절차가 도움이 될 수 있습니다.

상상 효과

상상력만 잘 발휘해도
성적이 오른다는데 정말일까?

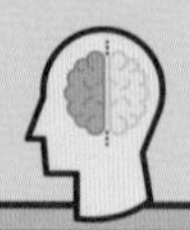

만약 어떤 일이 상상한 대로 이뤄질 수 있다면 믿겠습니까? 한때 『시크릿』이라는 책이 베스트셀러에 오른 적이 있습니다. 간절히 원하고 바라면 기적을 일으킬 수 있다는 메시지를 전하는 책으로 많은 사람들의 관심을 받았습니다. 두 가지 생각을 했습니다. 사람들이 '상상력'에 대한 마법 같은 기대감이 있다는 것 그리고 '상상력'이 과학적 연구 주제로도 가치가 있지 않을까 하는 호기심이었지요.

실제로 심리학자들은 상상력에 관심이 많았습니다. 인간이 무언가를 상상하는 이유는 무엇이며, 그로부터 얻는 이점이 있을까? 만약 상상을 통해 그것을 현실로 바꿀 수 있다면 그러한 현상에 관여하는 조건은 어떤 것일까? 여러 가지 질문이 떠올랐습니다. 이 과정에서 등장한 개념이 바로 심적 시뮬레이션mental simulation입니다. 심적 시뮬레이션이란 자신의 목적과 그 목적을 이루기 위한 과정들을 체계적으로 상상해 보는 절차입니다. 흔히 운동 선수들이 이미지 트레이닝image training을 하며 시합에서는 어떻게 움직일지, 상대의 특정 반응에 어떻게 대응할지 등을 미리 연습한다고 알려져 있습니다. 이는 심적 시뮬레이션의 매우 좋은 예입니다.

심적 시뮬레이션의 효과를 학습에 적용할 수는 없을까요? 한 심리학 연구에서는 참여자들을 총 세 집단으로 나눠서 각 집단에게 상상에 관한 과제를 주었습니다. 첫 번째 집단에는 학습 목표를 정한 뒤 이를 달성해 나가는 구체적인 '과정'을 체계적으로 상상해 보라고 안내했습니다(교재를 펴고 밑줄을 그으며 학습한 내용을 정리하는 등 일련의 과정). 두 번째 집단에는 학습 목표를 정한 뒤 이를 달성했을 때 어떤 좋은 '결과'가 있을지 상상해 보라고 안내했습니다(빛나는 성적표, 부모님과 선생님의 칭찬, 값진 보상 등). 마지막으로 세 번째 집단은 통제 집단으로, 별다른 과제를 제시하지 않았죠. 일정 기간 동안 주어진 상상 과제를 하게 한 다음 연구자들이 참여자들의 학습 성과를 조사했는데, 그 결과는 다음과 같았습니다.

상상이 현실이 되려면?

'과정'을 상상했던 조건의 두 번째 집단 참여자들이 나머지 조건의 참여자들에 비해 학업 과제물의 완성도가 높고 마감 시간을 지킨 비율도 높았으며, 학업 성취도 역시 더 우수했습니다. 상상 과제 외에는 집단 사이에 이렇다 할 차이가 없었다는 점을 감안하면, 상상력을 발휘하는 것만으로도 성적이 향상되는 놀라운 효과가 나타난 것이죠.

또한 중요한 점은 상상력을 발휘해도 '결과'를 상상하는 것만으로는 부족하다는 사실입니다. 일이 잘 풀렸을 때를 상상하는 것은 약간의 동기 부여 효과가 있을 수는 있습니다. 하지만 상상과 바람을 현실에서 이루기 위해서는 현실에서든 상상 속에서든 구체적인 '과정'을 그려 보고 그대로 진행하기 위해 노력해야 합니다. 세상에 뭐든 공짜는 없는 법이니까요.

스크루지 효과

죽음에 대한 공포가 사람을 착하게 만든다?

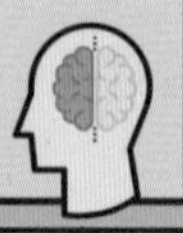

찰스 디킨스Charles Dickens의 소설 『크리스마스 캐럴』의 주인공인 스크루지 영감은 지독한 구두쇠였습니다. 오로지 돈이 최고라고 믿으며 가난한 사람들을 경멸하고 그들에게 어떠한 도움도 주지 않았죠. 돈만 추구하고 살았기에 가족도 없이 평생 혼자서 살았습니다. 그러던 어느 날 스크루지 영감은 꿈 속에서 죽은 친구 말리Marley의 유령을 만납니다. 말리는 스크루지를 과거, 현재, 미래의 유령에게 각각 안내하며 지금처럼 산다면 얼마나 비참한 미래를 겪게 될지 경고하고 가르침을 줍니다. 깊은 깨달음을 얻은 스크루지 영감은 잠에서 깨어나자마자 개과천선해서 가난한 사람들을 위해 큰 돈을 기부하는 등 달라진 모습을 보여 줍니다.

스크루지는 꿈에서 미래의 유령을 통해 죽음에 관한 무서운 경험들을 했습니다. 무덤이 나타나고 자신은 관에 들어갑니다. 그리고 행인들은 그의 죽음을 슬퍼하지 않았죠. 어쩌면 이것이 스크루지의 행동을 바꿔 놓은 가장 충격적인 경험이 아니었을까 싶은데요. 즉 '죽음에 대한 생각(두려움)'이 착한 스크루지를 만들었다 해도 과언이 아닐 것 같습니다. 심리학에 등장하는 스크루지 효과Scrooge effect는 바로 이 스크루지 이야기에서 유래한 것입니다.

스크루지 효과란 '죽음(유한함) 현저성mortality salience(죽음에 관한 이미지, 생각 등이 크게 자각되는 경우)'이 높을수록 이타적인 의도나 행동이 증가하는 경향성을 가리킵니다. 즉 죽음, 유한함, 필멸에 대한 생각이 머릿속에 떠오르면 누군가를 돕고 싶어 하는 마음이 생긴다는 것이죠. 스크루지 효과는 간단한 점화 실험으로도 쉽게 검증할 수 있습니다.

죽음을 경험한 뒤 새 사람이 된 스크루지

한 연구에서 참여자들은 약 5분 동안 기부에 관련된 간단한 설문 조사에 참여합니다. 재미있는 것은 조건에 따라 참여자들이 설문 조사에 참여하는 장소가 달랐다는 점입니다. 실험 조건에 배정된(죽음의 현저성 조건) 참여자들은 장례식장 근처에서 설문 조사에 참여했습니다(직접적으로 '죽음'을 떠올리라는 지시는 없었으므로 점화 효과의 예에 해당합니다). 실험 결과, 통제 조건에 비해 장례식장 근처에서 설문 조사에 응했던 참여자들이 기부 행위의 가치와 유용성을 더 높게 평가했으며 더 강한 기부 의사를 보이는 것으로 나타났습니다. 단순히 '죽음'을 떠올리게 했을 뿐인데도 친사회적인 의도를 이끌어 낼 수 있었던 것이죠.

스크루지 효과를 이해하려면 공포 관리 이론을 참고해야 합니다. 공포 관리 이론에서는 죽음을 두려워하는 사람들이 그 불안감과 공포에 어떻게 대처하는지를 설명합니다. 죽음에 대한 공포가 영향을 미치는 여러 현상이 있는데, 그중 사회의 규범을 준수하고 사회적으로 인정받으려는 현상이 있습니다. 비록 자신은 죽고 사라지지만 사회는 영원하기에 규범과 원칙 등 보수적인 가치를 중요하게 여기는 태도가 나타나며, 죽음으로 인한 부정적 감정들을 극복하기 위해 사람들에게 인정받으려 하죠. 연구자들은 바로 이 때문에 스크루지 효과가 나타난다고 설명합니다. 착하게 행동하면 더 따뜻하고 좋은 사회가 될 뿐만 아니라 사람들이 자신을 좋아하고 따뜻하게 격려하며 인정해 줄 가능성이 커진다는 것이죠.

쉬는 날에 항상 유튜브만 보는 사람들은 왜 그런 걸까?

_쉬는 것조차 스트레스인 사람들

'뭐 하고 놀지?', '맛있는 것 뭐 먹지?' 회사에 다니는 A는 퇴근 시간이나 주말이 다가올수록 여가에 대해 고민합니다. 영화를 보러 갈까, 쇼핑을 다녀올까 아니면 친구에게 만나자고 연락을 할까 등 여러 가지 가능한 선택지들을 떠올리죠. 어학이나 자격증 공부, 학원 다니기, 독서 모임 참여하기 등 자기 계발이나 취미 활동에 대해서도 생각해 봅니다. 하지만 A의 실제 여가 활동은 비교적 단조로운 편입니다. 그저 누워서 스마트폰을 들여다보며 시간을 보내는 것이 A의 주된 여가 활동이 된 지 오래입니다. '황금 같은 여가 시간을 이렇게 보내도 되는 걸까.'

심리학자들은 여가 활동 때문에 스트레스받는 사람들이 있다는 점에 주목했습니다. 즐겁고 행복할 것만 같은 여가 활동이라도 스트레스원으로 작용할 수 있다는 것이지요. 사실 여가 시간은 일하는 시간에 비해 불확실성이 큽니다. 일하는 시간에는 내가 무엇을 해야 하는지 비교적 잘 정해져 있지만, 여가 시간은 그렇지 않죠. 시간과 예산의 제약이 없다고는 할 수 없겠지만, 그래도 일하는 시간에 비해 꽤나 자유가 보장되는 시간입니다. 하지만 여가 시간의 자유로움, 불확실성을 견디기 어려워하는 사람들도 있습니다. 일요 신경증Sunday neurosis, 여가 불안leisure anxiety으로 알려진 현상인데요. 실제로 심리학자들은 계획에 없던 여가 시간이나 특별한 활동이 주어지지

여가 시간을 어떻게 보내야 할까?

않는 여가 시간에 사람들이 불안감을 느끼기도 한다는 사실을 발견했습니다.

심리학자들은 한 걸음 더 나아가 여가 강박leisure obsession이라는 개념을 제안하기에 이릅니다. 여가 강박이란 가치 있는 여가, 의미 있는 여가, 생산적인 여가 등을 강박적으로 좇는 경향성을 의미합니다. 여가에 대한 강박적인 생각들은 여가 시간을 부담스럽고 스트레스를 일으키는 활동으로 만드는 데 일조합니다. 예를 들어 자신의 여가 활동이 다른 사람의 여가 활동과 비교될 수 있는데, 이 과정에서 상대적 박탈감을 느끼고 삶의 주관적 만족감이 떨어지기도 합니다. 자신의 여가 활동을 무가치한 것으로 여기거나 자신을 위한 것이 아니라 다른 사람에게 보여 주기 위한 여가 활동으로 변질될 가능성도 있죠.

매일 여가 시간에 스마트폰만 보는 사람들 중에는 여가 강박을 느끼는 사람들이 있습니다. 더 '가치 있는' 여가를 보내려고 시도하지 않는 자신을 책망하며 후회하는 등 부정적 정서를 경험합니다. 그리고 이런 사람일수록 새로운 여가 활동에 나서기를 어려워합니다. 여가에 대한 집착이 큰 만큼 계획대로 되지 않거나 생각보다 의미 있게 즐기지 못하는 등 '여가 실패'에 대한 부담감도 크기 때문이지요.

가상 현실에서 연습하면 '발표 울렁증'을 고칠 수 있을까?
_심리학에서 메타버스 활용하는 법

메타버스metaverse는 가상, 초월 등을 의미하는 '메타meta'와 우주, 세계 등을 의미하는 '유니버스universe'의 합성어로, 현실 세계와 상호 작용하고 경험할 수 있는 가상의 공간을 구현한 것입니다. 메타버스 속 세계가 인류의 삶을 얼마나 더 진보시킬지에 대해 산업계와 학계에서도 많은 관심을 보이고 있는데요, 심리학자들 역시 예외는 아닙니다. 심리학에서는 메타버스가 어떻게 활용되고 있을까요?

가장 대표적인 예는 메타버스의 개념을 활용한 심리 상담, 심리 치료의 발전이 아닐까 싶습니다. 전통적으로는 내담자와 상담가가 일대일로 직접 만나는 방식으로 상담 치료가 이루어졌습니다. 이 같은 대면 상담을 고수하는 심리학자들은 직접 눈을 마주치고 대화하는 과정에서 내담자와 상담가 간의 진정한 신뢰관계(라포rapport)가 형성될 수 있다고 주장합니다. 하지만 각종 현실적 제약들(시간, 공간 등)이나 전화, 편지 등을 이용한 상담 방식도 효과가 있다는 실증적 연구 결과 등이 보고되면서 심리 상담과 심리 치료에서도 서서히 비대면 수단을 활용하는 비율이 높아지기 시작했습니다. 인터넷이 활성화되기 시작한 1990년대 후반에서부터 2000년대 초반까지는 웹사이트 게시판을 이용한 상담 서비스가 있었습니다. 요즘에는 모바일 앱을 통한 상담 서비스, 비대면 화상 상담 서비스 등도 활발히 이뤄지고 있는 추세입니다. VR,

메타버스는 우리 삶에 어떤 영향을 미칠까?

AR 기기를 이용한 심리 치료 역시 주목해 볼 만합니다. 여러분은 혹시 공포증을 치료하는 방법에는 어떤 것이 있는지 알고 있나요? 여러 가지 방법 중에 잘 알려진 것이 바로 체계적 둔감화 방법을 이용한 공포증 치료입니다. 이는 행동주의 심리학에 기반한 것으로, 공포를 유발하는 자극에 환자를 직접 노출시킴으로써 해당 자극이 자신에게 해를 끼치지 않는다는 것을 반복적으로 학습시키는 원리입니다. 강도가 약한 자극부터 시작해서 점진적으로 노출되고 적응하는 과정을 거칩니다. 처음부터 너무 강하게 노출시키면 큰 부담이 되겠죠.

한편 사회 공포증 환자들은 사람들의 부정적인 평가를 두려워합니다. 따라서 평가받는 상황 자체를 만들지 않기 위해 다른 사람과의 교류를 피하게 되죠. 사회 공포증이 있으면 여러 사람 앞에 나서서 주목을 받으며 말해야 하는 상황을 견디기 어려워하는 것으로 알려져 있습니다. 그래서 연구자들은 가상의 공간에 발표 장소와 청중들을 만들고 실험 참여자에게 VR 기기를 이용해 가상 현실에서 발표하는 과제를 수행하도록 했습니다. 이 실험 연구 결과에 따르면, 가상 체험이라 하더라도 두려움을 느끼지 않은 것은 아니지만(실제 대중 앞에서 발표한 것 같은 느낌), 반복적인 훈련을 통해 증상이 완화되는 효과를 보였습니다.

6장

심리학 역사

- ☑ 심리학의 근원
- ☐ 무의식
- ☐ 심리 과학
- ☐ 기능주의
- ☐ 착시의 심리학
- ☐ 스키너 상자
- ☐ 인지 혁명
- ☐ 인본주의
- ☐ 개인주의-집단주의
- ☐ 행동 방정식
- ☐ 발달 심리학
- ☐ 긍정 심리학
- ☐ 모듈 이론
- ☐ 신경 과학
- ☐ 계량화된 마음

1day

1Word

심리학의 근원

심리학은 언제 어떻게 생겨났을까?

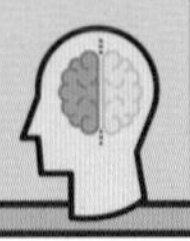

심리학은 어떻게 탄생했을까요? 이 질문에 답하기 위해서는 먼저 심리학의 연구 대상을 생각해 볼 필요가 있습니다. 심리학은 기본적으로 '사람'을 연구하는 학문입니다. 조금 더 구체적으로는 생각과 행동의 기저에 있는 원리들을 탐구하는 학문이라고 할 수 있습니다. 그런데 '사람'을 연구한다고 하니 심리학과 별개로 인문학이라는 분야가 생각납니다. 그렇다면 심리학은 곧 인문학이라고 말할 수 있을까요?

사실 심리학과 인문학은 떼려야 뗄 수 없는 관계입니다. 심리학은 인문학의 한 갈래인 철학에서 파생했다고도 말할 수 있으니까요. 현대적인 의미의 심리학이 출현하기 이전인 19세기에 인간의 감각이나 인식, 이성, 감정, 마음의 작용 등을 연구하던 분야는 바로 철학이었습니다. 철학자들은 인간의 마음이 어디에서 유래한 것인지, 마음은 어떻게 작용하는지, 마음의 본질은 무엇인지, 사람이 보고 듣고 경험하는 것은 과연 어떻게 이뤄지는지 등 심리학적인 여러 가지 질문들을 다뤄왔기 때문입니다.

이렇듯 철학과 심리학은 연구 주제를 공유합니다. 그렇다면 심리학은 어떻게 철학에서 벗어나 자신만의 고유한 영역을 만들 수 있었을까요? 그 비결은 바로 연구 방법론에 있었습니다. 다른 주제에서 더 자세하게 다루겠지만 현대적인 의미의 심리학은 과학을 표방합니다. 사람의 마음을 탐구하기 위해 철학자들이 고민과 사색을 선택한 대신, 심리학자들은 각종 관측 장비와 실험 기구들을 꺼내 들었습니다. 마음의 작용 과정을 체계적으로 이해하기 위해 열심히 수치를 기록하고 그래프를 그렸지요.

심리학자들은 공통적으로 사람들이 그렇게 행동하는 이유를 알고 싶어 합니다. 배가 고픈 A가 왜 여러 메뉴들 중에서 불고기를 선택했는지 궁금해 합니다. 대학에 진학하는 B가 많고 많은 전공 중에 왜 경영학을 선택했는지 그 이유가 궁금합니다. C의 주변에 유독 친구들이 많은 이유, D가 혼자 있는 것을 더 좋아하는 이유가 무엇인지 알고 싶습니다. E가 공격적으로 반응한 이유가 있지 않을까 추론해 보기도 합니다. 그런데 안타깝게도 우리의 생각과 행동을 결정하는 요소는 한 가지가 아닙니다. 성격, 신념, 가치관, 주변의 영향, 과거의 경험 등 많은 것들이 작용하지요. 그리고 심리학자들마다 특히 중요하게 여기는 요소가 다르며, 이에 따라 심리학이 분화됩니다.

심리학은 사람의 마음을 연구하는 과학

어떤 심리학자들은 성격의 영향력을 중요하게 생각합니다. 그런 심리학자들이 모여 성격 심리학이 탄생했습니다. 다른 심리학자들은 상황의 힘을 중요하게 여겼고 그에 따라 사회 심리학이 만들어졌습니다. 또 다른 심리학자들은 나이에 따른 행동의 변화가 궁금했고 그렇게 발달 심리학developmental psychology이 생겼습니다. 인간의 행동을 설명할 수 있는 방법이 다양하다 보니 인지 심리학cognitive psychology, 생물 심리학biological psychology, 진화 심리학evolutionary psychology, 임상 심리학clinical psychology, 조직 심리학organizational psychology, 소비자 심리학consumer psychology, 교육 심리학educational psychology, 범죄 심리학criminal psychology 등 다양한 심리학의 하위 분야들이 생겨났고, 지금도 계속해서 심리학의 저변은 넓어지고 있습니다.

무의식

나도 모르게 의도하지 않은 행동을 하는 이유는?

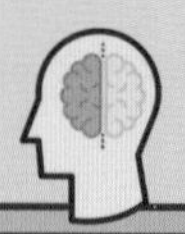

우리는 '나'를 의식하며 살아갑니다. 그리고 내가 하는 생각과 행동들을 나 자신이 통제하고 있다고 믿지요. 하지만 곰곰이 생각해 보면 우리는 자신을 완전히 통제하지 못한다는 것을 알 수 있습니다. 예를 들면, 누구나 '나도 모르게', '어쩌다 보니' 의도하지 않았던 생각 또는 행동을 했던 경험이 있을 겁니다. 분명 내가 한 것이지만 그 이유를 제대로 설명하지 못하는 이 현상은 생각과 행동을 의식이나 자아가 완전히 지배하지 못한다는 것을 방증합니다.

과학적인 심리학이 태동하기 이전, 인간의 마음을 연구하는 초창기 심리학자들은 바로 이 지점에 관심을 가졌습니다. 의식이 생각의 전부이며 그 의식에 따라 행동이 결정된다고 믿지만 그것을 부정하는 듯한 사례가 많았거든요. 전혀 의도하지 않았던 실수를 저지르는가 하면 최면에 빠지기도 하고, 어떤 계기로 인해 전혀 다른 인격을 보이는 등 인간의 마음속에는 우리의 의식이 미처 닿지 못하는 어떤 깊은 구덩이가 있는 것이 아닌가라고 생각했지요. 이렇게 정신 분석학자 프로이트는 의식 기저에 무의식unconsciousness이 있다고 믿었습니다.

프로이트는 무의식을 통해 인간이 가장 마음속 깊숙이 감추고 싶어 했던, 은밀하면서도 강력한 충동이나 욕구, 응어리 등을 찾아낼 수 있다고 주장했습니다. 그리고 실수, 최면, 꿈 등을 통해 무의식에 접근할 수 있다고 했습니다. 이 중에서 꿈은 '무의식에 이르는 왕도'라고 했는데요. 꿈속에 드러나는 각종 상징이 무의식적 욕망과 어떻게 연결되어 있는지, 꿈의 구조와 숨어 있는 장치들을 무엇인지 등 꿈과 무의식에 관한 연구 내용들을 『꿈의 해석』이라는 책으로 정리하기도 했습니다.

사람의 마음속 깊은 곳에는 무의식의 세계가 있다.

사실 무의식이라는 개념이 오늘날 과학적으로 인정받는 것은 아닙니다. 과학적인 연구 대상이 되려면 무엇보다 관찰과 측정을 할 수 있어야 한다는 전제가 붙습니다. 하지만 무의식은 말 그대로 '의식되지 않는 영역'을 의미하기 때문에 그 존재를 입증하는 것조차도 어려운 것이 사실입니다. 다만 프로이트 등 정신 분석학자들이 현대 심리학에 남긴 업적은 분명합니다. 바로 '의식하지 못하는 마음의 무언가가 내 생각과 행동에 영향을 줄 수 있다'는 점, '무의식에 숨어 있는 생각이나 관념 등을 이해하는 작업이 아픈 마음을 치유하는 수단이 될 수 있다'는 점입니다.

오늘날 심리학 연구 분야 중에 점화 효과priming effect, 암묵적 태도, 자동적 사고 등은 정신 분석학에서 말하는 무의식 개념의 영향을 받았다고 할 수 있습니다. 예를 들어 점화 효과를 연구하는 심리학자들은 오늘 내가 스치듯 보고 지나가서 미처 의식하지 못한 시각적, 촉각적 단서 등이 '나'의 형성에 어떤 영향을 주는지 연구합니다. 심리 치료의 일종인 인지 치료에서는 잘 의식되지 않고 순간적으로 지나가는 비합리적 신념들('나는 나쁜 아이야', '나는 쓸모없는 사람이야' 등)을 일깨우고 교정하는 것을 중요하게 생각합니다.

알아 두면
쓸모 있는
1분지식

072

심리 과학

심리학은 왜 과학이라고 불릴까?

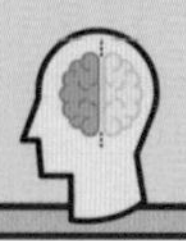

심리학은 언제 만들어졌을까요? 대부분의 심리학자는 이 질문에 1879년이라고 답합니다. 세상에 '심리학 실험실'이라는 것이 처음으로 등장한 해이기 때문입니다. 심리학자 빌헬름 분트Wilhelm Wundt가 독일 라이프치히 대학교에 심리학을 연구하는 실험실을 바로 이때 설치했지요. 사실 인간의 마음을 연구하려는 시도가 이전에 없었던 것은 아닙니다. 특히 철학자들은 감각, 감정, 기억, 이성, 인식 등 여러 심리학적 주제를 다뤄 왔습니다. 그럼에도 1879년을 근대 심리학의 '시작점'으로 보는 데는 나름의 상징적인 이유가 있습니다. 다름 아닌 인간의 마음을 실험실에서 연구하겠다는, 즉 '실험 대상'으로 보겠다는 선언이었지요.

초창기 심리학은 오늘날 구조주의 심리학structual psychology이라고 불립니다. 분트나 에드워드 티치너Edward B. Titchener는 마음, 의식의 복잡한 메커니즘을 이해하기 위해서는 마음의 세부 구조들을 상세히 밝혀내는 것이 중요하다고 생각했습니다. 우리가 느낄 수 있는 감각, 지각, 감정 등은 무엇이며, 어떤 상황에서 어떤 감각이 느껴지는지, 감각 요소는 몇 가지나 되는지 등을 상세히 밝히고자 여러 연구가 수행되었습니다.

구조주의 심리학자들의 주된 연구 방법론은 내성법introspection이라고 했습니다. 내성법이란 자기 관찰법의 일종으로, 자신의 내면을 주의 깊게 살펴보면서 그때그때 마음속에 일어나는 감각적, 감정적 반응들을 포착하고 이를 체계적으로 기록하는 방법이었습니다. 실험 대상의 관찰, 기록 과정에 주관이 개입될 수밖에 없다는 점에서 아직 과학의 틀을 덜 갖춘 것처럼 보이지만, 그래도 마음속 반응을 가급적 있는 그대로 기록하고 연구하면서 나름대로 객관성을 확보하고자 노력했습니다.

우리의 마음은 어떤 구조로 이루어져 있을까?

오늘날의 심리학은 과학의 여러 가지 특성을 공유합니다. 예를 들어 심리학의 목적은 인간 또는 인간의 마음에 대한 관찰(기술), 설명(해석), 예측, 통제라고 할 수 있습니다. 가설을 검증하고 반박하는 과정을 통해 이론과 법칙 등이 정립되며, 연구 과정에서는 실험법, 변인 통제 등을 고려합니다. 연구 윤리에 입각해서 연구 절차를 구성하며, 실험 결과의 타당성을 담보하기 위해 이중 맹검법 등 여러 가지 평가 방법들을 사용합니다.

한편, 심리학은 태생적으로 융합 학문이기도 합니다. 연구 주제는 인문학적이지만 접근 방법은 실험 등 다분히 과학적이거든요. 그래서 심리학 전공이 있는 대학들을 보면 심리학이 인문학 분야에 속해 있기도 하고, 사회 과학에, 자연 과학 분야에 속한 경우도 있습니다. 또는 심리학 전공이 세분화되어 여러 분야에 흩어져 있기도 합니다. 문화 심리학cultural psychology, 민족 심리학folk psychology 등 인문학적인 요소가 강한 분야는 인문학에, 사회 심리학, 교육 심리학, 산업·조직 심리학 등 인간의 사회 활동이나 조직 활동과 관련된 분야는 사회 과학에 속합니다. 생물 심리학, 인지 심리학, 신경 심리학 등 정신 작용과 관련된 생물학적 메커니즘을 연구하는 학문은 자연 과학에 속해 있고요.

알아 두면
쓸모 있는
1분지식

073

기능주의

마음은 인간의 생존에
어떤 영향을 미쳤을까?

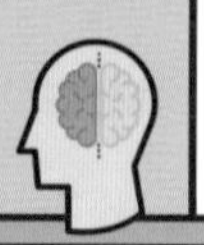

여러분이 만약 미지의 물체를 직접 연구한다고 가정해 보겠습니다. 이 물체를 더 잘 이해하려면 어떻게 해야 할까요? 아마 이 물체의 생김새에 집중하는 것이 가장 기본적인 접근 방법일 텐데요. 전체적인 겉모습은 어떤지, 만지면 어떤 느낌인지, 크기와 색깔은 어떤지, 살짝 힘을 가하면 어떻게 되는지 등을 관찰하고 기록해야 할 것입니다. 조금 더 깊이 접근한다면 물체의 '구조'를 파악하기 위해 노력해야겠지요. 만약 여러 가지 부속 장치나 부품들이 달려 있다면 장치나 부품은 어떤 종류인지, 이들은 어떻게 배열되어 있는지, 어떤 원리나 방식으로 서로 연결되어 있는지 등을 알아볼 수 있습니다.

초창기 심리학자들의 생각 역시 이와 다르지 않았습니다. 인간의 의식이나 정신을 어떤 '물체'로 본다면, 그것을 잘 이해하기 위해서는 그 '물체'의 구조를 알아야 한다고 생각했습니다. 어떤 요소로 이뤄져 있는지, 각 요소 간에는 어떤 관계가 있는지 등을 밝히고자 노력했던 것이죠. 이러한 노력이 구조주의 심리학의 목적이었습니다. 그런데 생각해 보면 구조를 이해하는 것만으로 과연 충분할지 의문이 들기도 합니다. 사실 구조만 열심히 들여다봐서는 '진짜 이유'를 알기 어렵습니다. 즉 밝혀진 요소가 애초에 왜 존재하는지, 그래서 이런 구조가 왜 만들어졌는지 등의 질문에 구조주의 심리학은 명확하게 답하지 못한다는 한계가 있습니다.

그래서 심리학자들은 한 걸음 더 나아가 생각했습니다. 구조를 이해하는 것만으

인간의 마음은 현실에 어떻게 반응하고 작동하는가?

로는 충분치 않으니 이제는 '기능'을 연구해야 한다고 보았던 것이죠. 그렇게 해서 구조주의 심리학의 뒤를 이은 기능주의 심리학functional psychology이 심리학계의 주요 패러다임으로 부상했습니다. 인간의 마음이 무엇으로 이뤄졌는지 살펴보기보다는, 그 마음이라는 것이 실제 현실 세계에서 어떻게 반응하고 작동하는지를 알아야 한다는 것이었지요.

기능주의 심리학을 대표하는 심리학자는 윌리엄 제임스William James입니다. 초대 미국 심리학회장을 역임하기도 했던 그는 기능을 중시하면서도 무척 실용적으로 사고하는 사람이었습니다. 인간의 감각, 정서, 행동이 어떻게 기능하는지를 이해함으로써 인간이 여러 환경에 더 잘 적응할 수 있다고 생각했습니다. 그뿐만 아니라 구조주의 심리학이 다루지 못했던 기억이나 성격 등도 연구하면서 다른 분야로 응용할 수 있는 가능성을 넓혔지요. 마찬가지로 실용주의자로 잘 알려진 존 듀이John Dewey는 기능주의 심리학의 실용적인 측면에 주목하면서 이를 실제 교육 현장에 적용하기 위해 노력했습니다.

기능주의 심리학은 다윈의 진화론과도 밀접히 연관되어 있습니다. 진화론의 영감을 받았던 기능주의 심리학자들은 인간의 마음과 정신 작용 역시 진화하며, 현재 마음의 각 기능은 인간의 생존에 유리하게 작용했기에 현재까지 남아 있을 수 있었다고 생각한 것이지요. 이러한 마음의 진화에 관한 그들의 통찰력은 향후 진화 심리학의 탄생에도 영향을 줍니다.

착시의 심리학

같은 그림을 놓고 다른 것을 보는 이유는?

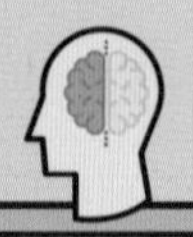

여러분은 혹시 애니메이션의 원리에 대해 알고 있나요? 학교 다닐 때 재미 삼아 한번쯤은 해 보지 않았을까 싶기도 한데요. 저는 공책의 한 귀퉁이에 그림을 그려 애니메이션을 만들어본 기억이 납니다. 첫 장에는 가만히 서 있는 주인공, 다음 장에는 같은 그림이되 살짝 팔만 든 주인공, 그다음 장에는 다리를 살짝 옮기는 주인공 등으로 연속된 그림을 그린 후 공책을 한장 한장 빠르게 넘기면 제가 그린 그림이 마치 살아서 움직이는 듯한 느낌이 들어 무척 신기했습니다.

근대 심리학의 출발점은 구조주의 심리학이었습니다. 마음을 여러 감각, 특징, 요소들로 세분화해서 이해하고자 했습니다. 그런데 형태주의 심리학Gestalt psychology(게슈탈트 심리학)을 연구하는 학자들은 구조주의 심리학의 한계에 주목했습니다. 부분이나 개별 요소에만 치중하다 보면 부분과 부분이 만나고, 개별 요소와 다른 요소가 서로 만나 어떤 상호 작용을 하는지 간과할 수 있다고 보았던 것입니다. '전체란 단순히 부분들의 합이 아닌 그 이상'이라는 말은 형태주의 심리학의 입장을 잘 대변합니다.

형태주의 심리학은 심리학자 막스 베르트하이머Max Wertheimer의 가현 운동apparent movement 연구에서 비롯된 것으로 알려져 있습니다. 가현 운동이란 실제로는 움직이지 않아도 마치 움직이고 있는 것처럼 보이는 착시 현상optical illusion입니다. 만약 여러분이 어두운 방에 있고 앞에는 두 개의 전등이 나란히 있다고 생각해 보겠습니다. 잠시 뒤 첫 번째 전등에 불이 켜집니다. 그다음 첫 번째 전등의 불이 꺼짐과 동시에 두 번째 전등의 불이 켜집니다. 그리고 이를 지켜보면 마치 불빛이 첫 번째 전등에서 두 번째 전등으로 이동한 것으로 착각하게 되죠. 애니메이션도 마찬가지입니다. 하나하나의 그림들은 움직이지 않지만 빠르게 연속적으로 그림을 보면 그림 속 인물이 마치 움직이는 것처럼 보이지요. 형태주의 심리학자들은 그 밖에도 여러 가지 현상들을 소개하면서, 개별 요소보다는 의식이나 형태의 전체적인 맥락을 보는 것이 중요하다고 역설했습니다.

그림에서 무엇이 보이나요?

일상에서 형태주의 심리학을 손쉽게 만나 볼 수 있는 방법은 바로 '착시 현상'입니다. 인터넷 등에 착시 현상을 검색해 보면 재미있는 착시 그림들이 많습니다. 토끼-오리 착시, 노파-젊은 여성 착시 등 바라보는 관점에 따라 다른 그림으로 보이는 경우도 있고, 실제로는 반듯한 직선이지만 주변 배경 때문에 마치 휘어지거나 끊어진 것으로 보이는 착시 그림도 있습니다. 그 밖에도 주변 환경에 따라 어두운 색의 타일로 보이지만 실제로는 밝은 색의 타일인 착시 그림도 있고, 가까이에서 보면 가만히 있는 그림이지만 언뜻 보면 빙글빙글 도는 듯한 그림도 있고 착시 그림은 정말 셀 수 없이 많습니다. 그리고 이 수많은 착시 그림들은 형태주의 심리학이 강조하는 원리를 잘 보여 줍니다. 우리는 현상을 지각할 때 주변 환경이나 배경을 배제하지 못합니다. 유사성과 근접성 등에 따라 한데 묶어서 지각하는 등 '전체적인 인상이나 느낌'에 주목하기 때문이지요.

스키너 상자

학습은 어떻게 이뤄지는 것일까?

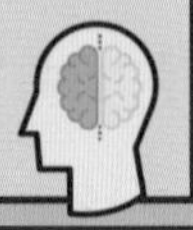

학교에 다닐 때 저는 공부를 잘하고 싶었습니다. 좋은 성적을 받고 부모님과 선생님께 칭찬도 받고 싶었죠. 그래서 수업도 열심히 듣고, 저에게 잘 맞는 공부 방법을 찾기 위해 많이 노력했던 기억이 있습니다. 외워야 할 내용을 공책에 빼곡히 적는 '깜지'를 쓴다든가, 틈틈이 암기하기 위해 공부방은 물론, 화장실이나 거실, 현관 등 집안 곳곳에 영어 단어들을 붙여 둔다거나, 아침에 공부가 더 잘 되는 것 같아 새벽에 일어나 공부해 본다거나, 한 문제 풀 때마다 간식을 먹는 등 나 자신에게 보상하는 등 여러 가지 방법을 시도해 보았습니다. 이때 비록 의식하지는 못했지만 나름대로 학습learning의 본질에 대해 많이 고민했던 것 같습니다.

학습은 심리학에서 매우 인기 있는 연구 주제입니다. 심지어 학습 심리학learning psychology이라고 해서 학습만 전문적으로 연구하는 심리학 분과가 있을 정도죠. 그렇다면 심리학에서는 학습에 관한 어떤 연구들이 이뤄졌을까요? 학습의 원리를 밝혀내는 데 지대한 영향을 끼친 것은 다름 아닌 행동주의 심리학behaviorism이었습니다. 행동주의 심리학에서는 '자극-반응'이라는 모델을 기초로 해서 인간의 행동을 이해하고자 했습니다. 행동주의의 관점에서 인간의 의식, 정신, 마음은 만질 수도 볼 수도 없기에 연구 대상이 될 수 없었습니다. 그보다는 명확하게 관찰할 수 있는 '행동'만을 연구해야 한다는 것이 행동주의 심리학자들의 입장이었죠.

행동주의 심리학에서는 고전적 조건 형성classical conditioning과 도구적 조건 형성

instrumental conditioning이라는 개념을 토대로 학습에 대해 설명하고자 했습니다. 고전적 조건 형성은 '파블로프의 개' 실험으로 매우 잘 알려진 학습 원리입니다. 간단히 살펴보면, 개에게 먹이를 줄 때마다 종을 울리는 행위를 반복하다 보면 나중에는 먹이를 주지 않고 단지 종만 울려도 개가 침을 흘리게 된다는 것이었습니다. '먹이 주기-침 흘리기'의 무조건 자극-반응에, 조건 자극인 '종 울리기'가 결합되어 '종 울리기-침 흘리기'라는 전에 없던 새로운 행동 양식이 학습되었다고 해석합니다.

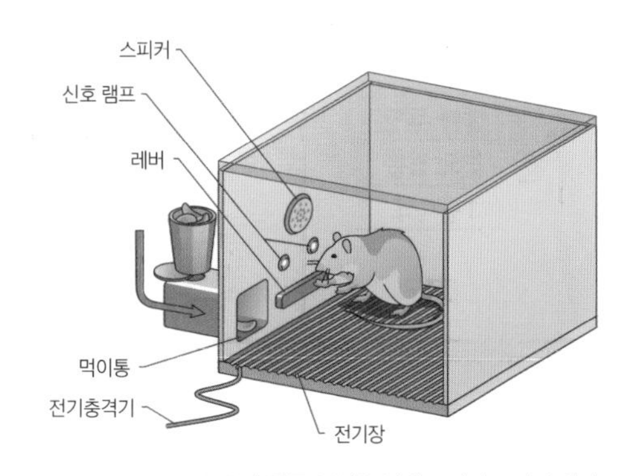

동물의 행동 분석을 위해 고안된 스키너 상자

행동주의 심리학의 대표 격인 심리학자 벌허스 프레더릭 스키너Burrhus Frederick Skinner는 자신만의 실험 장비인 '스키너 상자Skinner box'를 만들고, 도구적 조건 형성에 따른 학습 원리를 체계화했습니다. 상자 안의 쥐가 특정 행동을 하면 먹이를 얻을 수 있게 한 것이지요. 도구적 조건 형성은 강화와 처벌punishment이라는 두 가지 수단으로 유기체의 행동을 조절하는 원리입니다. 강화와 처벌의 예는 일상에서도 흔히 찾아볼 수 있는데요. 가령 성적이 좋은 아이에게 상(강화)을 줌으로써 '공부'라는 목표 행동을 늘릴 수 있습니다. 반대로 노는 것만 좋아하는 아이에게 벌(처벌)을 줌으로써 '공부하지 않는 행위'가 줄어들도록 유도할 수도 있습니다. 스키너는 보상, 처벌의 종류와 제공 조건(고정적으로 줄 것이냐, 변동적으로 줄 것이냐) 등을 다양하게 변화시키면서 과학적으로 조건 형성의 원리를 탐구했습니다.

알아 두면
쓸모 있는
1분지식
076

인지 혁명

같은 자극에도 사람마다 다르게 반응하는 이유는?

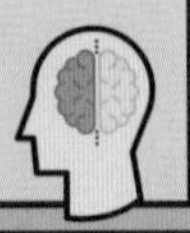

심리학은 인간의 마음을 연구하는 학문입니다. 하지만 아이러니하게도 '심心'리학이라는 이름이 무색할 정도로 한동안 심리학에서 마음이 연구 대상에서 배제됐던 적이 있습니다. 바로 행동주의 심리학의 영향 때문이었습니다. 행동주의 심리학자들은 눈에 보이지도 않고 불확실한 '마음'이라는 것이 과학적 연구 대상이 되어서는 안 된다고 주장했죠. 단지 자극에 따라 어떻게 반응하는지, 그 행동만을 연구하면 된다고 생각했습니다.

하지만 시간이 지남에 따라 거센 비판을 받게 되었습니다. 행동주의 심리학이 가정하는 인간의 모습에는 '인간다움'이 결여되어 있다는 지적이었는데요. 인간은 단순히 자극에만 반응하는 기계 같은 존재가 아니며 자율성이 있는 존재라는 점을 간과했다는 것이었죠. 실제로 같은 자극을 받거나 같은 상황에 놓여도 사람들은 제각기 다르게 반응합니다. 더 거세게 반응하는 사람도 있고 시큰둥한 사람도 있습니다. 행동주의 심리학은 이 개인차를 그리 효과적으로 설명하지 못했습니다. 그렇게 해서 인지 혁명cognitive revolution이라는 새로운 패러다임이 등장하게 되었습니다.

인지 심리학에서는 인간의 정신적인 사고 활동에 집중합니다. 시각, 청각, 촉각 등 감각 기관으로 외부 환경의 다양한 정보들을 어떻게 가공하고 받아들이는지를 연구합니다. 이 과정에서 우리가 어떤 원리로 어떤 대상에 주의를 기울이는지도 인지 심리학자들의 중요한 관심 대상입니다. 그뿐만 아니라 한번 받아들인 정보가 어떻게 마음속에서 처리되고 저장되는지, 즉 우리가 어떤 경험이나 사건들을 기억하고 회상하는 과정들을 면밀하게 살피지요.

인간의 마음은 정보를 어떻게 처리할까?

인지 심리학자들은 인간의 마음을 컴퓨터에 비유했습니다. 즉 인간의 뇌는 컴퓨터의 중앙 처리 장치central processing unit, CPU처럼 정보 처리 기관의 역할을 하며, 이를 위한 여러 부속 기관들을 갖춘 프로세서라는 것이었습니다. 기억 모델이 대표적인데요. 기억은 처리되는 위치와 특성 등에 따라 세분화됩니다. 먼저 오감을 통해 순간적으로 생성되는 감각 기억이 있습니다. 감각 기억 단계를 지나면 단기 기억(작업 기억)이 되어 몇 초에서 몇 분 이내로 우리의 머릿속에 머뭅니다. 우리가 생각하고 주의를 기울이고 판단하는 활동들은 이 단계에서 이뤄집니다. 다음으로 단기 기억 중에 지속적으로 주의를 집중시키거나, 의도적으로 노력한 기억 또는 어떤 강렬한 계기 등을 만난 기억은 장기 기억이 되어 반영구적으로 저장됩니다.

그 밖에도 기억은 담긴 내용과 속성에 따라 명시적 기억explicit memory과 암묵적 기억implicit memory으로 구별되기도 합니다. 명시적 기억에는 서술 기억declarative memory, 일화 기억episodic memory, 의미 기억semantic memory이 있으며, 이 기억들은 우리가 의식적으로 기억하고 인출해 낼 수 있습니다. 반면 암묵적 기억은 의식적으로 기억하지 못하며, 이 기억에는 절차 기억procedural memory, 정서 기억emotional memory이 있습니다. 암묵-절차 기억의 예로 자주 언급되는 것은 자전거 타기입니다. 사실 자전거 타는 방법을 말이나 글로 명확히 설명하는 것은 어렵습니다. 하지만 '몸이 기억해서' 한동안 타지 않았어도 쉽게 자전거를 다시 탈 수 있습니다.

인본주의

잘 들어 주는 것만으로도 마음을 치료할 수 있다고?

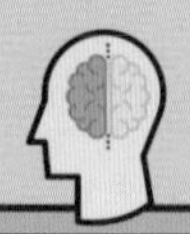

대학교 3학년 때 '상담 심리학'을 수강한 적이 있습니다. 당시 교수님은 조금 특별한 실습 과제를 내 주었습니다. 학교에 학생 상담 센터가 있는데, 종강 전까지 최소 한 번은 상담을 예약하고 직접 상담을 받아야 하는 과제였습니다. 그래서 저는 예약을 하고 센터로 가서 상담 선생님과 대화하게 되었습니다. 사실 그 당시 저는 여러 문제들로 마음이 지쳐 있었습니다. 비밀이 보장된다고 하니, 이참에 속 시원히 이야기라도 해 보자 싶어 정신없이 제 이야기를 털어놓았습니다. 그런데 이게 웬일입니까? 부드럽게 경청하던 상담 선생님이 어느새 눈물을 닦고 있었습니다. 따스한 위로와 격려를 받았던 그날의 상담은 지금도 잊히지 않는 소중한 경험이 되었습니다.

여러분이 만약 고민거리가 있어 상담 선생님을 찾게 된다면 어떨까요? 또한 여러분이 마음속에 그리는 상담 장면은 어떤 것인가요? 아마 예상하건대, 제가 겪었던 것처럼 내담자인 여러분은 마음속 속상한 일들, 고민되는 일들을 꺼내어 놓고, 상담 선생님은 그 이야기를 경청하고 따뜻한 말씀을 들려주는 장면들을 기대할 것입니다. 푹신한 의자, 은은한 조명, 포근한 분위기 등으로도 '힐링'될 것만 같은 상담실의 풍경도요.

사실 우리가 상담에 대해 갖고 있는 이러한 이미지들은 심리학자 칼 랜섬 로저스Carl Ransom Rogers가 제안한 인본주의 심리학humanistic psychology과 인간 중심 치료person-centered therapy의 영향을 강하게 받은 것입니다. 기존의 상담 방법이 다소 지시적이고 직접적으로 내담자의 삶에 개입하려 하며 내담자의 마음속 병약하고 어두운 부분에 집중하고자 했다면, 인간 중심 치료에서는 내담자의 삶에 최소한으로 개입하는 것을 중요하게 생각했습니다. 즉 내담자의 삶은 온전히 그 자신의 것이기 때문에 함부로 상담자가 이래라저래라 하는 것은 적절하지 않다고 보았습니다(비지시적 치료non-directive therapy라고도 합니다). 상담자의 역할은 그저 내담자의 곁에서 그의 말에 귀를 기울이고 그가 하려는 이야기를 이해하며, 그가 스스로 이 아픔을 딛고 성장해 나갈 수 있도록 격려해 주는 것이라고 생각했죠.

상담자의 역할은 내담자의 말에 귀를 기울이는 것

그렇다면 내담자를 향한 무조건적 지지와 긍정적인 이해, 공감 등은 어떻게 해서 가능할까요? 인본주의 심리학자들은 사람이 스스로 깨닫고 성장해 나가기 위한 자원을 이미 충분히 갖고 있다고 보기 때문입니다. 그리고 누구나 자기 실현self-actualization을 위해 행동한다고 가정합니다. 따라서 상담자의 역할은 자연스럽게 축소됩니다. 즉 적극적으로 문제를 해결해 주거나 방법을 제시하는 대신, 곁에서 지켜보며 내담자 스스로 문제를 발견하고 깨우치며 이를 극복하는 과정에서 성장해 나갈 수 있도록 격려하는 등 촉진적인 활동 영역에 머무르는 것이 중요합니다. 비록 개인마다 약점이 있겠지만 그 약점을 극복할 잠재력 또한 충분하기에, 그 잠재력이 발현될 것이라고 믿는 것이 곧 인간 중심 치료의 접근법이라고 할 수 있습니다. 이처럼 인본주의 심리학은 인간의 존엄성과 긍정적인 잠재력에 주목했습니다. 인본주의 심리학의 이러한 관점은 긍정 심리학positive psychology의 등장에도 큰 영향을 주었습니다.

알아 두면
쓸모 있는
1분지식

078

개인주의-집단주의

심리학자들이 뒤늦게 '문화'에 주목한 이유는?

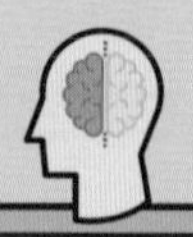

방송이나 유튜브에서는 우리나라에 와서 겪은 문화 충격을 고백하는 외국인을 종종 볼 수 있습니다. 먹고 마시고 즐기는 것부터 사고방식이나 가치관, 문화의 차이에 이르기까지, 같은 사람임에도 국적과 문화에 따라 서로 이렇게나 다를 수 있구나 싶은 생각이 듭니다. 그렇다면 문화를 대하는 심리학의 입장은 어땠을까요? 현대의 심리학은 과학적인 성격이 강합니다. 즉 실험과 가설 검증 등의 연구 과정을 거쳐 인간 심리에 관한 '보편적인 원리'를 규명하는 것이 심리학의 궁극적인 목적입니다. 따라서 심리학자들은 은연중에 자신들의 연구 결과에 보편성이 있다고 생각했습니다. 그렇게 오랫동안 주류 심리학계에서 '문화'라는 요소를 배제해 왔습니다.

그런데 정작 과학적 심리학을 시작했다고 평가받는 심리학자 분트는 '문화'의 중요성을 간과하지 않았고, 민족 심리학에 관한 기록을 많이 남겼습니다. 정신의 현상, 기능 등을 이해하려면 민족의 언어, 풍습, 민속 등을 해석하고 연구해야 한다고 생각했던 것입니다. 한편 기존의 과학적 심리학으로는 설명하기 어려운 각 문화의 고유한 특성들(예를 들어 국내 문화 심리학에서는 한국인 고유의 특징인 한恨, 정情, 팔자, 눈치, 신명, 체면 등을 연구합니다. 일본에서는 '혼네本音', '다테마에建前' 등 일본에서만 발견되는 독특한 현상이 있지요)이 있었기에 심리학자들은 '보편적 심리학'에 한계가 있음을 인정할 수밖에 없었습니다. 여기에 더해 기존에 연구되었던 심리학적 지식들이 과연 보편적인가 하는 비판이 등장하기도 했습니다. '위어드WEIRD 문제'입니다. 즉 기존 심리학 실험들의 참가자들이 알

개인주의와 집단주의 중 당신의 문화적 성향은 어느 쪽인가요?

고 보면 서양의Western, 교육받은Educated, 산업 사회의Industrialized, 부유한Rich, 민주적인Democratic 사람들이 대부분이었으니, 과연 이들이 전 인류를 대표한다고 볼 수 있을 것인가 하는 의문이었습니다.

헤이르트 호프스테더Geert Hofstede 등 비교 문화 심리학cross-cultural psychology을 연구한 학자들은 문화 간 차이를 대표하는 키워드로 '개인주의INDividualism-집단주의COLlectivism'를 언급했습니다. 이는 서양은 개인주의 문화권으로, 동양은 집단주의 문화권으로 분류된다는 개념입니다. 그들의 연구에 따르면 개인주의 문화권에 사는 서양인들은 집단보다는 개인을 더 중요하게 여깁니다. 집단의 공동 목표 달성보다는 개인의 자아실현이 더 우선합니다. 현상을 바라볼 때도 전체보다는 개별 요소에 더 주목하는 것으로 알려져 있으며 이는 환원주의, 분석적 사고 등과도 관련됩니다. 반면 동양인들은 집단을 이루기를 좋아하며, 집단의 이익을 위해서라면 개인의 희생도 감수할 수 있다고 생각합니다. 현상을 볼 때는 개별 요소보다 이들 간의 상호 작용, 전체적인 틀을 중요하게 여깁니다. 예를 들어 '음양오행'에서 음과 양의 조화 원리 등에 바로 이러한 연결주의, 종합주의적 사고관이 잘 반영되어 있지요.

행동 방정식

사람의 행동 원인을
방정식으로 나타낼 수 있다고?

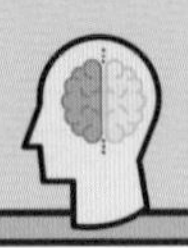

'○○이 그런 행동을 한 이유는 무엇일까?' 심리학의 중요한 목표 중 하나는 사람들의 여러 행동 뒤에 숨어 있는 원인을 밝혀내는 일입니다. 심리학자들은 이를 위해 크게 두 가지 접근 방법을 활용합니다. 첫째, 그 사람의 '성격'에 주목합니다. 예를 들어 '가영이가 나영이에게 가서 먼저 말을 걸었다'는 상황이 있다고 할 때, 이 행동을 설명할 수 있는 한 가지 방법은 '가영이의 성격이 외향적이다'라고 말하는 것입니다(성격 외에 가치관, 신념, 태도, 기질 등 다른 내적 특성으로 대체해서 설명할 수 있습니다). 둘째, 그 사람이 처한 '상황'에 주목하는 것입니다. '다영이가 가영이더러, 나영이에게 말을 걸어보라고 시켰다', '길을 물어볼 사람을 찾던 가영이의 눈에, 지나가던 나영이가 보였다' 등 먼저 말을 걸어야 하는 상황이 있었다고 가정할 수도 있습니다. 물론 '성격'과 '상황'을 모두 고려해서 설명할 수도 있습니다. '길을 찾아내야 하는데(상황) 마침 가영이가 외향적인 사람이라(성격) 스마트폰으로 길을 검색하는 대신 나영이에게 말을 걸었다'라고 말할 수도 있겠지요. 여러분이 보기에는 어떤가요? '성격'과 '상황'을 모두 고려하는 것이 가장 타당하고 합리적인 설명으로 느껴지지 않나요?

오늘날 심리학자들의 생각도 마찬가지입니다. 하지만 처음에는 '성격' 따로 '상황' 따로였지요. 먼저 성격 심리학에서는 성격을 집중적으로 연구했습니다. 성격의 근원과 종류, 발달 그리고 성격이 사람들의 생각과 행동에 어떤 영향을 미치는지를 연구했지요. 반면 성격보다는 상황의 힘에 더 주목했던 학자들도 있습니다. 사회 심리

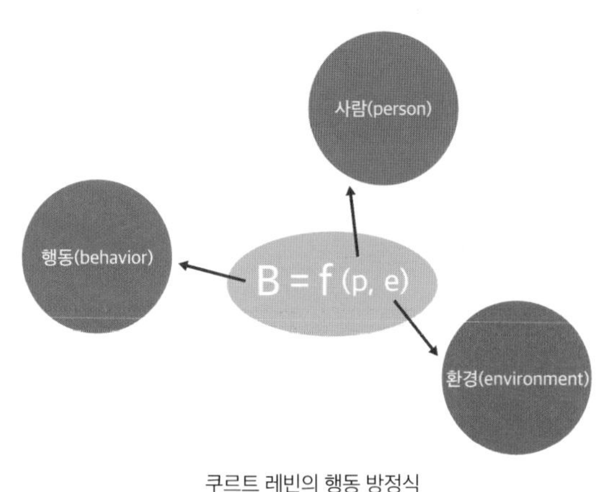

쿠르트 레빈의 행동 방정식

학에서는 여러 상황에 처한 개인(들)이 어떤 행동을 하는지를 알고 싶어 했습니다. 그리고 상황의 힘이 충분히 강력하다면, 그 사람의 성격이 어떻든 관계없이 결국 같은 행동을 한다는 점을 여러 실험을 통해 입증했습니다. 만약 여러분이 길을 걸어가고 있는데 저 앞에 두세 사람이 갑자기 하늘을 쳐다본다면 아마 여러분도 무심결에 그들을 따라 하늘을 쳐다보게 될 가능성이 높습니다(이를 동조conformity라고 합니다). 여러분의 성격이 어떤지, 기질이 어떤지와 별개로 말이죠.

행동의 원인에 성격이 우세한지, 상황이 우세한지는 지금도 많은 심리학자들 사이에서 논쟁거리입니다. 하지만 인간의 행동을 설명할 때 성격, 상황이 모두 필요하다는 점만은 모두가 인정하죠. 이를 잘 보여 주는 것이 심리학자 쿠르트 레빈Kurt Lewin의 방정식입니다. 바로 'B=f(P, E)'입니다. 여기에서 B는 행동behavior, P는 사람person, E는 환경environment 그리고 f는 수학의 함수function입니다. 곧 인간은 사람과 환경 간의 상호 작용 결과에 따라 행동한다는 것입니다. 행동의 원인이 한 가지에만 있지는 않다는 말이지요.

발달 심리학

아이처럼 노인도 계속해서 발달한다?

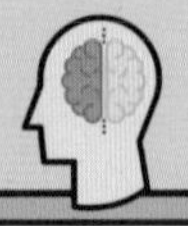

발달 심리학은 인간의 발달 과정을 연구하는 분야로서 다른 분야와 구별되는 몇 가지 재미있는 특징이 있습니다. 첫째, 심리학은 연구 주제, 목적, 범위 등에 따라 크게 기초 심리학과 응용 심리학으로 구분되는데, 발달 심리학은 기초 심리학에 속합니다. 발달의 근원적인 원리, 궤적 등을 설명하는 것이 기본적인 목적이지요. 또한 발달 심리학은 적용 범위가 무척 넓은 편입니다. 어떤 심리학 연구든 '나이'를 고려하지 않는 경우는 드물기 때문입니다. 심리학 실험에서는 물론 주로 연구하고자 하는 조건과 변수를 측정(실험 또는 독립 변수, 종속 변수)하겠지만, 그 전에 거의 반드시라고 해도 좋을 만큼 인구 통계학적 변수(성별, 나이, 학력 등)를 같이 측정하게 되니 말입니다.

둘째, 발달 심리학은 다른 분야와 다르게 통시적 접근이 기본입니다. 나이가 들어감에 따라 어떻게 변화하는지를 지켜보는 것이 발달 심리학자들의 일이거든요. 이 때문에 긴 시간을 들여 연구 대상자의 발달 양상을 추적하는 종단 연구longitudinal study가 매우 중요합니다. 회복 탄력성에 관한 종단 연구가 좋은 예가 될 수 있을 듯합니다. 유년기의 유복한 가정 또는 불우한 가정에서 태어난 아이들이 어떤 발달 과정을 거쳐 어떤 모습으로 성인기를 보내는지를 추적하며, '건강한 삶을 사는 성인이 되려면 어떤 조건이 필요한지'를 연구한 사례입니다. 한편 종단 연구에서는 코호트 효과cohort effect를 중요하게 고려해야 합니다. 세대 효과라고도 합니다. 종단 연구에서 관찰된 현상이 순수하게 '나이' 등 발달적 변화에 따른 것인지, 아니면 연구 대상자들이 속한 세대만이 보여 주는 특수한 것인지를 구분해야 하지요. 베이비 부머 세대, X세대, MZ세대 등 세대에 따라 사회 문화적 배경이 서로 다른 발달 양상을 만들어 낼 수 있다는 의미입니다.

사람이 일생 동안 완수해야 할 발달 과업을 정리한 에릭 에릭슨

셋째, 발달 심리학에서 다루는 '발달'의 의미는 우리가 흔히 생각하는 발달의 개념과는 조금 다릅니다. 여러분은 발달이라는 과정이 언제 끝난다고 생각하나요? 이 질문에 많은 사람이 미성년자에서 벗어나 갓 성인이 된 시점에 발달이 끝난다고 답합니다. 하지만 발달 심리학자들은 성인기가 되어도, 2차 성징이 끝나고 몸은 다 컸어도 발달은 끝나지 않는다고 생각합니다. 심지어 우리가 죽기 전까지도 끊임없이 발달이 일어난다고 말하지요. '전 생애 발달'의 개념입니다.

사실 그렇습니다. 갓 스무 살이 되었을 때 가졌던 생각, 신념, 가치관 등이 한평생 유지되는 경우는 무척 드뭅니다. 살아가면서 끊임없이 새로운 것을 배우고 경험하게 되는 것은 물론이고, 결혼하고 자녀를 낳아 부모가 되고 인생의 황혼기에 접어듦에 따라 삶의 방식, 우선순위, 가치관 등이 계속 변화하지요.

심리학자 에릭 에릭슨Erik Homburger Erikson은 이 점을 매우 잘 이해하고 있었습니다. 그는 8단계로 이뤄진 전 생애 발달 단계를 정립했습니다. 그리고 태어나는 순간부터 죽음을 맞는 그 순간까지 각 인생 단계에 맞는 발달 과업이 계속 주어진다고 설명했습니다.

긍정 심리학

몸과 마음을 치유하면 저절로 행복해질까?

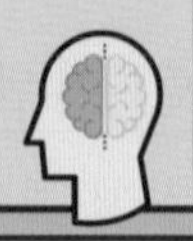

긍정 심리학이 발달하기 전 심리학자들의 주된 관심사는 정신 병리적 특성을 연구하는 것이었습니다. 『정신질환 진단 및 통계 편람Diagnostic and Statistical Manual of Mental Disorders』을 보면 우울 장애, 불안 장애, 강박 장애, 해리 장애, 성격 장애 등 다양한 정신 질환이 있는데, 프로이트가 정신 분석학을 연구하던 시절부터 비교적 최근까지, 심리학자들의 목적은 정신 질환이 있는 사람들의 삶을 평범한 삶으로 되돌려 놓는 일이었습니다.

그러나 인본주의 심리학이 등장하는 등 인간의 자율적인 회복과 성장에 주목하는 흐름이 나타나기 시작했습니다. 인간 중심 치료에서는 상담자의 지시적 개입을 삼가고, 내담자 스스로 인생의 답을 찾고 나아갈 수 있다는 믿음을 가져야 한다고 했죠. 그렇게 인본주의 심리학의 특징을 물려받은 긍정 심리학의 등장은 패러다임 전환이라고 할 수 있을 정도로 심리학사에서 매우 충격적인 사건 가운데 하나였습니다. 많은 심리학자가 반성적으로 성찰한 결과이기도 했지요. 핵심을 요약하면 '정신 질환자를 낫게 했지만, 그렇다고 저절로 행복해지는 것은 아니더라'였습니다. 부정적 상태가 평범한normal 상태로 바뀌었을 뿐, 자동적으로 긍정적 상태로 나아가지는 못한다는 것이었죠.

긍정 심리학의 등장 배경을 이해하려면 당시의 사회 문화적 여건도 살펴봐야 합니다. 풍요의 역설이라 불리는 현상이 나타난 시대로, 시간이 지날수록 경제 규모는 커지고 문명과 기술이 급속도로 발전해서 일상의 편의성이 늘어나고, 먹고 마실 것이 풍부해서 굶어 죽을 일도 적어졌는데 왜 인류의 행복 수준은 그에 걸맞게 높아지지 않느냐는 비판이 등장하던 시기였습니다. 우리나라를 봐도 그렇습니다. 한강의 기적을 일으키고 선진국 대열에 들어섰음에도 OECD 기준 자살률은 최상위권에 머물고 있다고 하지요. 기술의 발전, 의식주의 풍요가 곧 행복을 담보하지는 않는다, 즉 행복에는 물질적인 것 이외에 다른 조건이 필요할지도 모른다는 강력한 암시였습니다.

진정한 행복은 어떻게 찾을 수 있을까?

긍정 심리학자들은 삶의 만족도, 주관적 안녕감, 심리적 행복 등을 중요 연구 주제로 삼습니다. 긍정 심리학 또한 과학적 심리학의 일종으로서, 여러 실증 연구를 통해 행복의 구성 요소는 무엇이며, 어떤 요인으로 인해 행복 수준이 결정되는지를 체계적으로 밝히고 있지요. 소득과 행복의 관계에 관한 연구는 긍정 심리학이 전 세계에 던진 가장 큰 화두였습니다. 소득이 과연 행복을 얼마만큼 보장해 줄 수 있는지, 어떤 방식으로 행복 실현에 기여하는지 등 여러 흥미로운 질문을 제기했죠. 그 밖에 긍정 심리학에서는 인간의 강점strength, 덕성virtue에 관심을 가졌습니다. 지혜와 지식(창의성, 호기심 등), 용기(대담함, 열정 등), 정의, 절제, 초월성 등 인간이 갖고 있는 여러 긍정적인 잠재력들을 탐구하고 이를 체계화하고자 했습니다. 주체적인 삶, 삶의 의미 추구, 자아실현 등도 긍정 심리학의 흥미로운 연구 주제입니다. 최근 고령화 추세와 맞물려 긍정적 노화positive aging 역시 많은 이들의 관심을 얻고 있습니다.

알아 두면 쓸모 있는 1분지식

082

모듈 이론

진화론과 심리학이 만나면 어떻게 될까?

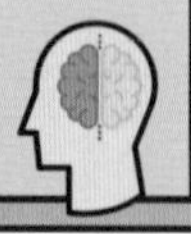

심리학자들은 오래전부터 인간의 본성에 대해 알고 싶어 했습니다. '음악 등 예술을 즐기는 이유는 무엇일까?', '인간은 왜 배신하는가?', '이타성의 조건은 무엇인가?', '어떤 인간은 왜 자살을 택하는가?' 등의 질문을 던지며 '동물'로서 인간의 습성에 대해 탐구하고자 했죠. 예를 들어 초창기 사회 심리학자 윌리엄 맥두걸William McDougall은 인간의 다양한 행동 이면에는 각각에 대응하는 '본능'이 있을 것이라 가정했습니다. 그 본능은 각각 무엇이며 과연 몇 가지나 되는지 규명하는 것이 주된 연구 목표였지요.

하지만 불행하게도 '본능'에 관한 심리학적 연구는 그다지 주목받지 못했습니다. 본능의 실체가 모호해서 과학적 연구 대상으로 삼기 어렵다는 이유였습니다. 또한 갖가지 행동의 원인을 그저 '본능'으로 치부해 버린다면 더 이상 그 현상을 설명하고 해석하고 통제할 여지도 없어지니 그야말로 '본능'이 만능열쇠처럼 느껴지는 문제도 있었습니다. 그래서 심리학계에서는 1990년대에 들어서야 비로소 '본능'이 본격적인 연구 대상으로 조심스럽게 거론되기 시작했습니다. 진화 심리학이 등장한 것입니다.

진화 심리학은 찰스 다윈Charles Darwin이 체계화한 진화론의 영향을 강하게 받았습니다. 요약하면, 인간의 각종 생물학적 메커니즘들이 진화의 산물이라면 인간의 마음 역시 마찬가지일 것이라는 깨달음이었습니다. 진화 심리학에 따르면 감정, 신뢰와 배신, 이타적인 마음, 공감 능력, 마음에 드는 짝 찾기 등 우리에게 익숙한 여러 마음의 특성들이 현대인들에게 존재하는 이유는, 그러한 특성들이 생존과 번식에 유리하게 작용했기 때문입니다. 진화론의 자연 선택natural selection 개념을 빌리면, 이러한 마음의 특성들을 가진 개체들은 살아남았고, 그렇지 않은 개체들은 차츰 도태되었을 것이라고 생각해 볼 수 있겠지요.

인간의 마음은 각각의 기능을 지닌 여러 모듈의 집합체다.

진화 심리학자 존 투비John Tooby와 레다 코스미데스Leda Cosmides는 마음의 모듈 이론modular theory을 주장했습니다. 인간의 마음이라는 것은 여러 부속 모듈들이 조립되어 만들어져 있으며, 모듈마다 고유의 기능이 있을 것이라는 설명입니다. 각각의 모듈이 진화한 목적을 밝히기 위해 고대 인류들이 맞닥뜨렸을 '적응 문제'들(공동생활에서 상호 협력하기, 배신자 가려내기, 성 선택 등)을 가정하고, 이 문제들을 어떤 마음의 메커니즘으로 해결해 왔을지를 연구하는 것이 진화 심리학자들의 주된 목적입니다.

그러나 진화 심리학은 아직 갈 길이 먼 것이 사실입니다. 무엇보다 진화 심리학은 '비과학적'이라고 비판을 받곤 합니다. 먼저 학문의 특성상 고대 인류의 적응 문제를 다뤄야 하는데, 이를 입증하기 위한 역사적 자료가 많이 남아 있지 않지요. 또한 인류 보편의 특성들을 밝히려다 보니 전 세계인을 대상으로 광범위하게 표본을 수집해야 해서 막대한 시간과 비용이 필요하다는 문제도 있습니다. 변수 통제 등 엄격한 실험 연구가 성립하기 어렵다는 점도 진화 심리학이 마주하는 어려움 가운데 하나입니다. 그럼에도 심리학자가 다룰 수 있는 시간적 범위를 크게 넓혔고, 인간 본성 연구에 유용한 관점을 제공하고 있다는 점에서 진화 심리학만의 매력은 분명히 있습니다.

신경 과학

뇌를 잘 알아야 마음도 이해할 수 있다?

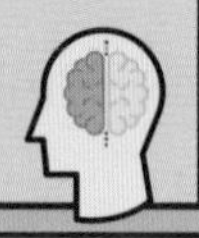

신경 심리학neuropsychology(또는 생물 심리학)은 심리 작용의 신경 생물학적 기전을 탐구하는 심리학의 하위 분야입니다. 과학 기사에서 '특정 생각이나 행동을 할 때 활성화되는 뇌 부위가 있다'라는 내용을 볼 수 있는데요. 우리가 일상에서 신경 심리학을 만날 수 있는 가장 대표적인 예라 할 수 있습니다.

그런데 가끔 심리학을 전공하려는 중고등학생들을 만나 강의를 하다 보면, "신경 심리학이 있다는 것을 처음 알았어요. 그것도 심리학인가요?"라는 질문을 받게 됩니다. 그도 그럴 것이 심리학자들이 뇌 과학을 한다는 점이 일반인들에게는 다소 생소하게 느껴질 법도 합니다. 우리가 흔히 심리학이라고 하면 떠올리는 것들이 심리 테스트, 심리 치료, 상담 또는 대중적으로 널리 알려졌던 자존감, 열등감 같은 개념들일 테니까요. 하지만 심리학 전공자들은 심리학이 뇌 과학과 밀접하게 관련되어 있다는 점을 잘 알고 있습니다. 처음 심리학을 배우는 심리학과 1학년 학생들이 보게 되는『심리학개론』에 빠지지 않고 등장하는 것이 뇌의 구조, 기능, 명칭 등이거든요. 신경 심리학은 심리학이라는 학문의 스펙트럼이 얼마나 넓은지를 잘 보여 줍니다. 문화 심리학 등 '인문학적' 심리학도 있는 반면, 신경 심리학 등 '자연 과학적' 심리학도 있으니 말입니다.

그러면 신경 심리학에서는 어떤 방식으로 인간의 심리를 연구할까요? 가장 잘 알려진 방법으로는 뇌손상 환자에 대한 연구, 뇌 영상 연구, 유전 공학 연구 등을 들 수 있습니다. 특히 신경 심리학 초기에는 뇌손상 환자에 대한 연구가 매우 큰 충격을 안겨 주기도 했습니다. 심리학 교과서에서 신경 심리학을 소개하며 반드시 빼놓지 않는 미국인 피니어스 게이지Phineas Gage의 사례가 대표적입니다. 그는 18세기 인물로, 불의의 폭발 때문에 길이가 약 1미터에 이르는 쇠막대가 얼굴을 사선으로 관통해 버리는 사고를 당하고 맙니다. 그러나 놀랍게도 그는 살아남았습니다. 치료가 끝난 후 사람들을 알아보기 시작했고 의사소통을 하거나 걸어다니는 것도 가능했죠. 다만 이전의 친절하고 자제심도 강했던 그가, 사고 이후 감정 기복도 심해지고 화를 잘내는 등 성격이 크게 바뀌었다고 알려져 있습니다(당시 주치의의 연구 기록에 따르면 그렇습니다). 그 밖에도 뇌량이 절단된 '분리뇌' 환자 대상 연구, 전두엽 절제술을 받은 환자 대상 연구 등도 신경 심리학의 발전에 기여했습니다.

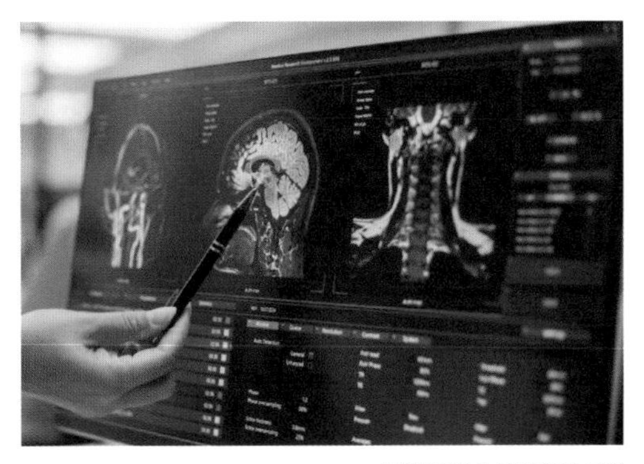

뇌의 문제가 곧 마음의 문제

오늘날에는 뇌 영상 기법을 활용한 연구가 활발히 진행되고 있습니다. 뇌파 검사electroencephalography, EGG를 이용한 뇌파 연구, 기능적 자기 공명 영상functional magnetic resonance imaging, fMRI을 이용한 연구(특정 생각이나 행동을 할 때 뇌 혈류량이 어떻게 변화하는지 관찰해서 어떤 뇌 부위가 활성화되는지를 짐작해 볼 수 있죠), 양전자 단층 촬영positron emission tomography, PET, 뉴런 단위에서의 연구 등 그 밖에도 여러 가지 방법들이 시도되고 있지요. 이러한 방법들을 통해 도덕적 의사 결정, 사람들 사이에서 이루어지는 신뢰 또는 배척, 이타적 행위 등의 신경 생물학적 근원을 밝혀내는 연구들이 의미 있는 성과를 거두고 있습니다.

알아 두면
쓸모 있는
1분지식

084

계량화된 마음

눈에 보이지도 않는 마음을 어떻게 연구할 수 있을까?

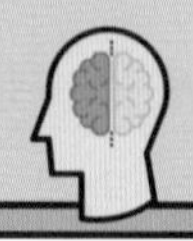

심리학에 대해 아무것도 모를 때, 저는 심리학을 제 전공으로 선택하면서 나름대로 희망에 부풀어 있었습니다. 지고지순한 사랑의 실체나 숭고한 희생 정신, 삶의 진정한 의미, 행복의 정체, 불가능을 가능으로 만드는 미지의 정신력 등 일상에서 보고 듣고 놀랐던, 존경해 왔던 인간의 위대함, 인간 심리의 신비로움을 배울 수 있다는 기대감이 있었거든요.

그런데 심리학에는 역설paradox이 있습니다. 사람들에게 깊은 감명을 주며 또 그만큼 중요하기 때문에 많이 연구됐을 것 같은 주제들, 이를테면 사랑, 행복, 의미 같은 요소들이 의외로 연구된 바가 적다는 사실입니다. 심리학자들은 그동안 '의도적으로' 이러한 주제들에 접근하는 것을 피해 왔습니다. 최근에는 사랑 연구, 행복 연구가 제법 있다지만 본격적으로 연구가 시작된 것도 얼마 되지 않았죠. 왜 이런 현상이 일어난 걸까요? 심리학자들이 직무 유기라도 한 걸까요?

그 이유를 이해하려면 현대 심리학의 정체성을 알아봐야 합니다. 현대 심리학의 출발점은 심리학 '실험실'입니다. 실험실이 만들어진 해를 심리학이 시작된 해로 보고 있다니, 그만큼 심리학에서 '실험'과 '과학'의 의미가 막대하다고 짐작할 수 있겠죠. 그런데 재미있게도 심리학은 인간의 심리, 즉 눈에 안 보이는 것을 연구합니다. 그래서 심리학자들 사이에서도 늘 논란이 많습니다. 도대체 심리를 어떻게 '과학적'으로 연구해야 할까, '자존감'과 '자존심'을 과학적으로 구분하는 것이 가능할까, 애초에 눈에 보이지도 않는데 명명된 여러 심리 개념들이 실존한다고 말할 수가 있을까 등 인문학을 과학의 영역으로 들여놓으려니 정말 많은 어려움이 있었죠. 바로 이러한 어려움 때문에 심리학자들이 '사랑' 같은 추상적인 주제는 연구하기를 꺼렸던 것입니다.

사랑의 질량을 과학적으로 측정할 수 있을까?

이는 과학의 조작적 정의operational definition와 관련된 문제라 할 수 있습니다. 국어사전에서 단어의 뜻을 정의하는 방식과 달리, 과학의 조작적 정의는 측정할 수 있는 부분을 염두에 두고 세워집니다. 『표준국어대사전』에서 '사랑'의 정의는 '어떤 사람이나 존재를 몹시 아끼고 귀중히 여기는 마음'입니다. 그렇다면 '아끼다', '귀중하다'는 개념을 어떻게 수치로 측정할 수 있을까요? 또한 여기에서 말하는 '어떤 사람이나 존재'가 가리키는 범주는 어디까지 해당되는 걸까요? 심리학자들의 가장 큰 고민은 이처럼 연구 개념들의 조작적 정의를 설정하는 일입니다. 어떤 대상에게 '사랑한다'고 하루 평균 몇 번 말하는가, 어떤 대상에게 이타적 행위를 몇 번 했는가, 여기서 '이타적 행위'는 그럼 또 어떻게 측정해야 하는가? 이처럼 '사랑'을 과학적으로 측정하기 위한 어려움은 깊고도 깊습니다. 물론 그 어려움이 깊어질수록 심리학만의 정체성, 심리학 연구의 가치도 그만큼 커지는 것이겠지만요.

그런 이유로, 거칠게 표현하면 심리학을 연구한다는 것은 곧 조작적 정의를 잘 세운다는 말과도 같습니다. 첫 단추에 해당하는 조작적 정의부터 잘못됐다면, 그 어떤 화려한 가설을 세우고 훌륭한 연구 기법을 활용하고 논문을 아무리 멋지게 쓴다 해도 무용지물일 테지요.

그 사람은 왜 극단적인 선택을 할 수밖에 없었을까?

_자살의 원인을 밝히는 심리 부검

여러분, 혹시 심리 부검psychological autopsy이라는 용어를 들어보셨나요? 놀랍게도 심리학 분야에도 부검이 있습니다. 심리 부검이란 자살한 이들의 자살 원인을 과학적으로 규명하는 절차를 뜻합니다. 심리 부검이 처음 이뤄진 것은 1950년대였으며, 심리 부검이라는 용어를 처음 제안한 사람은 심리학자 에드윈 슈나이드먼Edwin E. Shneidman으로 알려져 있습니다. 국내에서는 1990년대 후반에 처음 심리 부검의 개념이 소개되었고, 본격적으로 진행된 것은 2000년대 후반이었습니다.

그렇다면 심리 부검은 어떻게 진행될까요? 우리가 알던 부검과는 달리 심리 부검에서는 시신을 해부하지 않습니다. 심리 부검은 크게 두 가지 경로로 이뤄집니다. 첫째, 사망자 주변의 인물들, 즉 사망자의 가족, 친척, 친구, 연인, 동료 등을 대상으로 심층 인터뷰를 진행해서 사망자 자신과 주변 환경에 대한 단서를 수집합니다. 표준화된 인터뷰 절차에 따라 충분히 숙련된 전문 인력이 체계적으로 정보를 수집하죠. 둘째, 사망자와 관련된 문서 기록을 수집하고 분석합니다. 사망자의 유서, 일기 등 개인적인 기록들은 물론이고 사망 진단서, 의료 기록, 소속 단체의 활동 일지, 면담 기록, 검시관의 진술, 경찰 기록물 등 다양한 자료가 죽음의 원인 추정에 활용되죠.

심리 부검의 목적은 여러 가지입니다. 먼저 소송에서 사실관계를 명확하게 가리기 위해 시행될 수 있습니다. 물리적 단서가 부족해서 자살인지 타살인지를 밝히기 어려운 경우 심리 부검이 유용하게 활용됩니다. 예를 들면 자살로 판명이 나서 보험금 지급이 취소된다거나 용의자의 누명을 풀어 준다거나 하는 일에 활용됩니다. 죽음에 이르는 과정을 추적해서 이해관계자들의 책임 여부를 가리는 데 활용할 수도 있습니다.

죽음의 원인을 밝히는 심리 부검

우리 사회에는 '사회적 타살'이라는 자살이 있습니다. 주변 사람의 학대, 괴롭힘 등을 견디지 못하고 스스로 생을 마감하는 안타까운 사례들이죠. 그런데 만약 심리 부검을 통해 자살의 원인이 자살자 본인에게 있다기보다는 자살의 직간접적인 원인을 제공한 가해자나 주변 환경 등에 있다는 사실이 밝혀진다면 이는 자살자 유가족의 보상금 지급 여부 등을 결정하는 데 영향을 미칠 수 있습니다.

심리 부검은 자살 예방에도 중요한 의미가 있습니다. 자살의 원인을 추적, 조사하는 과정인 만큼 여러 자살자의 사례들을 모아 보면 어떤 변수가 자살을 유발하는 '위험 요인'인지를 파악할 수 있고, 이에 대처하기 위한 예방 정책도 수립할 수 있죠. 실제로 자살 및 심리 부검 연구를 통해 정신 장애, 스트레스 생활 사건, 과거 자살 시도, 알코올 남용, 직장·회사 내 괴롭힘, 자살 도구에 대한 접근성 등이 위험 요인으로 밝혀졌습니다. 그리고 이에 관한 대책을 마련함으로써 특정 지역의 자살률이 감소했다는 연구 결과도 보고되었습니다.

재난 상황에서 심리학자들은 어떤 역할을 할까?
_팬데믹과 심리학

천재지변, 인재 사고 등 사회, 국가 단위의 재난이 벌어지면 직·간접적 가해자의 책임을 묻고 사건의 진상을 규명하며, 피해자를 신속하게 구조하고 피해자와 유가족을 신체적으로 안정시키고 회복시키는 일이 가장 중요한 과제입니다. 특히 재난 사건은 다수의 생명과 직결된 경우가 많다 보니 사상자의 수, 피해 규모 등에 매우 큰 관심을 갖게 되죠. 하지만 심리학자들은 재난 상황이 닥쳤을 때 심리적인 문제 역시 매우 중요하게 고려해야 한다는 점을 강조합니다.

재난의 피해자에게는 단지 '살아남았다'라는 사실이 별다른 위안이 되지 못합니다. 오히려 생존자의 상당수가 사망자에게 죄책감을 느끼게 될 경우가 많습니다. 매우 불안정한 정서 상태를 보이며, 외상 사건을 끊임없이 되새기면서 수시로 고통을 겪는 사람들이 많이 보고되고 있죠. 바로 PTSD(외상 후 스트레스 장애)의 대표적 증상들입니다.

그런데 심리학자들은 재난 사건이 미치는 트라우마 여파가 생존자와 사망자의 사망자 유가족뿐만 아니라 가깝게는 소방관, 경찰관, 의료 인력 등 재난을 가까이에서 목격하는 계층, 멀게는 지역 사회 및 국가적 단위로 확대될 수도 있다고 강조합니다. 실제로 직접적으로 재난 사건을 겪지 않더라도 인터넷과 다양한 영상 매체 기술이 발

재난을 겪은 이들에게는 심리적 치료 지원도 중요하다.

달하고 SNS를 통해 정보가 빠르게 전달되는 현대 사회에서는 마치 내 옆에서 재난이 일어나고 있는 것처럼 생생하게 실시간으로 재난 현장을 접할 수 있다는 점에서 트라우마의 파급 효과가 더욱 클 수 있습니다. 그에 따라 심리학자들은 대리 외상vicarious trauma, 이차 외상 스트레스secondary traumatic stress, 간접 외상indirect trauma 등의 개념을 제시하며 트라우마의 적용, 예방 범위를 확대하기 위해 노력하고 있습니다.

국내의 심리학자들은 생존자, 유가족이나 관련자뿐만 아니라 전 국민을 대상으로 심리 지원에 나서려고 노력하고 있습니다. 한국심리학회에서는 '재난 심리 위원회'를 발족하고 재난 상황에 대비한 심리적 지원을 체계화하기 위한 제도적 틀을 마련했습니다. 세월호 참사가 일어난 당시에는 심리 상담 전문가들이 자원봉사 활동에 나섰으며, 코로나19가 크게 유행하던 시기에는 우울감, 무기력감을 호소하는 '코로나 블루Corona Blue'에 대한 과학적 접근은 물론 전화를 통한 무료 상담 서비스나 자가 검진 도구를 무료로 제공하는 등의 방법으로 노력했습니다. 2022년 기준, 최근 발생한 10·29 참사와 관련해서도 마음 안정화가 필요한 시민이라면 누구나 무료 전화 상담을 이용할 수 있도록 서비스를 제공하고 있습니다.

7장

심리학자

- [x] 해리 할로
- [ ] 폴 에크만
- [ ] 에릭 에릭슨
- [ ] 레온 페스팅거
- [ ] 멜빈 러너
- [ ] 헨리 타즈펠과 존 터너
- [ ] 윌리엄 맥두걸
- [ ] 마틴 셀리그만
- [ ] 에드 디너
- [ ] 미하이 칙센트미하이
- [ ] 알프레드 비네
- [ ] 데이비드 버스
- [ ] 로렌스 콜버그
- [ ] 장 피아제
- [ ] 한스 아이젱크
- [ ] 에이브러햄 매슬로

1day

1Word

알아 두면
쓸모 있는
1분지식
085

해리 할로

물질적 보상과 애정 어린 신체 접촉 중
더 중요한 것은?

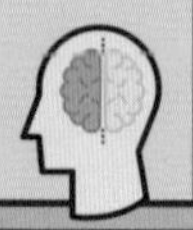

누군가가 아기를 돌보는 모습을 한번 머릿속에 그려 봅시다. 새근새근 자던 아기가 배가 고팠는지 칭얼거리기 시작합니다. 보호자는 이내 분유를 타서 젖병에 담고 아기에게 물립니다. 얼마 동안 배를 채운 아기는 이제 다시 잠을 자려는지 눈을 깜박거립니다. 아기를 눕히고 이불을 덮어 재운 뒤 책을 보며 쉬는 보호자. 얼마나 시간이 흘렀을까, 아기가 어느새 잠에서 깨어나 크게 울기 시작합니다. 보던 책을 내려놓고 급히 아기에게 간 보호자는 아기를 안고 달랩니다. 토닥토닥 등을 두드리면서 부드럽게 쓰다듬어 주니 아기가 어느새 울음을 그칩니다.

우는 아기를 어르고 달래는 모습은 아기가 있는 곳이라면 어디에서든 흔히 볼 수 있습니다. 특별히 의식하지 않아도 대부분의 사람이 자연스럽고 부드럽게 우는 아기를 다독이고 웃는 얼굴로 상냥하게 아기를 대하지요. 하지만 심리학자 해리 할로 Harry F. Harlow가 활동하던 1950년대 미국에서는 아기를 조금 다르게 키웠습니다. 이 당시만 해도 아이를 엄격히 키우는 것이 당연한 일이었습니다. 제때 잘 먹이는 일이 가장 중요하고 아기를 안아 주거나 만져 주지 않아도 된다는 생각이 지배적이었습니다. 오히려 아기의 투정에 반응하고 달래는 일이 반복될수록 독립심이 떨어지고 버릇없는 사람으로 자라게 된다고 생각했죠.

이러한 상황에서 해리 할로는 당시의 고정 관념에 도전하는 과감한 실험을 계획합니다. 심리학 역사에서 매우 유명한 '원숭이 애착 실험' 또는 '대리모 실험'이라 불리는 것이었습니다. 먼저 두 개의 가짜 엄마 모형을 준비합니다. 하나는 철사로 만들어졌지만 급수 시설을 달아 놓아서 우유를 줄 수 있는 엄마(철사 엄마), 다른 하나는 부드러운 헝겊으로 만들어졌지만 급수 시설은 없는 엄마(헝겊 엄마)였습니다. 다음으로 할로는 태어난 지 얼마 안 된 원숭이를 두 엄마 앞에 데려옵니다. 과연 아기 원숭이가 어느 엄마에게 더 애착을 보일지 알아보고자 했던 것이었죠.

원숭이 애착 실험 중인 해리 할로

실험 결과는 놀라웠습니다. 사람들은 아기 원숭이가 철사 엄마에게 다가갈 것이라 예상했습니다. 당시에는 아기가 양육자에게 애착을 갖게 되는 가장 큰 이유가 바로 '먹을 것'이라고 생각했기 때문입니다. 하지만 아기 원숭이는 철사 엄마가 아닌 헝겊 엄마를 선택했습니다. 마치 진짜 엄마 품에 안기듯 부드러운 감촉을 찾아 헝겊 엄마 곁에 누웠고 배가 고플 때만 어쩔 수 없이 철사 엄마 쪽으로 머리만 뻗어 우유를 받아 먹었죠.

할로는 이 실험 결과를 통해 부모와 아기 사이에 애착이 형성되려면 식욕을 충족시키는 것이 아니라 접촉을 통해 위안을 주는 것이 무엇보다 중요하다는 사실을 발견했습니다. 그리고 당시 높은 영아 사망률의 원인이 다름 아닌 보호자와 접촉이 없었기 때문이라는 점을 확인할 수 있게 되었습니다. 실제로 큰 깨달음을 얻은 당시 양육자들이 아기와 접촉을 늘리기 시작했을 때 비로소 영아 사망률이 감소되기 시작했습니다.

폴 에크만

가짜 미소와 진짜 미소는 어떻게 구분할까?

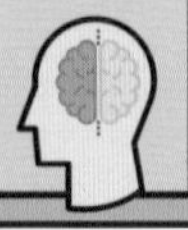

감정에 관한 심리학자들의 또 다른 위대한 업적은 바로 감정을 분류한 것입니다. 세상에는 감정을 표현하는 단어들이 정말 셀 수 없이 많습니다. 감격스럽다, 걱정스럽다, 고맙다, 괴롭다, 귀엽다, 그립다, 나쁘다, 따분하다, 서럽다, 신나다, 어이없다, 짜증스럽다, 당황스럽다, 안쓰럽다 등 정말 많은데요. 심리학자들은 이러한 정서를 표현하는 단어들의 뿌리를 찾으려 했습니다. 그리고 폴 에크만Paul Ekman이라는 심리학자가 전 세계 다양한 문화권의 사람들에게서 공통적으로 나타나는 얼굴의 감정 표현에 주목하고 기본 정서basic emotions가 있다는 사실을 밝혀냈습니다. 감정에는 그에 대응하는 얼굴 표정이 있는데, 여러 나라 사람들의 표정과 감정을 조사해 봤더니 공통적으로 '기쁨', '분노', '공포', '슬픔', '놀람', '혐오'의 여섯 가지 기본 표정과 감정이 있다는 사실을 발견할 수 있었습니다.

폴 에크만의 연구 이후, 많은 심리학자가 기본 정서에 관해 논의하기 시작했습니다. 에크만이 이야기한 대로 기본 정서를 여섯 개로 간주해도 괜찮을지, 그 밖에 다른 기본 정서는 없을지 후보들을 탐색하기도 했죠. 그뿐만 아니라 정서 표현의 문화적 차이도 고려해야 했습니다. 정서나 개성을 분명하게 표현하며 그것을 미덕으로 여기는 개인주의 문화권이 있었던 반면, 반대로 정서 표현을 자제하고 다른 사람이나 집단의 뜻을 따르는 것을 중요하게 생각하는 집단주의 문화권도 있었죠. 뿐만 아니라 특정 국가나 문화에만 나타나는 고유의 정서 표현도 기본 정서에 대한 논의를

심화했습니다. 예를 들어 우리 나라 사람들의 고유 정서로 알려진 한, 정, 신명('신명이 난다!'라는 말 들어본 적 있죠?)이 있고, 옆 나라인 일본의 경우에는 '아마에 甘え'(우리말로 옮기면 '어리광, 응석'과 비슷한 뜻입니다)라는 독특한 정서가 알려져 있습니다. 서양권에도 고유 정서가 있는데, 가령 독일에서는 '샤덴프로이데Schadenfreude'라는 정서가 있습니다. 다른 사람의 고통, 불행을 은근히 즐기는 마음을 뜻하며 질투에 가까운 정서 표현입니다. 결과적으로 학자마다 조금씩 이견이 있기는 하지만 기본 정서의 목록이 에크만이 앞서 이야기했던 여섯 가지보다는 많이 늘어난 상황입니다. 만족감, 경멸, 당황스러움, 기대감, 성취감, 감사 등 다양한 정서들이 기본 정서의 후보로 거론되고 있습니다.

감정과 표정의 관계를 연구한 폴 에크만

얼굴에는 수십 가지의 표정을 묘사할 수 있는 근육이 있으며, 각 근육의 움직임을 여러 가지 방식으로 조합하면 수천, 수만 개의 표정을 나타낼 수 있다고 합니다. 에크만은 얼굴 근육의 조합 방식과 정서의 관계를 더 정확히 연구하기 위해 '얼굴 움직임 부호화 시스템Facial Action Coding System, FACS'을 고안하기도 했습니다. 이렇게 얼굴 표정을 연구하던 에크만은 사람들의 '가짜 미소'와 '진짜 미소'를 구분하는 방법을 알게 되었는데요. 입술 끝이 위로 올라가고 눈가에 주름이 나타나는 미소가 진짜라는 것이었습니다. 그는 이 같은 사실을 처음 밝혀냈던 프랑스의 신경 심리학자 기욤 뒤센Guillaume Duchenne의 업적을 기리면서 진짜 기쁨을 나타내는 미소에 '뒤센 미소Duchenne smile'라는 이름을 붙여 주었습니다.

에릭 에릭슨

사람에게는 생의 단계마다 이뤄야 할
8가지 과업이 있다?

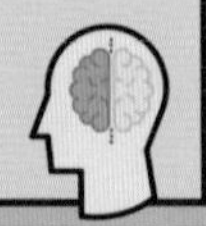

심리학자 에릭 에릭슨은 심리 사회적 발달 이론psychosocial development theory에서 사람이 일생 동안 완수해야 할 인생의 주요 발달 과업을 정리했습니다. 특정 나이대에 대응하는 총 여덟 개의 발달 단계가 있으며 각 발달 단계에서는 해결해야 할 심리 사회적 위기psychosocial crisis, 즉 발달 과업이 있다고 설명했습니다. 과업을 성공적으로 완수하면 '덕목'을 얻지만, 그렇지 않으면 불신, 죄책감, 수치심, 혼란 등 부정적인 특성이 발달한다고 보았죠. 한편 에릭슨은 가족, 지역 사회, 문화 등 보다 넓은 범주의 사회와 상호 작용하는 것을 중요하게 생각했습니다. 또한 영유아기에서부터 노년기에 이르기까지, 전 생애에 걸친 발달 과정을 다루고자 했다는 점 또한 에릭슨 이론의 특징입니다(080. 〈발달 심리학〉 참고). 그러면 에릭슨의 발달 단계를 살펴보겠습니다.

먼저 1단계는 신뢰 대 불신입니다. 갓 태어난 아기는 부모 등 중요한 다른 사람은 물론 세상을 신뢰하는 기본적인 방법을 배워야 합니다. 식욕, 수면욕 등 기본적인 욕구가 다른 사람의 도움을 받아 해결되는 과정을 경험하면서 누군가에게 의존한다는 것이 무엇인지 알게 되죠. 2단계는 자율성 대 수치심, 의심입니다. 아기는 이제 본격적으로 자신이 태어난 환경을 탐색하기 시작합니다. 새로운 것들을 끊임없이 배우면서 자신이 무엇을 좋아하고 싫어하는지 기초적인 흥미를 발전시킵니다. 3단계는 주도성 대 죄책감입니다. 어린이집, 유치원에 다니는 아이들이 겪는 발달 과업인데요. 이 단계의 아이들은 자기 주도적, 목표 지향적인 행동을 추구합니다. 4단계는 근면

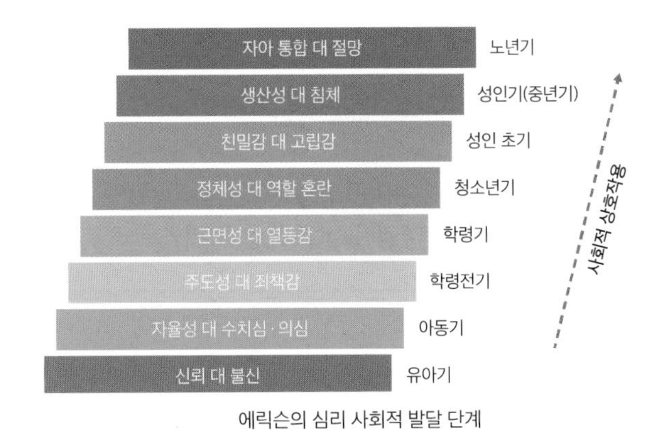

에릭슨의 심리 사회적 발달 단계

성 대 열등감입니다. 초등학교에 다니는 아이가 경험하는 단계로, 무언가 스스로 노력해서 사회에서 인정받는 형태(칭찬, 학교 성적, 또래 친구들의 인정, 그 밖의 보상)의 성취감을 맛보는 것이 중요합니다. 무언가를 스스로 이뤄 본 경험이 없는 아이들은 자신감이 낮아지고 열등감을 경험하지요.

5단계는 정체성 대 역할 혼란입니다. 흔히 '사춘기'가 이 단계에 대응하는 것으로 알려져 있는데요. 이 시기의 개인은 자신이 누구이며 무엇을 해야 하는가를 진지하게 고민합니다. 6단계는 친밀감 대 고립감입니다. 20~40대 초반의 청년기에 맞게 되는 발달 과업으로, 이 시기에는 주변 동료, 지인을 얻거나 사랑하고 결혼하는 등 친밀감을 얻을 수 있도록 관계를 맺어야 할 때입니다. 7단계는 생산성 대 침체입니다. 중년기에 대응하는 발달 단계로, 이 시기에는 자신의 노하우, 경력, 연륜 등을 활용해서 사회에 공헌하고 미래 세대를 위한 발판을 마련해야 합니다. 끝으로 8단계는 자아 통합 대 절망으로, 지금까지의 삶을 돌아보고 인생의 의미를 되짚으며, 지혜를 추구하는 노년기의 발달 과업을 의미합니다.

레온 페스팅거

사람들은 왜 끊임없이
자신과 타인을 비교하는 걸까?

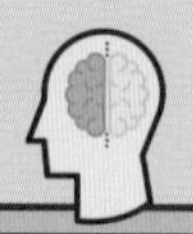

사회 심리학자 '레온 페스팅거' 하면 떠오르는 가장 대표적인 이론은 아무래도 인지 부조화 이론이 아닐까 싶습니다. 인지 부조화란 기본적으로 태도와 행위가 불일치할 수 있다는 데에서 출발합니다. 전통적으로는 '태도가 행동을 예측한다'고 가정했지만 태도가 행동으로 직결되지 않는가 하면 반대로 행동이 태도를 결정하는 경우도 있었습니다. 그리고 인지 부조화는 바로 행동이 태도를 결정할 수 있음을 보여 주는 현상이라 할 수 있습니다. 페스팅거는 훌륭한 이론과 개념화 그리고 이를 뒷받침하는 실험 연구로 인지 부조화의 존재를 널리 알린 권위 있는 심리학자가 되었습니다(인지 부조화 현상에 대한 자세한 설명은 006. 〈인지 부조화〉 참고).

그런데 덜 알려졌지만 페스팅거를 유명하게 만든 다른 연구도 있습니다. 바로 사회 비교 이론입니다. 페스팅거는 인간에 관한 몇 가지 기본 전제를 제시했습니다. 먼저 인간에게는 자기 자신을 확인하고 평가하려는 동기가 있다고 생각했습니다. 자신의 실력이 어느 정도인지, 현재 자신이 잘하고 있는지 못 하고 있는지 계속 궁금해한다는 것이었습니다. 다른 전제는 사회 비교 이론과 직결되는 것으로, 자신의 능력이나 생각 등을 다른 사람의 능력이나 생각과 비교하려는 본능적인 동기가 있다는 것이었습니다. 객관적이고 절대적인 기준이 있다면 모르겠지만 현실적으로는 그렇지 못한 경우가 대부분이니, 그만큼 사회 비교의 과정도 활발하다는 것이 페스팅거의 생각이었습니다.

페스팅거는 사회 비교의 이점을 다음과 같이 설명합니다. 먼저 불확실성을 해소할 수 있습니다. 다른 사람과 비교해 볼 때 지금 내 행동이 이상한 것은 아닌지, 잘하고 있는지, 아니면 다르게 행동해야 하는지 등 여러 가지 단서를 얻을 수 있죠. 또한 사회 비교를 통해 소속감을 얻을 수도 있습니다. 사람은 자신과 비슷한 사람에 끌리고 생각이나 성향이 다른 사람과는 거리를 두는 경향이 있습니다. 사회 비교의 과정을 통해 자신과 다른 사람을 비교하고, 공통점을 늘려나감으로써 서로 관계를 돈독히 만들 수 있습니다.

사람들은 왜 자신을 타인과 비교할까?

그런데 사회 비교의 과정은 비교하는 대상에 따라서 더 세분화되기도 합니다. 가령 나보다 더 능력적으로 우월하다고 판단되는 대상과 비교하는 상향 비교, 나보다 능력이 열등한 대상과 비교하는 하향 비교가 있습니다. 어떤 사회 비교냐에 따라 얻게 되는 이점이 조금 다른데요. 나보다 더 뛰어난 사람과 비교하면서 '나도 노력해야지', '저 사람을 롤모델로 삼아야겠어' 등으로 성취 동기가 강해지는 장점이 있습니다(물론 조건에 따라 열등감으로 발전할 수도 있습니다). 하향 비교를 통해서는 약간 치사하기는 하지만 '그래도 나는 저 사람보다는 더 낫잖아', '난 제법 유능한 사람이야'처럼 자존감이 충족되고 자신의 정신 상태를 자기 고양할 수 있죠.

정리하면 페스팅거는 인지 부조화, 사회 비교 이론 등을 통해 심리학 역사에서 결코 빼놓을 수 없는 매우 중요한 심리학자로 자리 잡았습니다.

멜빈 러너

문제는 진짜 공정한지가 아니라 공정함에 관한 믿음이다?

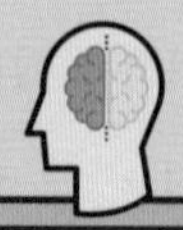

여러분은 이 세상이 공정하다고 믿고 있나요? 교육, 고용, 자산, 정치, 언론 등 사회 주요 영역에서 언제나 끊이지 않고 등장하는 화두가 바로 공정성 문제입니다. 현행 대학 입시 제도인 정시, 수시 제도는 공정한가, 교육 관련 기회의 평등은 보장되어 있는가 등의 논의가 있습니다. 또한 고용, 자산 분야에서는 취업 경쟁의 공정성이나 소득 분배의 형평성, 자산 격차 등의 문제를 중요하게 다룹니다. 정치, 언론 분야에서도 진보주의와 보수주의 간의 갈등이 있고 국가의 정책 방향을 어떻게 정해야 더 공정한지 많은 논의가 있죠. 공정성에 관한 심리학계의 입장은 어떨까요?

대표적으로 심리학자 멜빈 러너Melvin Lerner는 사람들의 마음속에 공정한 세상에 대한 믿음belief in a just world이 존재한다고 주장했습니다. 실제 현실의 공정성과는 별개로 사람들에게는 각자만의 '지각된 공정성perceived fairness'이 있고, 공정성을 어떻게 지각하느냐에 따라 이후의 행위, 믿음 등이 달라질 수 있다는 것이었죠(여담이지만 심리학에서는 '지각된perceived-'이라는 표현을 자주 사용합니다. 결국 현실을 사람들이 어떻게 해석하고 받아들이는지가 중요하다는 심리학의 관점이 반영되어 있습니다).

공정성에 관한 신념은 여러 하위 갈래로 구분됩니다. 먼저 주체가 누구냐에 따라 개인적인 공정 신념과 일반적인 공정 신념으로 구분할 수 있습니다. 개인적인 공정 신념이 '내가 세상으로부터 공정한 대우를 받고 있다는 느낌'을 의미한다면, 일반적인 공정 신념은 '사람들이 대개 세상으로부터 공정한 대우를 받고 있다는 느낌'을 말합니다. 한편 무엇에 관한 공정성이냐에 따라서도 공정성에 대한 믿음을 구분하기도 합니다. 아마 익숙하실지도 모르겠는데요. 분배에 대한 공정성 믿음이 있고 절차에 대한 공정성 믿음도 있습니다. 분배에 관한 공정성 믿음은 자원, 보상 등이 공평하게 잘 분배되고 있는지에 관한 믿음을 말합니다. 절차에 대한 공정성 믿음은 제도 등의 절차가 얼마나 투명하게 그리고 부당하게 불이익을 받는 사람이 없도록 공정하게 이뤄지는지에 관한 믿음을 뜻합니다.

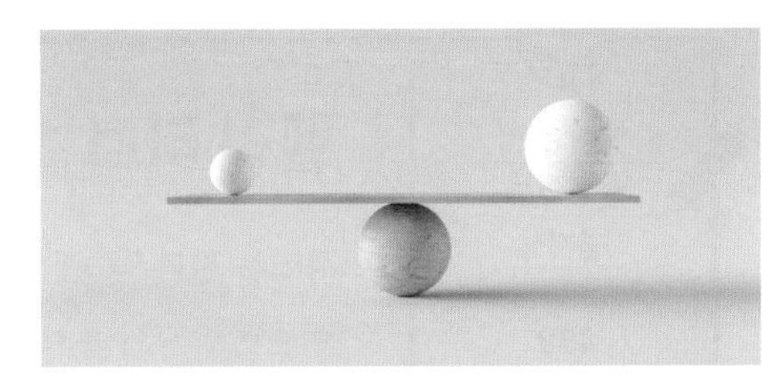
사람에게는 공정성에 대한 자기만의 믿음과 기준이 있다.

공정성에 관한 신념은 동기의 역할을 하기도 합니다. 이 부분은 체계 정당화 이론system justification theory과도 관련이 있습니다. 사람들은 세상이 공정하다고 믿고 싶기에(또는 그런 세상을 바라기 때문에), 불공정한 상황을 마주하는 것은 긴장되면서도 몹시 불쾌한 경험입니다. 따라서 이 인지 부조화 상황을 타파하기 위해 개인은 크게 두 가지 전략을 택할 수 있습니다. 하나는 적극적으로 제도를 개선하기 위해 목소리를 내는 등 행위를 통해 공정성을 쟁취하는 경우, 다른 하나는 불공정한 상황을 애써 감추거나 은폐 또는 다른 의미를 부여하는 등 합리화해서 자신의 공정성 믿음을 유지하는 경우입니다. 하지만 현실적으로 세상을 바꾼다는 것은 개인의 입장에서는 어렵고 고된 일입니다. 따라서 대부분은 '세상이 공정하다'는 기본 믿음을 갖고, 이 믿음을 지키기 위해 사회 현상들을 왜곡해서 지각한다는 것이 체계 정당화 이론가들의 입장입니다.

알아 두면 쓸모 있는 1분지식

090

헨리 타즈펠과 존 터너

사람들은 왜 '국뽕' 콘텐츠에 열광할까?

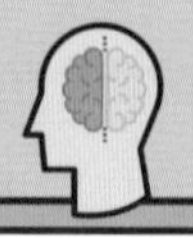

만약 여러분이 처음 보는 사람에게 자기소개를 한다고 상상해 보면 어떨까요? 먼저 이름을 이야기할 것이고 그다음에는 아마 높은 확률로 다니는 학교, 거주지, 현재 직업(다니는 회사) 등 여러분의 '소속'을 밝힐 것으로 예상합니다(초등학교 저학년 아이들에게 자기소개를 부탁하면 "안녕하세요, 저는 ○○○초등학교 ○학년 ○반 ○○○입니다!"라고 하는 경우가 많죠. 그러고 보니 이 경우에는 이름보다 소속을 먼저 말하는군요). 우리는 자기소개를 할 때 왜 소속을 먼저 밝히려 할까요? 여기에는 어떤 의미가 있지 않을까요?

나를 나답게 만들어 주는 것을 가리켜 보통은 정체성이라고 합니다. 정체성은 나의 실존을 구성하는 매우 중요한 요소이기에, 교육 심리학자들은 자신의 정체성에 대한 고민을 시작하는 청소년기를 인생의 가장 중요한 시기로 꼽았습니다. 그런데 재미있게도 우리가 자기소개할 때 가장 먼저 언급하는 이름과 소속은 우리의 정체성을 드러내는 가장 직접적인 상징입니다. 이름은 개인적 정체성을, 소속은 사회적 정체성을 의미하죠. 이름 못지않게 소속을 중요하게 강조하는 것은 사회적 동물인 인간에게 사회적 정체성이 얼마나 중요한 의미를 갖는지를 방증합니다.

심리학자 헨리 타즈펠Henri Tajfel과 존 터너John Turner는 사회적 정체성의 형성 과정과 사회적 정체성이 표상하는 여러 집단(성별, 인종, 세대, 출신지, 학교, 국가, 소속 동호회 등) 사이의 관계가 어떻게 이뤄지는지 연구했습니다. 연구 결과를 정리해 사회 정체성 이론social identity theory을 발표했습니다. 사회 정체성 이론을 이해하는 데 매우 중요한 전제가 한 가지 있습니다. 인간은 개인으로서의 '나'는 물론 특정 집단 소속으로서의 사회적 '나'를 긍정하고자 하는 욕구가 있다는 것입니다. 자신감을 고양한다거나 다른 사람과 비교해서 우월감을 느끼고 싶다거나 하는 욕구를 이해하면 많은 사회적 집단 현상들을 설명할 수 있습니다.

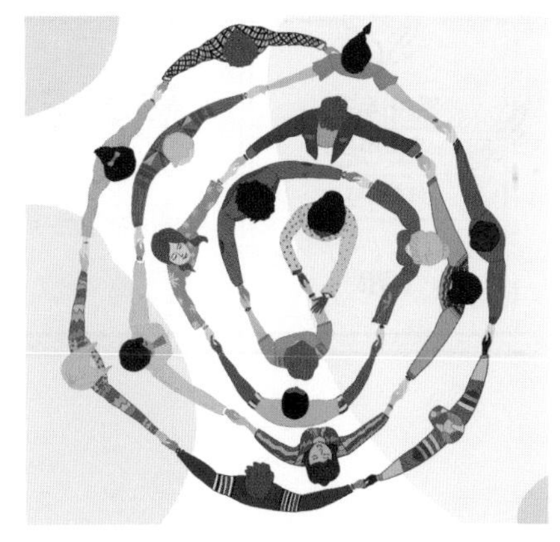
소속은 개인의 사회적 정체성

사회적 정체성은 크게 범주화categorization와 동일시identification 과정을 거쳐 만들어집니다. 범주화란 자신의 특성, 욕구 등을 고려해서 자신을 특정 집단 소속으로 분류하거나 분류하고자 노력하는 일련의 과정을 말합니다. 다음으로 동일시는 소속 집단의 가치관, 신념, 행동 방식을 내면화하는 과정을 의미하죠. 이러한 과정을 통해 사회적 정체성이 형성되고 나면 세상의 집단은 크게 자신이 속한 내집단in-group과 외집단out-group으로 재편됩니다.

사회적 정체성을 지닌 개인은 소속 집단과 한 몸과도 같은 상태입니다. 그래서 소속 집단이 다른 집단과의 경쟁에서 우세하거나 유의미한 성과를 거두면 '마치 나 자신의 일인 듯' 기분이 좋습니다. 하지만 반대로 소속 집단이 다른 집단보다 열등해 보인다면 어떨까요? 소속 집단의 개인은 '마치 나 자신이 무시당한 것 같은' 기분이 듭니다. 그래서 내집단의 장점을 추켜세우고 외집단의 단점을 부각시키는 등 내집단 편애in-group favoritism를 보이려 합니다. "걔네들은 다 이상해", "저쪽 집단 사람들은 속이 좁아" 등으로 고정 관념이나 편견을 드러내기도 하죠. 왜냐고요? 다른 집단의 지위와 특성을 떨어뜨리면 소속 집단의 상대적인 우월감이 확보되기 때문입니다.

윌리엄 맥두걸

최초의 사회 심리학 교재를 쓴 사람은?

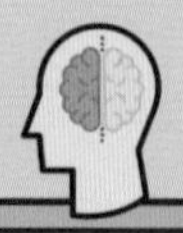

1908년에는 『사회 심리학social psychology』이라는 제목으로 두 권의 책이 동시에 세상에 등장했습니다. 사회 심리학의 본격적인 출발을 알리는 신호탄과도 같았죠. 그런데 왜 두 권이었을까요? 사실 두 책의 저자는 달랐습니다. 한 명은 사회학자인 에드워드 로스Edward Alsworth Ross, 다른 한 명은 심리학자인 윌리엄 맥두걸이었습니다. 제목은 같았지만 사회학자가 쓴 것과 심리학자가 쓴 것은 내용이 서로 달랐습니다. 그리고 이는 사회학이라는 학문과 심리학이라는 학문의 차이를 보여 주는 것이기도 했습니다. 재미있게도 오늘날 대학에서도 두 개의 '사회 심리학' 강의가 개설되곤 하죠. 하나는 사회학 강의로, 다른 하나는 심리학 강의로요.

사회학과 심리학은 분석 대상이 서로 다릅니다. 사회학이 사회 구조나 거시 정책, 제도, 각종 사회적 현상들에 주목한다면 심리학에서는 사회 속 '개인'에 주목합니다. 사회 현상 속 개인들이 어떤 생각을 하고 어떻게 행동하는지 그리고 개인과 개인 간에는 어떤 교류가 일어나는지 등에 많은 관심을 갖죠. 그런데 분석 대상의 차이는 두 분야의 사회 심리학이 등장할 만큼 생각보다 매우 차이가 큽니다. 사회학자들은 국가와 민족 단위에서 일어나는 거시적 현상들을 과연 '개인 '수준에서 설명하는 것이 가능한지 의문을 갖죠. 반대로 심리학자들은 개인의 심리 현상들을 모아 국가의 변동이나 거시적 흐름 등을 설명해 내는 데 많은 어려움을 겪습니다.

결과적으로 심리학계에서는 두 권 중에서 윌리엄 맥두걸의 책을 최초의 사회 심리학 교재로 간주하고 있습니다. 맥두걸은 인간의 내적 심리 과정을 간과한 행동주의 심리학에 반대하며 진화 생물학적, 목적론적 관점에서 심리 현상을 설명하고자 했습니다. 그는 자신의 연구를 목적론적 심리학hormic psychology이라 했으며 '본능'이라는 개념을 통해 인간의 여러 행위 동기들을 설명했습니다. 나아가 사회적 행동과 여러 사회 현상의 원리들을 풀어내고자 했습니다. 그가 제안한 본능의 종류는 공포, 혐오, 분노, 동정심, 투쟁, 자기주장, 호기심, 음식 찾기, 사교성 등 여러 가지였습니다.

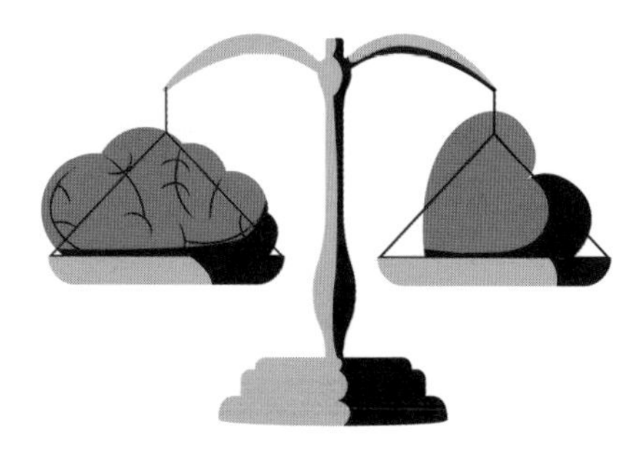
사람을 행동하게 만드는 것은 이성일까? 본능일까?

그의 본능 이론에는 여러 한계점도 있었습니다. 그중 대표적인 것은 바로 '본능' 개념의 설명적 한계입니다. 예를 들어 '사람은 왜 무언가에 호기심을 가질까? 그것은 호기심을 추구하는 본능이 있기 때문이다', '사람은 왜 불쌍한 사람을 보면 동정심을 가질까? 그것은 동정심을 느끼는 본능이 있기 때문이다'처럼 어떤 질문에도 '본능 때문'이라고 답게 됩니다. 이 때문에 현상을 깊이 있게 설명하기 어려웠던 것입니다. 또한 본능의 종류에 대해서도 비판이 많았습니다. '사교성'은 본능인가? 그렇다면 내향적인 사람들은 어떻게 설명할 것인가? 내향성은 본능이 아닌가? 본능의 기준은 무엇인가? 본능은 몇 개나 되는가? 이와 같은 의문들이 생길 수밖에 없었습니다. 하지만 사회 심리학의 발전에 맥두걸이 지대한 영향을 끼쳤다는 점만은 부인할 수 없는 사실입니다.

마틴 셀리그만

무기력을 연구하던 심리학자가 '긍정 전도사'가 된 까닭은?

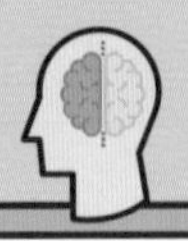

1970년대에 심리학자 마틴 셀리그만Martin Seligman과 동료들은 수십 마리의 개를 대상으로 한 공포와 회피 학습에 관한 놀라운 실험을 세상에 선보였습니다. 공포와 회피 반응을 유발하기 위해 전기 충격 장치가 부착된 상자를 만들었습니다. 개들은 실험 조건에 따라 여러 집단으로 나뉘었는데, 먼저 '통제 가능 조건'에서는 전기 충격을 가하지만 개 스스로가 조작기를 건드려 전기 충격을 멈출 수 있게 했습니다. 둘째, '통제 불가능 조건'에서는 전기 충격을 가하되 조작기를 건드려도 전기 충격을 멈출 수 없도록 했죠. 셋째, '비교 조건'에 속한 개들에게는 전기 충격을 가하지 않았습니다.

시간이 지나면서 셀리그만은 각 집단의 개들이 어떤 반응을 보이는지 알아보기 위해 새로운 상자를 준비했습니다. 전기 충격을 가하는 것은 같지만, 이번에는 상자 안에 칸막이(담)가 있어서 이를 넘으면 전기 충격을 피할 수 있었죠. '통제 가능 조건', '통제 불가능 조건', '비교 조건'의 개들은 각각 어떻게 반응했을까요? '통제 가능 조건'과 '비교 조건'의 개들은 발밑에서 전기 충격이 가해지자 눈앞에 있는 칸막이를 뛰어넘어 전기 충격을 피했습니다. 하지만 '통제 불가능 조건'의 개들은 칸막이를 넘으려 하지 않았습니다. 구석에 웅크리고 앉아서 전기 충격을 묵묵히 견디고 있었죠. 이전 실험에서 조작기를 아무리 건드려 봐도 전기 충격이 멈추지 않았고, 그렇다고 상자 안에 갇혀 있어서 도망도 갈 수 없으니 그들은 '뭘 해도 지금 이 상황을 극복할 수가 없다'라고 판단한 것입니다. 그래서 충분히 극복할 수 있는 상황이 눈앞에 벌어졌음

셀리그만의 학습된 무기력 실험

에도(칸막이만 넘으면 되는 상황), 학습된 무기력learned helplessness 때문에 전기 충격을 피하지 않은 것이었습니다. 셀리그만은 이러한 학습된 무기력 현상을 발견해서 학계에 큰 업적을 남겼습니다. 후대 심리학자들의 실험 연구를 통해 학습된 무기력 현상이 동물에게서만 나타나는 것이 아니라, 사람에게도 얼마든지 나타날 수 있다는 사실이 검증되었습니다.

공포, 우울증, 회피, 학습된 무기력 등 부정적 심리 현상을 탐구하던 셀리그만은 이윽고 이러한 현상들을 극복할 수 있는 방법은 없을지 골몰하기 시작했습니다. 학습된 무기력감을 낙관적인 태도와 자신감 있는 태도로 변화시키면 우울증을 극복할 수 있다고 주장했죠. 실제로 학습된 무기력감을 극복할 수 있는 좋은 출발점은 바로 작은 성취를 경험하는 것입니다. 10분 일찍 일어나기, 방 청소하기, 조깅하기 등 아주 사소한 일이라도 일단 '성공'을 맛보고, 그 경험이 차츰 쌓이다 보면 이번에는 '학습된 낙관주의'를 만들어 낸다는 것이 셀리그만의 생각이었습니다.

인간의 잠재력을 긍정하는 그의 태도와 비관주의-낙관주의에 관한 관심 등을 바탕으로 결국 그는 새로운 심리학 분야를 세상에 선보입니다. 최근 십수 년 동안 아마도 심리학계 내에서 가장 많은 관심을 받았으며 비약적으로 발전해 온 긍정 심리학이 등장한 것이었습니다.

에드 디너

행복한 사람의 특징은 무엇일까?

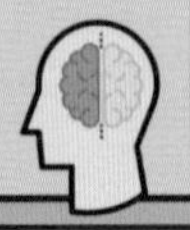

'돈이 많으면 행복할까?', '행복과 건강은 어떤 관계가 있을까?', '행복한 나라, 행복한 국민은 따로 있는 것일까?' 만약 여러분이 일상에서 이러한 질문들을 한 번이라도 들어 봤다면 여러분은 '행복 박사Dr. Happiness', 에드 디너Ed Diener의 영향을 받았다고 말할 수 있습니다. 디너는 긍정 심리학, 그중에서도 '주관적 안녕감'(심리학에서는 종종 '행복'을 이렇게 부릅니다)에 관해 무수히 많은 연구 성과를 남겼습니다. 특히 그가 처음 제시한 주관적 안녕감은 오늘날 행복을 연구하는 거의 대부분의 심리학자들이 알고 있어야 하는 핵심적인 개념이 되었습니다.

디너는 행복의 보편적인 요건을 알고자 했습니다. 즉 전 세계에 공통으로 적용되는 행복의 기준을 찾기 위해 방대한 데이터를 수집해서 주관적 안녕감에 대한 메타 연구를 수행했지요. 성격, 기질, 사회적인 배경 등 다양한 분야를 탐색했고, 행복감을 경험하는 사람들에게는 비교적 일관된 몇 가지 중요한 공통점이 있다는 점을 발견했습니다.

먼저 성격과 기질의 관점에서 개인의 행복을 예측하는 가장 중요한 변수는 바로 외향성입니다. 외향적인 사람들은 그렇지 않은 이들에 비해 신체적, 정신적 에너지가 외부로 향합니다. 이를 통해 비교적 폭넓은 대인 관계를 만들며, 상호 교류하면서 긍정적인 감정, 격려와 위로 등 사회적 지지와 물질적 도움 등 여러 가지 보상을 얻을 가능성이 높아집니다. 그리고 외향적인 사람들에게는 어느 정도 낙관적인 성향도 있는데, 낙관성 역시 행복과 관련된 중요한 요소입니다.

어떤 사람들이 행복을 잘 느낄까?

한편 디너는 행복과 사회 경제적 지위의 관계에 대해서도 여러 연구를 진행했습니다. 특히 경제적 부유함, 소득 수준에 따라 주관적 안녕감이 어떻게 달라지는지 연구했으며, 이 결과는 비단 심리학계뿐만 아니라 사회 전반에 매우 큰 영향을 주었습니다. 먼저 연구 결과는 '돈으로 행복을 다 살 수는 없다'는 점을 보여 주었습니다. 부자라고 해서 기하급수적으로 행복감이 높아지는 환상적인 결과는 없었다는 것을 방대한 메타 연구를 통해 입증합니다. 하지만 디너는 그렇다고 해서 행복과 소득이 아무런 관련이 없다는 뜻도 아니라고 말합니다. '상한선'에 도달하기까지는 소득이 높아질수록 행복감이 증가하는 현상이 관찰되었기 때문입니다. 하지만 상한선에 도달한 이후에는 소득이 올라도 행복감에는 별다른 영향을 주지 않았지요.

디너는 거시적인 배경으로 눈을 돌려 자유로운 사회 분위기, 민주주의 등 사회 문화적 배경 역시 사회 구성원들의 행복과 연관이 있다고 주장했습니다. 물리적 안전, 즉 치안의 문제 또한 '행복 사회'를 만드는 데 결코 빼놓을 수 없는 과제라고 보았습니다. 한편 행복과 건강의 관계에서도 행복감이 면역 체계에도 긍정적인 영향을 주는 등 심리적 안녕이 신체의 건강과도 관련되어 있음을 보여 주기도 했습니다.

알아 두면 쓸모 있는 1분지식

094

미하이 칙센트미하이

몰입하려면 어떤 조건이 필요할까?

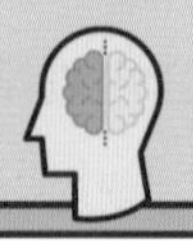

시카고 대학교의 긍정 심리학자였던 미하이 칙센트미하이Mihaly Csikszentmihalyi는 몰입flow에 대한 연구 덕분에 대중적으로도 매우 잘 알려진 인물입니다. 심리학에서 말하는 몰입이란 어떤 과업에 푹 빠져든 상태를 의미합니다. 몰입하면 시공간 감각을 상실하고(지금이 몇 시인지, 여기가 어디인지), 시야가 좁아지며(지금 몰두하고 있는 일 이외에는 아무것도 눈에 들어오지 않는 상태), 모든 주의가 현재의 과업에만 집중되면서 너무나도 잘 풀립니다. 어떤 일에 몰입한다는 것은 그리 흔치 않은 일이지만, 그럼에도 누구나 할 수 있는 경험이기도 합니다. 여러분은 어떤 몰입을 경험해 보았나요? 공부하는데 그날따라 유독 잘 집중해서 시간 가는 줄 몰랐다든가 하는 경험은 없나요? 아니면 게임, 여행, 운동, 퍼즐 맞추기, 사교 모임 등 취미 활동에 푹 빠져 본 경험은요?

몰입을 경험한 사람들은 대부분 그러한 경험이 '긍정적'이었다고 말합니다. 즐겁거나 뿌듯했거나 성취감을 느꼈다거나 스스로가 대견스러웠던 만족스러운 경험이었으며 할 수만 있다면 다시 한번 몰입해 보고 싶다고 말하죠. 칙센트미하이는 이 점에 착안해서 몰입 경험이 행복이나 삶의 만족감을 좌우하는 매우 중요한 요소가 될 수 있다고 주장했습니다.

몰입이 이렇게 '좋은' 것이라면 우리 스스로 몰입을 조절해서 가급적 자주 경험한다면 참 좋을 겁니다. 칙센트미하이가 특히 유명해진 데에는 아마도 몰입의 메커니즘, 즉 몰입을 경험하기 위해서는 어떤 조건을 갖춰야 하는지 구체적으로 탐구해서 해답을 제시했다는 점이 크게 작용했습니다. 무엇보다도 칙센트미하이는 조건만 갖춘다면 누구라도 몰입을 경험할 수 있다는 희망적인 메시지를 주었습니다. 그렇다면 몰입의 조건에는 어떤 것들이 있을까요?

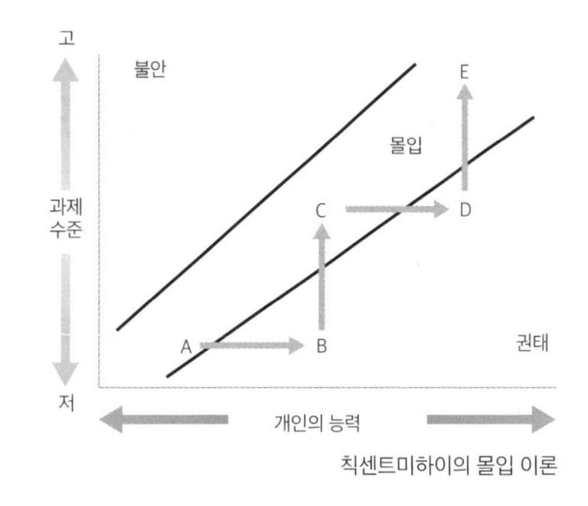

칙센트미하이의 몰입 이론

칙센트미하이는 개인의 숙련 수준과 과업의 난이도를 몰입 경험의 결정적인 조건으로 보았습니다. 특히 중간 이상의 적당한 숙련 수준을 갖추고 현재의 과업이 조금 어렵게 느껴지는 때(지금보다 조금만 더 노력하면 어떻게든 해낼 수 있을 것 같은 아슬아슬한 난이도)에 가장 몰입이 잘 일어난다고 설명했죠. 그 밖에 만약 숙련 수준이 낮은데 난이도가 너무 높다면 몰입은커녕 과업을 일찍 포기해 버릴 것이며, 숙련 수준은 높은데 난이도가 너무 낮다면 과업이 너무 쉬워서 시시해지고, 지루하며, 주의가 산만해질 것입니다. 숙련 수준과 과업 난이도가 모두 낮다면 과업에 대해서도, 자기 자신의 역량에 대해서도 일단 알아가려는 탐색 과정이 필요할 것입니다. 몰입이 일어나기에는 시기상조라는 것이지요.

몰입이 매력적인 이유는 '기대 이상의 성과'를 만들어 주기 때문이기도 합니다. 대외적으로 인정받을 수 있는 기회가 될 뿐만 아니라 자기 자신이 한층 더 성장하는 계기가 되기도 합니다. 따라서 학습 목표를 정할 때는 자신의 숙련 수준과 과업의 난이도에 맞게 설정하는 것이 중요합니다.

알프레드 비네

지능 검사를 처음 개발한 사람은?

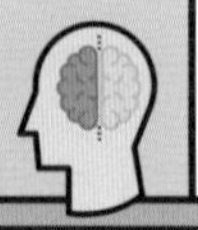

프랑스의 심리학자 알프레드 비네Alfred Binet는 1905년 기초 학력 수준에 미달하는 정신 지체 아동을 가려내기 위해 지능 검사를 개발했습니다. 아동의 학습 능력을 감별하고 체계화해서 수준이 낮은 아동들을 적절하게 도와주기 위해 만든 검사였습니다. 정신과 의사인 테오도르 시몬Théodore Simon과 함께 검사를 개발하면서, 비네는 판단력, 추론 능력, 이해력 등 지능을 측정하기 위한 여러 하위 요소들을 반영했습니다.

하지만 오늘날 비네의 지능 검사는 활용되지 않습니다. 비네가 생각했던 지능의 정의와 특성이 오늘날의 최신 연구 성과에 비하면 부족한 부분이 많고, 지능을 측정하는 '검사'로서도 한계가 있었기 때문입니다. 그럼에도 지능과 지능 검사를 논할 때 우리는 알프레드 비네라는 이름을 빼놓을 수 없습니다. 그가 개발한 검사가 바로 세계 최초의 지능 검사였으며, 그 유명한 지능 지수intelligence quotient, IQ 개념의 기반이 되었기 때문입니다(IQ라는 표현은 비네가 검사를 개발한 지 약 10년 후 루이스 터먼Lewis Madison Terman의 스탠퍼드-비네 검사Stanford-Binet imtelligence scales에서 처음 사용되었습니다). 그야말로 인간이 지금까지도 완전히 정복했다고 할 수 없을만큼 복잡한 '지능'이라는 개념에 처음으로 도전장을 내민 역사적인 시점이었습니다.

지능이란 과연 무엇일까요? 안타깝게도 학자마다 지능을 조금씩 다르게 정의하고 있으며, 이들 사이에 합의나 정리가 명확히 이뤄지지 않았습니다. 비네의 최초

검사 이후, 여러 학자들의 연구를 거쳐 지능의 하위 영역이 점차 넓어졌습니다. 처음에는 지능이라고 여기지 않았던 여러 능력적 요소들이 점차 지능의 일부로 편입되기 시작했죠(동작성 지능, 감성 지능, 사회성 지능, 창의성 등). 예를 들어 하워드 가드너Howard Gardner는 다중 지능 이론multiple intelligence theory을 통해 기존의 언어 지능, 논리 수학 지능 외에도 음악 지능, 신체 운동 지능, 공간 지능, 인간 친화 지능, 자기 성찰 지능, 자연 친화 지능, 실존 지능을 내세웠습니다. 한편 기존의 지능 검사를 둘러싼 사회 문화적 배경은 여러 학자들의 비판 대상이 되었습니다. 검사 문항의 내용이나 제시 방식, 맥락 등이 특정 인종이나 문화권에 더 초점을 맞추고 있기 때문에 공정한 검사가 필요하다는 주장이 제기되었습니다. 이를 해결하기 위해 도형 추리 검사figure reasoning test, FRT 등 직관적인 검사도 개발되었죠. 이렇게 지능을 더 깊이 이해할수록 역설적으로 지능을 정의하는 일이 더더욱 어려워진 것도 같습니다.

세계 최초로 지능 검사를 개발한 알프레드 비네

오늘날에는 미국의 심리학자 데이비드 웩슬러David Wechsler가 개발한 지능 검사가 많이 활용되고 있습니다. 이 검사에서는 언어 이해, 지각 추론, 작업 기억, 처리 속도 등을 주로 측정하고 있습니다. 웩슬러 지능 검사는 1940년대에 처음 개발되었으며, 비교적 오래된 검사이지만 오늘날에 이르기까지 여러 차례 개정되었고 피검사자의 연령대를 고려해서 성인용, 영유아용 등 여러 하위 검사 방식이 개발되는 등 점차 발전했습니다. 그래서 현재 세계적으로 널리 인정받는 지능 검사입니다.

데이비드 버스

왜 성별에 따라 관심을 두는 조건이 다를까?

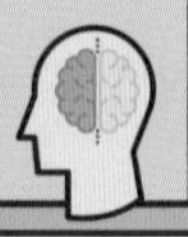

남녀가 연애나 결혼을 생각하는 '일반적인' 모습들을 상상해 봅시다. 남성이 한 여성의 젊고 아름다운 모습에 반해 적극적으로 관심을 표현합니다. 여성이 남성에게 미소를 보이자 남성은 '그녀가 날 좋아하는 걸까?'라고 생각도 해봅니다. 한편 결혼을 생각하는 여성은 남성의 소득은 어느 정도 되는지, 직장은 오랫동안 안정적으로 다닐 수 있는 곳인지 궁금합니다. 그리고 외도하지 않고 자신만 바라봐 줄 수 있는 남성인지도 알고 싶습니다. 남성 입장에서는 여성이 얼마나 친절하고 상냥한지 궁금해합니다. 여성이 마침 어린 강아지나 아기를 좋아하는 모습을 보이자 왠지 모르게 흡족한 기분이 들기도 합니다.

대부분의 남녀가 연애를 시작하고 결혼을 준비하면서 생각할 법한 이야기입니다. 물론 현실에서는 이와 맞지 않는 사례들도 많지만, 연애와 결혼 시장에서 남녀의 행동이나 관점의 차이가 분명히 있으며 그에 맞는 정형화된 모습들을 그리 어렵지 않게 떠올릴 수 있습니다. 데이비드 버스David Buss는 남녀의 짝짓기 전략을 연구한 진화 심리학자입니다. 남녀의 짝짓기 전략에는 어떤 차이가 있는지, 그러한 차이를 만들어 낸 진화 심리학적 메커니즘은 무엇인지, 실제로 그러한 남녀의 차이가 전 세계에서 보편적으로 나타나는지 등을 알아보고자 했지요.

그의 이론은 다윈의 진화 생물학(진화론), 그중에서도 성 선택sexual selection 개념에 기초하고 있습니다. 성 선택을 설명하기 위해 가장 많이 예로 드는 동물은 수컷 공작입니다. 천적의 눈에 띄기 쉬워 생존에 불리함에도 수컷 공작의 화려한 깃털이 남아 있는 이유는, 깃털을 펼친 모습이 수컷의 매력을 암컷에게 어필해서 짝짓기와 자손 번식의 가능성을 높일 수 있기 때문입니다. 데이비드 버스는 인간 남녀의 짝짓기 특성 차이도 자손 번식이라는 관점으로 설명할 수 있다고 주장했습니다.

자신의 짝을 선택하는 기준은 무엇일까?

남녀의 짝짓기 전략 차이를 살펴보려면 자손 번식을 위해 감당해야 하는 남녀의 신체적, 정신적 부담이 서로 다르다는 점을 고려해야 합니다. 여성은 자손을 낳기 위해 약 9~10개월 동안 임신 상태를 유지해야 합니다. 영양을 충분히 공급하고 자신의 몸을 보호해야 하며 출산이라는 큰 고통을 견뎌야 하죠. 출산 이후에도 신체적, 정신적으로 지친 자신과 아기를 보호해 줄 수 있는 울타리가 필요합니다. 그래서 여성은 자연스럽게 경제력, 지위 등을 중요하게 고려하며 신뢰성, 정직함, 충성스러움 등이 있는 이성을 선호하게 되었을 것입니다. 남성은 상대적으로 단기 전략을 선호합니다. 임신, 출산의 부담이 적기 때문에 구애를 할 때 느끼는 부담도 적고, 자손을 많이 퍼뜨리려면 여러 이성을 만나는 것이 유리하죠. 또한 남성은 젊고 아름다운 여성을 선호하는데, 버스는 여성의 이러한 특징이 건강, 다산 등을 나타내는 지표이기 때문이라고 보았습니다.

주의해야 할 것은 진화 심리학적 설명은 남녀의 유전적 메커니즘에 관한 것일 뿐 사회 문화적 배경에 따른 연애나 결혼 시장의 특수성, 개인차는 고려하지 않았다는 점입니다. 따라서 지나치게 일반화하지 않도록 해야 합니다.

알아 두면 쓸모 있는 1분지식

097

로렌스 콜버그

도덕적 올바름의 기준은 무엇일까?

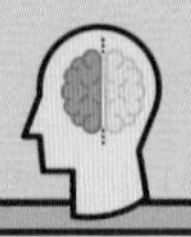

어떤 부인이 병으로 죽어가고 있었습니다. 그런데 그 부인이 사는 마을의 약사가 부인의 병을 말끔히 치료할 수 있는 약을 새로 개발했습니다. 약사는 이 약을 만들기 위해 많은 돈을 썼으므로, 약의 가격을 투자한 돈의 약 열 배 정도로 정했습니다. 이 소식을 들은 부인의 남편 하인츠는 약을 사기 위해 돈을 열심히 모았지만 절반 정도밖에 구하지 못했습니다. 하인츠는 약사를 찾아가서 절반의 금액은 깎아 줄 수 없는지, 어렵다면 나중에라도 꼭 갚으면 안 되겠냐고 하소연했습니다. 하지만 약사는 하인츠의 부탁을 모두 거절했습니다. 결국 하인츠는 그날 밤 약사의 집에 몰래 들어가 약을 훔쳤습니다.

여러분은 하인츠의 행동에 동의하나요? 그의 판단에 대해 어떻게 생각하나요? 이 내용은 하인츠 딜레마Heinz dilemma로, 발달 심리학자 로렌스 콜버그Lawrence Kohlberg가 도덕성 발달 이론을 설명하기 위해 고안한 이야기입니다. 콜버그는 인간의 도덕성이 아동기, 청소년기 등을 거치면서 세 가지 수준, 여섯 단계를 거쳐 발달해 간다고 주장했습니다.

첫째, 전인습적 수준pre-conventional level으로, 1단계와 2단계가 여기에 해당합니다. 1단계에서는 두 개 이상의 도덕적 판단이 충돌할 수 있다는 사실을 잘 깨닫지 못합니다. 단지 '착한 일을 하면 보상을 얻고 나쁜 일을 하면 벌을 받는다'는 기준에 따라 상황을 판단하죠. 하인츠의 행위를 긍정한다면 아내를 살리기 위한 그의 행위가 착한 것이기 때문입니다. 하인츠의 행위를 부정한다면 약을 훔친 것이 나쁜 행위이기 때문입니다. 2단계에서는 행위의 도구성에 주목합니다. 즉 그러한 행동으로 인해 얻게 되는 이익과 손해가 무엇인지 따져 보고 이익이 우선하는 행위가 옳다고 판단하는 거죠.

사람들은 때때로 도덕적 딜레마에 놓인다.

둘째, 인습적 수준conventional level이며, 3단계와 4단계가 여기에 해당합니다. 먼저 3단계에서는 평판, 대인 관계를 지향합니다. 훔치는 행위와 훔치지 않는 행위, 부인을 살리는 행위와 살리지 않는 행위가 하인츠의 이미지나 대인 관계에 어떤 영향을 미칠지를 고려하는 단계입니다. 4단계에서는 준법성과 사회 질서를 고민합니다. 하인츠의 행위가 불법인지 아닌지, 그러한 행위로 인해 어떤 제도적 처벌을 감내해야 하는지를 이야기합니다. 그러면서도 그의 사정이 딱하고 그가 반성하는 태도를 보인다면 정상 참작의 여지가 있다고 생각할 수 있습니다.

셋째, 후인습적 수준post-conventional level입니다. 이 수준에 도달하는 경우는 흔치 않은 것으로 보고되고 있는데요. 먼저 5단계에서는 법과 질서의 본질적인 의미와 기능, 한계 등을 고려합니다. 법이란 사회 구성원 간 합의의 산물이고 사회 문화적 배경에 따라 변화할 수밖에 없으며, 결국 도태되어 '악법'으로 남을 수도 있다는 인식입니다. 마지막 6단계는 보편적 가치를 지향하는 것입니다. 시대를 초월하고 법과 제도를 초월해서 인간이라면 지켜야 하는 궁극적인 가치가 무엇인지를 깊이 고민하는 단계입니다.

장 피아제

아기들은 왜 '까꿍' 놀이를 좋아할까?

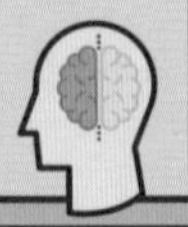

태어난 지 얼마 되지 않은 영유아에게 인기 있는 놀이 중 하나는 아마도 '까꿍 놀이'가 아닐까 싶습니다. 양육자가 아기 눈앞에 장난감을 보여 주고는 등 뒤로 장난감을 감춥니다. 그러면 아기는 장난감이 사라진 줄 알고 크게 놀라고 당황하죠. 그런 뒤에 양육자가 '까꿍' 하면서 감췄던 장난감을 다시 보여 줍니다. 그러면 아기는 도대체 없어졌던 장난감이 어디에서 생겨난 걸까 싶어 다시 한번 크게 놀랍니다. 그런데 만약 유치원, 초등학교에 다니는 아동에게 까꿍 놀이를 하면 어떨까요? 마찬가지로 양육자가 장난감을 감췄다가 보여 주면 아마 아동은 그러한 양육자의 행위에 시시하다는 반응을 보일 겁니다. 장난감은 없어졌다 나타난 것이 아니라 원래부터 양육자가 손에 들고 있었던 것이니까요!

가려서 보이지 않아도 여전히 존재하고 있음을 아는 것, 스위스의 심리학자 장 피아제는 이를 대상 영속성object permanence이라 했습니다. 그리고 대상 영속성을 획득하는 것은 인간의 인지 발달 과정 초기(0~2세 무렵)에 거쳐 가는 단계라고 설명했죠. 바로 피아제의 유명한 인지 발달 이론에서 첫 페이지를 장식하는 감각 운동기sensorimotor stage입니다.

피아제는 청소년, 성인이 되기까지의 인지 발달 과정을 연이어 제시합니다. 감각 운동기를 거친 2~7세의 아동은 이제 전 조작기preoperational stage에 접어듭니다. 전 조작기에서는 먼저 자기중심성을 극복하는 과제가 기다리고 있습니다. 자기중심성이란 세상의 다른 모든 사람이 자기 자신과 같은 생각, 관점, 경험을 갖는다고 믿는 것으로, 피아제는 세 산 실험을 통해 전 조작기 아동의 자기중심성을 입증했습니다(039. 〈자기중심성〉 참고).

보이지 않아도 존재한다는 것은 언제 깨닫게 될까?

한편 물활론animism 역시 전 조작기에 나타나는 대표적인 특징입니다. 무생물이 사실은 살아 있으며, 인간처럼 생각하고 감정을 느낄 수 있다고 믿는 것을 말합니다. 그래서 아동의 눈높이에 맞춘 프로그램에는 사물을 의인화한 캐릭터가 자주 등장하죠.

초등학교에 다닐 시기가 되면 구체적 조작기concrete operational stage에 도달합니다. 자기중심성에서 벗어나 상대방이 나와 다른 생각과 감정을 가졌다는 것을 이해하고 자신과 비교해 보기 시작합니다. 또한 눈앞에 주어진 현상이나 사물을 이리저리 관찰하고 만져 보기도 하고, 마음에 드는 것을 가져다가 나름의 기준으로 분류도 해봅니다. 그리고 구체적 조작기에는 '보존 개념'을 획득합니다. 예를 들어 같은 양의 물질이라면 어디에 담든 어디로 옮기든 총량은 변하지 않는다는 것을 이해하는 것이죠.

마지막으로 초등학교 고학년 정도가 되면 형식적 조작기formal operational stage에 다다릅니다. 이 시기에는 비교적 고차원적인 사고를 할 수 있게 됩니다. 일반적인 사실이나 전제를 토대로 현상을 판단하거나, 반대로 관찰한 현상들로부터 공통점을 찾아내는 등 연역적, 귀납적 추론이 가능해집니다. 추상적으로 사고하는 시기이기도 하며, 나름대로 가설을 세우고 실험이나 관찰 등을 통해 이를 검증하고자 하는 과학자적인 태도가 나타나기도 하죠.

알아 두면
쓸모 있는
1분지식

099

한스 아이젱크

성격도 과학적으로 측정이 가능하다?

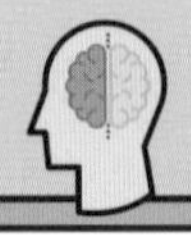

심리학 하위 분야가 대부분 그러했듯 성격 심리학 또한 심리학자들의 연구 성과가 누적되면서 조금씩 발전해 왔습니다. 고든 윌러드 올포트Gordon Willrd Allport의 기념비적인 초기 성격 연구, 인간의 근원적 성격을 행위 독자성agency과 융화성communion으로 설명하고자 했던 데이비드 바칸David Bakan, 오늘날 MBTI 검사의 모태가 된 것으로 잘 알려진 분석 심리학자 융의 성격 유형 연구 등 성격의 본질을 파헤치기 위한 많은 노력이 있었습니다. 이번에 소개하는 한스 아이젱크Hans Eysenck 역시 저명한 성격 심리학자로서, 오늘날 성격 심리학의 발전에 매우 크게 기여한 인물입니다. 어떤 관점에서 보면 시대를 앞서간 인물이라고 할 수 있습니다.

아이젱크는 성격 연구에 관한 과학적 접근을 중요하게 여겼습니다. 성격 유형과 그 특성은 계량화, 요인 분석 등의 과정을 거쳐 철저히 검증해야 하며, 이러한 과정을 통해 수많은 성격과 특질trait 중에서도 더욱 근원적이고 보편적인 성격 특성을 규명할 수 있다고 주장했습니다. 오늘날 성격 심리학계에서 성격의 종류를 설명하는 가장 인정받는 이론은 빅 파이브(외향성, 신경증, 성실성, 개방성, 친화성)입니다. 이 이론이 성격 연구의 대표 성과로 인정받는 이유는 이 다섯 개의 요인이 혹독한 이론적, 실험적 검증 과정을 거친 끝에 확인된 결과물이기 때문입니다. 빅 파이브의 등장 과정은 철저히 과학적이었고 이는 아이젱크가 성격을 다뤘던 방식과 닮아 있죠(001. 〈성격〉 참고).

아이젱크의 성격 이론은 생물학과 유전학을 기반으로 합니다. 특질이라는 개념을 중요하게 다루는데, 성격 차이를 결정하는 유전적인 요인이나 생물학적 특징(대뇌 피질, 내분비 계통, 자율 신경 계통의 작용 등)을 탐구하는 데 많은 노력을 기울였습니다. 그동안 성격 심리학 분야의 가장 지배적인 연구 방법이 설문지법이었는데, 오늘날에는 성격에 관한 신경 과학적인 연구들이 각광을 받고 있습니다. 성격의 종류를 결정하고 개인 간 성격의 차이를 만들어 내는 생물학적 기제를 탐구하기 위해 기능적 자기 공명 영상fMRI, 양전자 단층촬영PET 등 여러 가지 전문적 장비들이 동원되고 있지요. 신경 과학이 발달하면서 아이젱크가 중시했던 성격의 기반이 조금씩 밝혀지고 있다고 보아도 좋겠습니다.

성격 연구의 대가 한스 아이젱크

그렇다면 아이젱크가 생각했던 성격은 어떤 것이었을까요? 아이젱크는 연구 결과를 정리해서 세 가지 성격 차원을 주장했습니다. 세 가지 차원에는 외향성-내향성, 신경증-안정성, 정신병적 경향성이 있습니다. 먼저 외향성-내향성은 여러분이 짐작하는 대로입니다. 외향적인 사람은 사교적이고 자극을 추구하며 긍정적인 기분을 더 즐깁니다. 내향적인 사람은 조용하고 정적인 활동을 좋아하며 계획적이고 신중하죠. 다음으로 신경증이 높은 사람은 불안하고 까다롭습니다. 변덕스럽기도 하고 조급한 면도 있죠. 마지막 정신병적 경향성은 비교적 늦게 추가되었습니다. 이 성향이 강할수록 공격적이고 충동에 휩싸이기 쉬우며 냉소적인 태도를 보이는 것으로 알려져 있습니다.

알아 두면
쓸모 있는
1분지식

100

에이브러햄 매슬로

사람의 욕구에도 우선순위가 있다고?

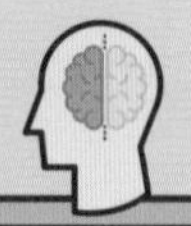

맛있는 것을 먹고 싶은 욕구, 따뜻한 곳에서 쉬고 싶은 욕구, 아침에 늦잠을 자고 싶은 욕구, 이성 친구를 사귀고 싶은 욕구, 공부나 일을 잘해서 인정받고 싶은 욕구, 예술을 즐기고 싶은 욕구 등 우리의 욕구는 정말 셀 수 없이 많고 다양합니다. 그런데 문제는 하고 싶은 것, 갖고 싶은 것, 이루고 싶은 것이 너무 많은 나머지 무엇부터 해야 할지 몰라서 혼란스러울 때가 있다는 것입니다. 욕구가 많다는 것은 여러 욕구들 가운데 무엇이 더 내게 의미 있고 중요한 것일지 저울질도 해야 하고, 달성하고 싶은데 난이도가 어떨지 가늠도 해봐야 하고, 다른 사람들은 어떻게 하고 있는지도 참고해야 하는 등 욕구가 다양한 만큼 선택이 어려워진다는 의미이기도 합니다.

그런 의미에서 에이브러햄 매슬로Abraham Maslow의 욕구 단계 이론hierarchy of needs theory은 우리에게 매우 유용한 지침입니다. 먼저 욕구 단계 이론에서는 인간의 다양한 욕구들을 중요도에 따라 총 여덟 단계로 정리한 후 욕구들의 우선순위를 정했습니다. 욕구들 사이에는 일방향적인 관계가 있어서 대체로 앞 단계가 충족되지 않으면 다음 단계가 충족되기 어렵다고 설명했습니다. 즉 욕구 단계 이론은 우리가 마주하는 수많은 욕구들 사이에서 길을 잃지 않도록 이정표가 되어 주지요.

1단계는 생리적 욕구입니다. 생존에 필요한 먹고 자고 입고 거주하는 등의 욕구를 말하지요. 2단계는 안전에 대한 욕구입니다. 먹고 자는 문제가 해결됐다면 그다음으로 고려해야 할 것은 신변의 보호입니다. 그리고 생리적 욕구가 지속적으로 충족될 수 있도록 안정적인 직업을 갖고 노후를 대비하는 등 울타리를 마련해야 하지요. 3단계는 소속감과 애정에 대한 욕구입니다. 생존에 필요한 기본적인 여건을 갖췄더라도 인간은 혼자 살아갈 수 없습니다. 기쁠 때 함께 웃고 슬플 때는 함께 울어 줄 수 있는 가족, 친구, 배우자 등 동반자가 필요합니다. 4단계는 존중에 관한 욕구입니다. 단순히 사람들 사이에 있는 것만으로는 성에 차지 않습니다. 이왕이면 좋은 평판을 받고 믿음직한 사람처럼 보이고 싶고 맡은 일을 잘 해서 칭찬과 인정을 받고 싶은 법입니다.

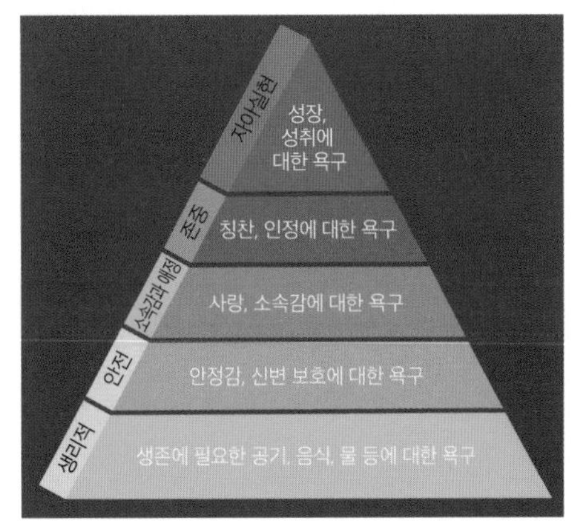

매슬로의 5단계 욕구 이론

7단계는 자아실현 욕구입니다. 정체성을 고민하기도 하고 장점과 단점은 무엇이며, 결국 자기 발전과 인격 성숙을 위해 어떻게 노력하면 좋을지 생각하며 행동을 결정하는 시기입니다. 끝으로 8단계는 자아초월 욕구입니다. 이제 자신을 넘어 주변 사람에게, 더 나아가 사회와 국가, 인류 사회에 기여할 수 있는 방법은 무엇일지, 인간과 자연이 어우러져 살아갈 방법은 무엇일지 등을 고찰하는 단계이지요.

그런데 여러분, 읽다 보니 뭔가 빠진 것 같지 않나요? 맞습니다, 5단계와 6단계를 언급하지 않았는데요. 이 두 단계는 매슬로 사후에 욕구 단계 이론을 더욱 발전시켜 새롭게 추가한 욕구들입니다. 5단계는 호기심을 충족해서 지식을 얻고 의미를 깨닫는 등 지적 활동에 관한 인지적 욕구입니다. 그리고 6단계는 예술 등을 통해 아름다움을 추구하며 질서와 균형, 안정감 등을 지향하는 심미적 욕구입니다.

심리 상담을 받으면 다 나약한 사람일까?
_심리 상담을 꺼리는 이유

몸의 건강 못지않게 중요한 것이 마음의 건강입니다. 하지만 감기에 걸리면 바로 병원이나 약국에 가는 것과는 달리, 마음이 힘들 때 정신의학과나 심리 상담 센터를 선뜻 방문하는 것이 어렵다는 이들이 많이 있습니다.

우리나라에서 심리 상담이 활성화되지 못하는 이유에는 여러 가지가 있을 겁니다. 주변에 갈 만한 곳이 없다거나 큰마음 먹고 문의해 봤지만 비용이 너무 비싸서 엄두를 못 내는 경우도 있습니다. 어느 선생님이 믿을 만한지 참고할 정보가 마땅치 않아서 쉽게 결정하지 못하는 일도 있죠. 사회 문화적인 배경 역시 정신 의학과나 심리 상담 센터를 방문하기 어렵게 만드는 요인으로 작용하기도 합니다. '정신과에 가서 상담받으면 기록이 남아서 취업 등에 불이익이 생긴다'라는 통념도 아직 있고, '정신력, 의지력만 강하다면 무엇이든 이겨낼 수 있다'며 정신 건강에 무지한 인식을 보이는 일도 있죠.

이렇듯 많은 이유가 있지만 개인적으로는 무엇보다 심리 상담을 꺼리게 만드는 원인은 바로 심리 상담의 효용성에 관한 신뢰가 부족하기 때문이 아닐까 생각합니다. '심리 상담 받으면 과연 얼마나 좋아질까? 도움이 되기는 할까?', '한번 받아보고는 싶은데 가격이 만만치 않으니, 과연 '돈값'을 할까?', '효과를 보려면 적어도 여러 번 상담을 받아야 한다는데, 시간이 너무 아까워' 등으로 생각하는 것이죠.

마음의 건강을 돌보기 위한 심리 상담

간혹 심리 상담을 비판하는 사람들은 심리 상담 전문가가 개인이 겪고 있는 여러 가지 스트레스 사건들을 직접 나서서 해결해 줄 수 없기 때문에 근본적인 한계가 있다고 지적합니다. 빈곤, 가정불화, 집단 따돌림, 시험 불합격, 취업 실패, 그 밖에 각종 차별과 불이익 등 사회 구조적인 불합리함이나 제도, 정책적 지원의 부족 등 때문에 개인으로서는 어떻게 해 볼 수 없는 불행들이 해결되지 않는 한 아무리 심리 상담을 오래 받는다고 해도 결국 제자리걸음 아니냐는 것이죠.

일부 지적은 타당합니다. 심리 상담가가 '슈퍼맨'이 아니기에 당장의 고통이나 불행한 사건을 나서서 해결해 줄 수는 없습니다. 근본적인 원인이 해결되지 않으면 계속 심리적 고통을 받게 될 가능성도 높죠. 하지만 이러한 비판은 심리 상담가의 역할에 대한 오해에서 비롯된 것입니다. 심리 상담은 해결책을 제시해 주지 않습니다. 다만 스스로 해결해 나갈 수 있도록 용기를 주고 잠재력을 일깨워 주죠.

상담가는 내담자가 충분히 가치 있고 자격 있는 사람이라는 것을 믿습니다. 직접 '개입'하지 않아도 스스로의 힘으로 일어나 자신을 고통스럽게 만드는 사건들을 슬기롭게 헤쳐 나가고 더 행복하게 살아갈 수 있음을 잘 알고 있습니다. 오히려 '개입'하면 역효과가 날 수 있다는 것을 심리 상담가는 이해합니다. 내담자가 주체적으로 문제를 해결하고 자립할 수 있는 성장의 기회를 빼앗는 일이 될 수 있기 때문입니다.

당첨 확률이 매우 낮은데도 로또를 사는 사람들의 심리는?

_복권에 숨어 있는 심리학

우리나라에서 가장 인기 있는 로또 복권 1등 당첨 확률은 약 814만 분의 1입니다. 평생을 도전해도 한 번 당첨되기 힘든 수준으로 까마득하게 낮은 확률이죠. 그런데도 왜 사람들은 복권에 열광하고 자꾸 돈을 쓰는 '비합리적'인 선택을 하는 걸까요?

복권은 대단히 심리학적인 게임입니다. 당첨 확률에 관여하는 것이 아니라 여러 가지 심리적인 요소가 복권을 구매하는 행동에 지대한 영향을 미치기 때문에 그렇습니다. 심리학자들은 복권 구매자들이 실제 통계적 기댓값보다 당첨 확률을 훨씬 높게 지각하는 경향성을 보인다는 사실을 발견했습니다. 특히 번호를 결정할 수 없는 방식의 복권 대신 로또 복권처럼 구매자가 직접 번호를 고를 수 있는 복권에 대해 그러한 '착각'이 더 크게 나타난다는 점을 알아냈죠(이를 통제력 착각이라고 합니다. 왜냐하면 직접 번호를 고르든 누군가 골라 주든 당첨 확률은 사실 같거든요). 심리학자들은 통제력 착각 외에도 구매 행동에 영향을 미치는 여러 심리적 이유가 있다는 것을 밝혀냈습니다.

먼저 복권 구매자들은 가용성 휴리스틱의 영향을 받습니다. 가용성 휴리스틱은 주변에서 쉽게 접할 수 있거나 기억에 잘 떠오르는 정보를 활용해서 의사 결정하는 편향을 말합니다. 사실 복권 구매자의 입장에서는 복권에 당첨된 사례를 접하기가 매우 쉽습니다. 거의 '매주' 1등 당첨자가 인터뷰를 하고 복권방에 가면 '1등 당첨자 ○○명 나온 곳' 등으로 당첨자 배출을 홍보하는 현수막이 큼지막하게 걸려 있죠. 주변에 당첨 소식이 가득하니 '어쩌면 나도?'라고 생각하게 되는 것입니다.

복권은 심리 게임이다.

대표성 휴리스틱 또한 복권 구매와 관련된 편향입니다. 대표성 휴리스틱이란 여러 가지 사례 중 보다 전형적이라고 판단되는 것의 발생 가능성을 더 높게 판단하는 경향성입니다. 예를 들어 보겠습니다. 각각의 번호가 '1, 1, 1, 1, 1, 1', '1, 2, 3, 4, 5, 6', '3, 11, 25, 29, 38, 42'인 로또 세 장 중에 당첨 확률이 더 높은 것은 무엇일까요? 많은 사람들이 세 번째 것의 당첨 확률이 가장 높다고 생각합니다. 첫 번째, 두 번째 사례는 희귀하며, '전형적'이지 않아 보이거든요. 하지만 로또 추첨에서 1부터 45까지 각 숫자의 추출 확률은 모두 같습니다. 따라서 논리적으로는 세 장의 당첨 확률이 같습니다.

대표성 휴리스틱은 도박사의 오류Gambler's fallacy와도 밀접하게 관련되어 있습니다. 여러분은 혹시 로또를 공부하거나 연구한다는 이야기를 들어보셨나요? 과거에 당첨된 숫자들을 '분석'해서 '그동안 잘 안 나온 번호니 이제 나올 때가 됐어' 등으로 판단하는 것인데요. 이는 무작위를 전형적인 것으로 간주하는 대표성 휴리스틱이자, 당첨된 숫자 추출 사건들은 모두 독립 시행임에도 마치 과거의 추출 결과와 현재의 추출 결과가 서로에게 영향을 미친다고 착각하는 것이지요.

1일 1단어 1분으로 끝내는 심리공부

초판 1쇄 인쇄 2023년 2월 27일
초판 3쇄 발행 2024년 5월 24일

지은이 허용회
펴낸이 김종길 **펴낸 곳** 글담출판사 **브랜드** 글담출판

기획편집 이경숙 · 김보라 **영업** 성홍진
디자인 손소정 **마케팅** 김지수 **관리** 이현정

출판등록 1998년 12월 30일 제2013-000314호
주소 (04029) 서울시 마포구 월드컵로8길 41 (서교동 483-9)
전화 (02) 998-7030 **팩스** (02) 998-7924
블로그 blog.naver.com/geuldam4u **이메일** geuldam4u@geuldam.com

ISBN 979-11-91309-36-2 (44080)
979-11-91309-15-7 (세트)

* 책값은 뒤표지에 있습니다.
* 잘못된 책은 바꾸어 드립니다.

만든 사람들
책임편집 김보라 **디자인** 손소정 **교정교열** 상상벼리